聖書翻訳者ブーバー
Buber als Bibelübersetzer

堀川敏寛
HORIKAWA, Toshihiro

新教出版社

目　次

　　凡　例 ……………………………………………………………………9

　　はじめに …………………………………………………………………10

序　論　ブーバー研究の現状と方法論

第1章　ブーバー研究の動向 …………………………………… 14
　1　クロノロジカルな評伝研究と思想展開の研究（1930 -）……… 14
　2　内在的な対話の哲学研究（1950年代 - 1965）………………… 20
　3　外在的な対話の思想史研究（1965 - 1970）…………………… 23
　4　研究の一時的停滞（1971 - 1990年代）と英語圏の研究開始 …… 28
　5　日本のブーバー研究史（1967 - 1990年代）…………………… 31
　6　ブーバー学会と新版著作集の誕生（2000/2001 -）…………… 35

第2章　ブーバー自身の研究スタイル ……………………… 38
　1　背景描写を通して浮かびあがる観念 ……………………………… 38
　2　ネットワーキング法 ………………………………………………… 40
　3　預言者的宗教研究 …………………………………………………… 41

第3章　ブーバー研究の動向に対する筆者の見解 ……… 44
　1　ブーバー研究の断片性 ……………………………………………… 44

2　ブーバー思想の一貫性 ……………………………………………… 48
　　3　ブーバーの聖書翻訳論研究の動向 ………………………………… 49

第4章　本研究の視点・方法・独自性 ……………………………………… 53
　　1　視点：1960年代に確立したブーバー像の脱構築と再評価 ……… 53
　　2　方法：聖書翻訳と対話的原理との関連性 ………………………… 54
　　3　独自性：先行研究と本研究 / 既存研究と新規研究 ……………… 56

第1編　我−汝から聖書へ

第1章　基礎的存在論：関係内存在 ………………………………………… 61
　　1　語りと実存：2つの関係性 ………………………………………… 61
　　2　我−汝とヘブライズム ……………………………………………… 65
　　3　ブーバーの哲学理解 ………………………………………………… 68

第2章　汝の始原性と神の蝕 ………………………………………………… 70
　　1　始原語と人間の本来性 ……………………………………………… 70
　　2　神の蝕の原因：我−それの蔓延 …………………………………… 73
　　3　神の蝕の克服 ………………………………………………………… 76

第3章　宗教性の再評価 ……………………………………………………… 79
　　1　哲学と宗教 …………………………………………………………… 79
　　2　十戒の再評価 ………………………………………………………… 82
　　3　宗教と倫理：アケダー物語 ………………………………………… 84

第4章　倫理と宗教性 ……………………………………………… 87
1　倫理と具体性 ………………………………………………… 87
2　ハシディズムの倫理と宗教性 ……………………………… 89
3　ティリッヒの具体的普遍性 ………………………………… 92

第1編の結び：ブーバーと宗教性 ………………………………… 97

第2編　聖書から我-汝へ

第1章　ブーバー聖書翻訳の評価 ……………………………… 100
1　現代英語圏のブーバー/ローゼンツヴァイク訳聖書受容 ……… 100
2　ブーバー/ローゼンツヴァイク訳聖書とは何か ……………… 103
3　ブーバーの聖書翻訳手法（a）ライトヴォルト様式 ………… 114
4　ブーバーの聖書翻訳手法（b）変化形成的対話法 ………… 119
5　ブーバーの聖書翻訳手法（c）三次元構造 ………………… 121

第2章　聖書言語論 ……………………………………………… 125
1　聖書の言語とは何か ………………………………………… 125
2　ブーバー言語哲学における聖書言語 ……………………… 128
3　使信としての聖書言語：口頭性 …………………………… 130
4　聖書翻訳の意図とポストモダン …………………………… 135
5　翻訳の形式：非流暢さ ……………………………………… 138
結び　敬虔主義的ドイツ語訳との比較 ………………………… 140

第 3 章　聖書翻訳の方法論 …………………………………143

　1　ライトヴォルト様式とは ………………………………143
　2　語根の統一 ………………………………………………144
　3　音韻構造とリズミカルな配置 …………………………146
　4　構造的な音声変化 ………………………………………151
　5　翻訳における語義 ………………………………………158
　結び　ライトヴォルト様式の特徴 …………………………162

第 4 章　ブーバー方法論の聖書学的位置づけ ……………164

　1　歴史批評的方法 …………………………………………165
　2　文学批評的方法 …………………………………………174
　3　正典批評的方法 …………………………………………177
　4　R（*Rabbenu*）的方法——生成された統一性 …………179
　5　傾向史分析的方法 ………………………………………183
　結び　通時性と共時性 ………………………………………189

第 5 章　神名の翻訳における我-汝 …………………………193

　1　出エジプト記 3 章の構成と意味的一貫性 ……………193
　2　M・メンデルスゾーンによる神名のドイツ語訳：永遠なる者 …195
　3　エヒイェ・アシェル・エヒイェのドイツ語訳 ………197
　4　神聖四文字 JHWH のドイツ語訳 ……………………199
　5　人格の本質を表明する名前 ……………………………201
　6　出エジプト記 3 章 14 節の前後におけるエヒイェの使用例 …202

7　奴隷状況という文脈における神名 …………………………………204
　　8　人格神：アブラハムの神、イサクの神、ヤコブの神 …………206
　　結び　我‐汝の神名 ……………………………………………………208

第6章　ヤコブ物語の対面における我‐汝 …………………………210
　　1　ヤコブ物語の構造 ……………………………………………………210
　　2　ヤコブの魂 ……………………………………………………………212
　　3　ヤコブの罪と罰——ライトヴォルト：長子権 ……………………214
　　4　創32章の出会い——ライトヴォルト：顔 …………………………218
　　5　神との対面と我‐汝 …………………………………………………221
　　6　名前の変更、人格の変化 ……………………………………………224
　　7　兄弟の和解——ライトヴォルト：贈り物／祝福 …………………226
　　8　兄弟の和解についての更なる探求 …………………………………228

第7章　アブラハム物語における預言者の特徴 ……………………237
　　1　歴史学と考古学に対する見解 ………………………………………237
　　2　ライトヴォルト：見る ………………………………………………239
　　3　アブラハムの預言者性 ………………………………………………243
　　4　アケダー解釈 …………………………………………………………245
　　結び　見者と預言者 ……………………………………………………247

第8章　預言者イザヤから第2イザヤへ ……………………………250
　　1　リンムディーム（弟子たち） ………………………………………251
　　2　神名：イスラエルの聖なる者 ………………………………………253
　　3　神名：イスラエルの贖い主 …………………………………………255

4　万人預言者論 …………………………………………………………258
　　5　預言者の挫折：現実における失敗と未来への希望 …………………262

第9章　預言者の問題と翻訳の意義 ……………………………………266
　　1　偽りの預言者：エレミヤ書28章 ……………………………………266
　　2　預言者の誤解：サムエル記上15章 …………………………………271
　　3　読み手の信仰 …………………………………………………………273

結　論　汝としての聖書 …………………………………………………277
　　　　　語られる言葉と書かれた言葉
　　1　言葉の歩み寄りと応答責任 …………………………………………277
　　2　理解と誤解 ……………………………………………………………279
　　3　聖書言語の汝性 ………………………………………………………282
　　結び　聖書翻訳と預言者的我−汝 ………………………………………284

参考文献 ………………………………………………………………………288

索　引 …………………………………………………………………………304
　　人　名 ……………………………………………………………………304
　　事　項 ……………………………………………………………………307
　　聖書関連語 ………………………………………………………………311
　　聖書個所 …………………………………………………………………313

初出一覧 ………………………………………………………………………317
あとがき ………………………………………………………………………319

凡　例

- 参考文献の略記号は、巻末の表に記している。引用文の後の略記号に続く数字は、その著作あるいは論文の頁を示す。
- 引用文中の符号〔　〕は、筆者による補足である。
- 下線は、筆者による強調である。
- 記号「/」は「ないしは」、記号「・」は「並びに」を意味する。
- 脚注で記載されている出典は、巻末の文献表に挙げていないもののみである。
- ヘブライ語の引用は、ラテンアルファベットを使い、イタリックで表記する。
- 本稿の聖書引用は、断りのない限り、筆者によって私訳されたブーバー／ローゼンツヴァイク訳ヘブライ語聖書の 1962 年完成版（各書の最終版完成時期は異なるので第 2 編第 1 章 2 節 c を参照）を用い、改行箇所もブーバー／ローゼンツヴァイク訳に倣う。
- 聖書引用における神聖四文字 JHWH の翻訳は、ブーバーの訳語 ER、ICH、DU を邦訳するかたちで、それぞれ「彼、私、汝〔ヤハウェ〕」と記載する。

はじめに

　ブーバーは、自身が没する二年前、「私は教えを持たない、しかし対話を導く」(Sch/Fr, 593) と言っていた。対話とは、その相手・時間・場所によって、内容がその都度変わるため、きわめて刹那的で移ろいやすく、また状況に左右されるものである。それゆえ、ブーバーが、対話と教えを対置させた点は興味深い。教えとは、具体的状況に対応するための抽象的で確固たる教説である。教えは、万人がそれに倣い従うものであって、決してぶれてはならない。したがってこれらは具体的可変的な対話と、抽象的不変的な教えとの対比であり、それらは後述するところの宗教的倫理と哲学との対比、もしくは汝とそれとの対比とも呼ぶことができる。

　これはブーバー訳聖書にも通じる発言である。ブーバーとローゼンツヴァイクによるドイツ語訳聖書は、ユダヤ教やキリスト教の宗教的正典として公表されたのではない。事実、彼らは Bibel と言わず、書物を意味する *Die Schrift* を書名にし、モーセ五書を律法ではなく「五つの指し示された書」と訳している。つまり彼らにとっての聖書とは、確固とした教説ではなく、神が私たちにその状況に応じて、その都度、指し示す言葉なのである。この彼らによって訳された聖書は、確かに私たちが 53 € を払えば書店やドイツ聖書協会から入手することのできる所与である。ただしブーバーが「翻訳は窓口を提供するだけ」と伝えるように、手元の聖書は読者にとってあくまでも出発点に過ぎない。翻訳を媒介として、私たちが我-汝の関わりをもって向き合うのならば、そこで初めて「語られる言葉」が生起する。むしろブーバーは、読解を通して、聖書に書かれた内容よりも、汝と出会うための実存的関わりを読者に求めていた。したがって彼らの翻訳聖書は、読者に対話的関係性を喚起させるためのものであり、そのための工夫を彼らは翻訳作業を通して試みたのである。

はじめに

　本書では、このようなブーバー訳聖書を、その誕生から完成までの生成過程、我‐汝の対話的原理との関連性、翻訳聖書の独自性、聖書翻訳と解釈の方法論、それらを特に預言者解釈の視点から探求していきたい。

序　論　ブーバー研究の現状と方法論

第1章　ブーバー研究の動向

1　クロノロジカルな評伝研究と思想展開の研究（1930-）

　本稿で中心的に取り上げる1920-30年代のブーバー思想を明らかにするために、その前後における彼の生涯を記載すると下記のようになる。
　1878年2月8日オーストリア＝ハンガリー帝国のウィーンで誕生。
　1881-1892年3歳で両親が離婚、14歳までミドラシュ研究者の祖父ソロモン・ブーバーと、ポーランドのレムベルク（現在はウクライナのリヴィウ）で過ごす。9歳から近隣に住む父のもとで夏を過ごし、ハシディズムの共同体に触れる。10歳で現地のフランツ・ヨーゼフ・ギムナジウムに通い、14歳から父の家に住む。
　1896年ウィーン大学に入り、ライプツィヒ、チューリッヒ、ベルリンで神秘主義研究に従事する一方、青年シオニズムの活動に没頭する。
　1897年第1回シオニスト会議に出席。1901年シオニストの季刊誌『Die Welt 世界』の編集に加わり、その後ユダヤ出版社を設立する。1902年第6回シオニスト会議でヘルツルに同調できず、運動から身を退く。
　1904年「個体化問題の歴史――ニコラウス・クザーヌスとヤーコプ・ベーメ」でウィーン大学博士号を取得（哲学と美術史）。
　1905年-1912年イタリア滞在時に文芸批評とユダヤの童話発表。ハシディズム（1906：ラビ・ナフマンの物語。1908：バール・シェムの伝説）、神秘主義（1909：忘我の告白）、老荘思想（1910：タオの教え）研究に集中する。
　1906-1916年ベルリンで出版社の校正係として勤務し、『Gesellschaft 社会』誌の編集長（1906-1912）となる。
　1916年ハイデルベルク近郊のヘッペンハイムへ移住。シオニスト月刊

誌『Der Jude ユダヤ人』（-1924）をショッケンと共に立ち上げ、その編集長を担当する。

1922-23年フランクフルト・ユダヤ自由学院の講義「現臨としての宗教」で対話的原理の素案を形成する。

1923年『我と汝』刊行（1918-1921年頃から準備）。フランクフルト大学に新設されたユダヤ哲学講座の講師に委嘱される。

1925年5月ローゼンツヴァイクと聖書翻訳を始める。

1926-1930年ヴァイツゼッカーとヴィティッヒと共に季刊誌『Die Kreatur 被造物』を編集する。

1929-33年フランクフルト大学の嘱託教授として宗教学講座を担当する。この時期、教授資格論文「イスラエル信仰史に見られるメシアニズム」執筆のため聖書解釈に集中し、その第1部を『神の王権』（1932）として刊行する。

1938年エルサレムへ移住、ヘブライ大学社会学科教授に就任。

1938年～大学で社会学を教え、パレスティナ問題に取り組む。

1950年代アメリカ講演や講座を通して対話的原理の完成。

1965年6月13日エルサレムで死去。

ブーバーの生涯は、このようにクロノロジカルに描写することができ、これらの略歴に応じて、ブーバー自身が取り組んだ研究領域も区分することが可能である。そこから生じるブーバー研究の特徴は、ブーバー思想の発展史を描写するものである。ブーバーを直に知る世代で、彼と共にシオニズム運動にも関わっていた直弟子にハンス・コーン（Hans Kohn, 1891-1971）がいる。彼は1930年というブーバーの生涯におけるかなり早い時期に『マルティン・ブーバー――その作品と時代：宗教と政治に関する探求』を執筆した。彼は1878-1929年までのブーバーの生涯を、主にウィーンとプラハにおける若きブーバーのシオニズムへの取り組みを中心にまとめた第一人者である。コーンは、刊行時までのブーバーの生涯を、1）起源：1878-1904、2）突破：1905-1912、3）収集：1913-1920、4）成熟：ブーバー宗教哲学の実り、とクロノロジカルに分類する方法で、ブー

バーを紹介した。

　その後、第2版『マルティン・ブーバー——その作品と時代：中欧の精神史に関する論文』（1961）のあとがきに、ロベルト・ヴェルチュ[1]（Robert Weltsch, 1891-1982）が1930-1960年のブーバーに関する評伝を残すことになる（Weltsch, 416）。そこでヴェルチュは、5）国家社会主義の統治とブーバーのドイツ滞在最後の年、6）聖書作業の完成、7）政治的危機の時代：1938-1948年におけるエルサレム、8）戦後時代とアングロサクソン世界におけるブーバーの反響、と彼の生涯の後半も4期に分けて整理した。

　コーンとヴェルチュの両者は、ブーバーの文化的（精神的）シオニズムの理念に共感し、共に運動に参加していた後輩世代である。コーンは「シオニズムはユダヤ的なものではない」[2]を執筆し、ブーバーと共にアラブ＝ユダヤ共存を目指す団体ブリット・シャローム（平和の契約）を創始した。彼はブーバーに影響を受け、ブーバーが明文化していなかった「シオニズムを通した道徳的精神的運動と普遍的ヒューマニズムの実現」を、上記の論文のなかで強調した人物である。この団体にヴェルチュも所属していた。

　この研究と並んで、グレーテ・シェーダー（Grete Schaeder, 1903-1990）の『マルティン・ブーバーのヘブライ的人文主義』（1966）は、ブーバーの思想をクロノロジカルな展開のなかで捉えている。シェーダーによる最大の功績は、70年にわたるブーバーと相手との往復書簡を編纂し、それを3巻本の著書 *Briefwechsel aus sieben Jahrzehnten I: 1897-1918, II: 1918-1938, III: 1938-1965* として、ハイデルベルクのラムベルト・シュナイダー社から1972-75年に出版したことである。彼は本書の序論で、ブーバーの生涯を記述し、ハンス・コーンに次ぐブーバーの伝記を紹介した。

　直弟子の次は、ブーバー本人がお墨付きを与えることになるモーリス・フリードマン（Maurice Friedman, 1921-2012）で、彼はブーバー研究に多大

1　ヴェルチュは、3巻本の旧版ブーバー著作集を補完する『ユダヤ人とそのユダヤ性』（1963）を編集し、そこで序論を書いている（序論第3章1節参照）。

2　Martin Buber: *Ein Land und Zwei Völker –Zur jüdisch-arabischen Frage*, hrsg. u. eingeleitet von Paul Mendes-Flohr (Frankfurt: Jüdischer Verlag, 1993), 134-140.

な影響を与えた。フリードマンはシカゴ大学に学位論文「マルティン・ブーバー：神秘主義的・実存主義的・社会的預言者——悪の贖いに関する研究」を提出し、それをブーバーに送った。それに対してブーバーは「これは自分について書かれたもののなかで、自分の思想の核心を真につかんでいる唯一の著作だ」（フリードマン、6）と返事をした。この出来事を、フリードマンは2000年に刊行された日本語訳版の評伝[3]のなかでのみ表明している。彼の学位論文はその4年後『マルティン・ブーバー：対話的生』（1955）として刊行され、ブーバーはこの本を「自分の思想に関する最高水準の研究」（*op.cit.*, 7）と評した。

　フリードマンは、ブーバーの雑多な問題意識を体系立てた最初の研究者である。ブーバーが生涯を通して取り組んだ思索の領域は多岐に渡り、また時代の趨勢が影響して関心領域が変遷していたため、それらを一本の軸で体系立てることが試みられた。それが彼の学位論文の副題にもなった「対話の哲学者」としてのブーバー像形成である。ここで特記すべきことは、ブーバーが対話思想や対話的原理に対して"主題化"して取り組んだ時期は、『我と汝』の執筆期前後と、1950年代という晩年の哲学論文執筆期[4]のみである。ただしフリードマンは、ブーバーの中心的著作が『我と汝』にあり、これをブーバー思想の核心と捉え、実際にブーバー本人もそれを認めたわけである。

　したがってフリードマンを通して整理されたブーバー思想の展開は、『我と汝』を中軸にして、その前後を分割することによって語られた。それが「初期の神秘主義思想を脱し、対話の哲学を構築」と「対話の哲学を応用させた教育論、共同体論、心理療法論を展開」という学説である。さらにこれらの番外編として、2）ヘブライ語聖書研究、3）ハシディズム研究、4）ユダヤ性の研究が位置づけられた。これはブーバー本人の監修に

---

[3] 英語で書かれたオリジナルは1991年に、*Encounter on the Narrow Ridge: A Life of Martin Buber* としてニューヨークの Paragon House から出版されている。

[4] 例えば *Urdistanz und Beziehung* (1950)、*Gottesfinsternis* (1953)、*Elemente des Zwischenmenschlichen* (1954)、*Zur Geschichte des dialogischen Prinzips* (1954) など。

よって初めて出版された4巻本（3＋1巻）のブーバー著作集 *Werke* の収集法を見ても明らかである。そこでは第1巻に対話の哲学を扱う「哲学論文集」が収められ、他の3巻がそれに続いた。

　フリードマンのこの著書は、「序論」として1. 狭き尾根、2. 悪の問題、3. ハシディズム、「ブーバー初期思想」として4. 神秘主義、5. ユダヤ哲学、6. 現実の哲学、7. 宗教と文化の弁証法、8. 共同体と宗教社会主義、9. 対話の始まり、「対話思想」として10. あらゆる真の生は出会い、11. それの世界、12. 永遠の汝、13. 人間とは何か、14. 対話の生、「悪の本性と贖い」として15. 悪の本性、16. 神の蝕、17. 悪の贖い、18. 天国のために（ゴグとマゴグ）、「人と人の間」として19. ブーバーの認識論、20. 教育、21. 心理療法、22. 倫理、23. 社会哲学、「人と神の間」として24. 象徴・神話・歴史、25. 聖書の信仰、26. ブーバーとユダヤ教、27. ブーバーとキリスト教という節によって構成された。フリードマンによるこの章立ては、新版ブーバー著作集（MBW）の分類方法の参考にもなっている程、基準になるテーマを包括的に扱っている。ただし本書の内容は概略的であり、充実しているとはとても言いがたい。しかし形式面において、ここに見られる「ブーバー思想の構成」がその後のブーバー研究の基本方針となったと言えるだろう。

　その後、ブーバー研究を牽引することになるメンデス＝フロール（Paul Mendes=Flohr, 1941 - ）によって『神秘主義から対話へ』[5]が刊行された。そこではブーバー思想の大枠が、神秘主義→対話思想の理論→対話思想の実践という3段階の思想的発展史として構成された。そこでは中間地点に主著『我と汝』が位置し、前期は対話思想にいたるまでの初期研究、後期はイスラエルに移住後のパレスティナ紛争における活躍やアメリカでロジャーズのケア論と対談した臨床心理や教育における発言などが分類されることになる。ちなみにフリードマンは、後に3巻本の『マルティ

5　Paul Mendes=Flohr: *Von der Mystik zum Dialog. Martin Buber geistige Entwicklung bis hin zu "Ich und Du"*, mit einer Einf. v. Ernst Simon (Königstein: Jüdischer Verlag, 1978).

ン・ブーバーの人生と作品』（1988）で、『初期：1878 - 1923 年』（1982）『中期：1923 - 1945 年』（1983）『後期：1945 - 1965 年』（1984）と 3 区分することによって、また評伝『狭き尾根の出会い：マルティン・ブーバーの人生』[6]（1991）を通して、ブーバーを伝記的に紹介した。

このように最初のブーバー研究は、伝記（コーン、ヴェルチュ、シェーダー、フリードマン）ないしは思想展開（フリードマン、メンデス＝フロール）の叙述を通した大枠としてのブーバー紹介である。フリードマンによって、ブーバーの思想と生涯が「対話的生」を軸に体系化された点が、研究史上評価されることである。特記すべき点は、フリードマンの研究が、ブーバー自身による積極的な承認と依頼によって為されたことである。したがって「対話的原理の思想家マルティン・ブーバー」というイメージの形成は、ブーバー自身によって意図され、それをフリードマンが実行したものと言える。[7] またフリードマンの研究は英語で出版されたことから、ブーバー

6 　ただし彼らの伝記はまだ不十分なできだったため、2015 年 9 月にソルボンヌのユダヤ思想研究者ブレル（Dominique Bourel, 1952 - ）によるブーバーの新しい伝記本 *Martin Buber. Le Chemin De L'homme: Suivi De Le Probleme De L'homme Et Fragments Autobiographies*, (Le Goût des idées, 2015) が、フランス語によって刊行され、これまで知られていなかった伝記的ブーバー像が公表された。

7 　ただしこのイメージ定着に対して、筆者から一点評価しておきたい。ブーバー自身は思想として対話的原理を表明したのであって、実生活のなかで本人が対話的であったかどうかは別問題である。ブーバーの伝記は、彼が死去した今、彼自身を知る家族や弟子たちの証言によって、より精緻なブーバー像の描写が可能となった。その一例として、ハイーム・ゴードンによって編纂された証言集 *The Other Martin Buber*（1988）によれば、ブーバー自身は実生活で、家族という親密圏を確保し、家族の全成員はブーバーの生活リズムに順応させていた（娘である Chava Strauss による証言、Gordon, 44f.）。そこで子供は、公共の学校に通うことなく家庭内に留まり、主に母と家庭教師から教育を受けた（*op.cit.*, 41f.）。またブーバーはヘブライ大学でも、極力学生との距離を保ち、自らの執筆活動に時間を割き、講義ではその文章を読み上げるスタイルを取っていたため、教室で対話や討論の機会はなかった（B・ウッフェンハイマーによる証言、142f.）。さらに彼はシナゴーグで開かれた安息日の祈祷会エメト・ヴェ・エムナー（真理と信仰）に参与しなかった（イ

という人物とその対話思想は、ドイツから約30年遅れるかたちで、1950年代から徐々に英語圏で知られるようになっていく[8]。

　他方、対話の哲学に組み込まれないテーマは補遺的に語られ、その翻訳書も独立して刊行されたため、ブーバー思想全体における位置づけが見失われがちになった。したがって今後のブーバー研究に求められる視点は、今一度この分類法を再考し、ブーバー思想を再構成することであろう。それによって、例えば聖書翻訳という一主題と、彼の中心的思想との関連性を追求しなくてはならない。

2　内在的な対話の哲学研究（1950年代-1965）

　ブーバー自身がそれぞれの研究者に対する学術的返答を書いた作品「応答」を含んだ『20世紀の哲学者たち：マルティン・ブーバー』は、ブーバー80歳記念論文集として1956年から1958年にかけて、フリードマンとシリーズ本 *Library of Living Philosophers* の編集担当者シルプ（Paul Arthur Schilpp, 1897-1993）によって計画され編まれた研究論文集であり、ドイツ語版の29作品（Sch/Fr と略記）は1963年に、英語版の30作品（Sch/Fr.E と略記）は1967年に刊行された（*Briefwechsel I*, 129）[9]。ここで最初の本格的なブーバー評価がなされ、最初期の研究動向と研究者による誤解が明らかになる。

　その一例を挙げるならば、ブーバー自身がこの「応答」のなかで、レヴィナスの論文に対して「そのように言うことは誤りである……さらに他の

ェホシュア・アミールによる証言、158）。

8　本章の4節を参照。

9　本論文集は、英語で出稿されたものが多く、ドイツ語で書かれたものは全体の3分の1にあたる10本である。ガブリエル・マルセルとジャン・ヴァールはフランス語で出稿したため Forrest Williams によって英語版用に訳された。ドイツ語版では、全て Curt Meyer-Clason によってドイツ語に訳されている（Sch/Fr, IV）。

誤解も見られる」(Sch/Fr, 596) と、直接言及したことから伺える。これはブーバーが死去する二年前に書かれた応答であり、生前のブーバーが最後に試みた自らの思想的弁明であった。すなわちこの記念論文集の利点は、ブーバー本人による反応が分かることである。ここでは下記の20世紀を代表する宗教哲学者が、それぞれのブーバー解釈を展開している。

　これらのいわばブーバーの次世代に当たる研究者によって、ブーバー思想はある程度客観的に評価された。2つほど例を挙げて、それを説明したい。第1の例として、マックス・ブロート[10]が「マルティン・ブーバーの著作におけるユダヤ教とキリスト教」の論考で用いた手法を紹介する。ブロートは、ユダヤ教とキリスト教というテーマに関する主要著書『信仰の二類型』と、ブーバーが教授資格論文で扱った「イスラエルにおけるメシアニズムと神の直接統治」という問題との関連性をここで探究している。この論考では、ブーバーが聖書解釈を試みている主要論文『モーセ』『預言者の信仰』「預言と黙示」が引用され、ブロートが立てた問いに対して、この領域に限定された答えが導き出された。第2の例として、ローテンシュトライヒ (Nathan Rotenstreich, 1914-1993) は、「マルティン・ブーバーの対話的思考の根拠と限界」のなかで、対話的思考の起源と生成過程を、『我と汝』から論理的に説明することを試みた。それによって詩的で神秘的な描写スタイルを取っていた『我と汝』が、ひとつの思想として整理された。

　これらの例から、本書に見られる研究動向は、次の点にある。まず、フリードマンを通してブーバー本人が望んだ対話的原理を、『我と汝』のロジカルな整理によって、学問的に確立する作業である。上記のローテンシュトライヒをはじめとしたガブリエル・マルセル「マルティン・ブーバーにおける我と汝」、Charles Hartshorne「マルティン・ブーバーの形而上

10　ブロート (Max Brod, 1884-1968) はオーストリアのユダヤ人執筆家で、カフカの友人としてその作品を紹介した人物である。彼は、ブーバーと共にプラハの青年シオニズム運動「バル・コホバ」(*Bar Kokhba*) に従事しており、両者は親交があった。(MBW7, 886f.)

学」、フィリップ・ウィールライト「ブーバーの哲学的人間学」、レヴィナス「マルティン・ブーバーと認識論」、M・フリードマン「ブーバー倫理学の基底」などの対話的原理（もしくは対話思想、対話の哲学）を主軸としたブーバー思想研究が、この記念論文集の約4分の1を占める。

また本論文集からは漏れたが、ロバート・E・ウッドの『マルティン・ブーバーの存在論――我と汝の分析』(1969) は、『我と汝』を聖書注解書のように扱ったコメンタリーである。ここでは『我と汝』の全体構成が概念的に説明され、各節同士のつながりがチャート化され、曖昧だったテクストが一節ずつ丹念にコメントされるスタイルによって、『我と汝』の不明瞭かつ不十分だった部分が補足的に説明されるようになった。

次に、ブーバーの対話思想が、実存哲学、政治哲学、道徳哲学、倫理学、教育学、宗教学、歴史哲学、精神療法、自然科学らの学問領域のなかで、どのように「位置づけ」られ、「評価」されるかに関する論文が見られ、これらは本書の約半分を占めている[11]。残りは、上記のM・ブロートに代表的な、特定のテーマに絞ったブーバー思想の研究である[12]。

---

11 それらがMarvin Fox「ブーバー道徳哲学におけるいくつかの問題点」、Fritz Kaufmann「マルティン・ブーバーの宗教哲学」、M・カプラン「哲学的思惟と宗教的伝統についてのブーバーの評価」、M・ダイヤモンド「対話と神学」、Jacob Taubes「マルティン・ブーバーと歴史哲学」、Herbert W. Schneider「ブーバー哲学の歴史的意義」、Jean Wahl「マルティン・ブーバーと実存哲学」、Paul E. Pfuetze「マルティン・ブーバーとアメリカのプラグマティズム」、Ernst Simon「マルティン・ブーバー、教育者」、Leslie H. Farber「マルティン・ブーバーと精神療法」、Carl F. Von Weizsäcker「今日の自然科学における我-汝と我-それ」、Louis Z. Hammer「ブーバー思想と美学との関連性」、W・カウフマン「ブーバーの宗教的意義」である。

12 それらがEmil L. Fackenheim「マルティン・ブーバーと啓示の概念」、Hugo Bergman「マルティン・ブーバーと神秘主義」、Riwka Schatz-Uffenheimer「ブーバーのハシディズム記述における神と世界に対する人間の位置」、エミール・ブルンナー「マルティン・ブーバーにおけるユダヤ教とキリスト教」、Hans Urs von Balthasar「マルティン・ブーバーとキリスト教」、ナフム・N・グラッツァー「聖書解釈者であるブーバー」、James Muilenburg「聖書解釈者としてのブーバー」、Carl Kerényi「古典的筆者としてのマルティン・ブーバ

以上、この研究論文集を通して、ブーバーはいわゆる"哲学者"として取り扱われ、その思想がこれらの次世代研究者によって受容されたのである。それゆえブーバーは、1960年代前半には、本書のシリーズ名称どおり「20世紀ドイツ哲学者の一人」と呼ばれるようになった。

3　外在的な対話の思想史研究 (1965-1970)

1965年6月13日、ブーバーはエルサレムの自宅で死を迎えた。[13] 彼の没後、最初に行われたブーバー研究は、1950年代-1965年に定着した対話の哲学者ブーバーという流れを踏まえ、その思想的成果を再確認するものである。したがってこの時期は、すでに確定したブーバー対話の哲学を「思想史研究」のなかで位置づける方法が採られた。具体的には、哲学的人間学という視座から、ブーバーと同時期の哲学者であるハイデッガーやシェーラーを比較する研究、キルケゴールやシェリングといった哲学者からの影響をブーバー思想のなかに見いだす方法である。ここでは「ブーバーの対話的原理」というスローガンと、他の思想家とが比較検討される方法によって、両者の特徴が浮き彫りにされることになる。

これらはあくまで一例であるが、このような「思想史的手法」を採用した代表的研究書が3つある。それがトイニッセン（Michael Theunissen, 1932-2015）の『他者』、カスパー（Bernhard Casper, 1931-）の『対話的思考』、そしてベッケンホッフ（Josef Böckenhoff）の『出会いの哲学』である。

最初に、M・トイニッセンは『他者──現代の社会存在論に関する研究』（1965）のなかで、現象学的方法のもと、超越論哲学と対話の哲学という概略的な対立図式を提示した。この著作のタイトルにもなっているとおり、自己から出発する哲学ではなく、他者から出発する哲学が20世紀前半に

ー」、Helmut Kuhn「期待における対話」、などである。
13　ブーバーは、この年の4月26日に転倒し、骨折した。手術は成功し、骨折は治ったものの、数年来患っていた肝臓疾患が悪化した。ブーバーの墓石には詩篇73編23-24節の聖句が刻まれている（稲村、467）。

生じ、それが本書で現象学的に分析されたのである。トイニッセンは、フッサールの間主観性を乗り越える方法論として、ハイデッガーとサルトルの存在論を具体的に対置させた。それは認識論から存在論への移行である。ただし主体とは無関係に単に存在している眼前的存在者（Vorhandensein）に対する手許的存在者（Zuhandensein）は手段と目的の関係のなかに在るため、本書でハイデッガーは依然他者から始まる哲学ではないと特徴づけられる。このようにトイニッセンが思想を類型化することによって、思想史の系譜のなかで初めて、ブーバーによる「間の認識論」と「間の存在論」の意義が際立つようになった。この系譜のなかで、ブーバーは「間」を思想的中軸に据えることによって、理性中心主義や現存在中心主義という自己から始まる哲学のパラダイムを転換した、とトイニッセンは結論づけたのである。

次に、B・カスパーは『対話的思考：フランツ・ローゼンツヴァイク、フェルディナント・エーブナー、マルティン・ブーバーの宗教哲学的意義の研究』（1967）のなかで、ブーバーの『我と汝』[14]および『人間の問題』を主要文献として取り上げ、『我と汝』の詩的で曖昧な表現を「対話的原理」[15]という概念の枠組みで整理した。その大枠は、これまでのフリードマンの研究に倣い、ブーバー思想の展開を段階的に描写するものである。それは『我と汝』誕生にいたるまでのブーバーの神秘主義的研究が前提と

---

14 カスパーは1983年に刊行されたレクラム文庫版『我と汝』のあとがきを書いている。Cf. "Nachwort," *Ich und Du* (Reclams Universal-Bibliothek Nr. 9342, 1995).
15 対話的原理は、ブーバーの五つの論文「我と汝」「対話」「単独者への問い」「人間の間柄の諸要素」の4つの論文と、あとがき「対話的原理の歴史」を収録したアンソロジー形式の単行本 *Schriften über das dialogische Prinzip*（1954）のタイトルでもある。本書は2017年にも再版されており、現在にいたるまでドイツで入手しやすい単行本である。したがって「我と汝」論文を読む時には、単行本のタイトルになっているこの概念が読者の目に入ることになろう。したがって現在にいたるまでブーバーが対話的原理の哲学者というイメージが定着している点も、このタイトルの主著が流布しているからだと思われる。

してあり、その後『ダニエル』(1913)における「現実化/方向づけ」という2つの概念が「汝/それ」の二分類の前兆となり、これらを経て我-汝思想が誕生する「神秘主義から対話」という思想展開である。ここでカスパーによって明らかにされたことは、ブーバーの対話的原理が成立する過程で、彼が神秘主義を研究していた時期に使っていた諸概念「全体性」「統一性」「現実」「生と体験」「神話」が、『我と汝』のなかでも非常に重要な術語として、なお現存している点である。それに関して、新版著作集 MBW 第1巻 (2001) に収録された「ダニエル」を編集・注解したマルティン・トレムル (Martin Treml, 1959-) は、「とりわけ『体験』『統一』『神秘主義』は、1900年以降の新たな思考を表現するスローガンだった」(MBW1, 318) と述べ、初期神秘主義研究で用いられた概念が、まさにその後の「新たな思考」を表現するために用いられていたことを指摘している。

　カスパーの研究は、以上のような「ブーバーにおける対話的著作以前」をまとめ、それをローゼンツヴァイクの新たな思考とエーブナーの聖霊論と比較したうえで、最後にブーバー対話思想の独自性を浮き彫りにする手法を取った。この研究の特徴は、現象学的志向性と実存論的思考という切り口で、論理的に書かれていない詩的な『我と汝』を整理したことである。カスパーの研究は、これら3名の対話的原理における思想的類似性を比較し、それらを我-それ的思考によって営まれてきた伝統的なドイツ観念論哲学とは異なるものとして特徴づけた。そのなかで、ブーバー思想は「間の存在論」として語られ、存在者先行型の存在論ではなく、存在者間の関係が先行する存在論として特徴づけられる (Casper, 272)。カスパーは、ブーバー自身によって言及された表現「初めに関わりがある。それは存在のカテゴリーである」(ID, 96) を典拠にする。そしてハイデッガー哲学の諸概念を敷衍した造語「関係内存在」「関係としての存在」「間の優位性」らを用いてブーバー思想を表現し、間の存在論を展開したのである (Casper, 266-271)。

　最後に、スイスのフリブール(ないしはフライブルク)大学哲学科に提出した1966年の学位論文を出版したヨーゼフ・ベッケンホフの『出会

いの哲学』（1969/70）を紹介したい。彼は自己と他者の関係という視点から、西洋思想史を次のような三段階に区分した。第1段階は、共同体を中心として生きる人間の未成熟な自他関係の状態（古代／中世）、第2段階は自律した理性的自我が独白的生を営み、他者との出会いの問題が二次的になる状態（近代）、第3段階は独立した人格的実存相互の自覚的な対話的関わりの状態（現代）である。ベッケンホッフは、ソクラテス以前のギリシア哲学から中世神学までを「他者の自明性」（第1段階）と、デカルト以降の近代西洋哲学からハイデッガーまでを「自己から他者に対して」（第2段階）と特徴づける。そしてこれらを経て、20世紀の哲学と神学に見られる「出会いの哲学」に到るまでの展開を通時的に辿る思想史研究をおこなった。彼は、西洋思想史における発展を、このように段階的に分類したのである。この類型では、対話的人間観が第3段階に登場し、哲学の中心的課題として他者・出会い・対話的生の回復が探求されることになる。

　ベッケンホッフによれば、この第3段階を特徴づける主導的思想家こそブーバーなのであるが、なにもそれはブーバーに限った関心ではなく、20世紀前半という時代精神が共有していたものであることを積極的に示す。他者／出会いの哲学は、フィヒテとフォイエルバッハを発端に、シェーラー、ブーバー、エープナー、グリーゼバッハら創始者、ゴーガルテン、K・バルト、ハイム、E・ブルンナー、ティリッヒらの弁証法神学者、ヤスパース、レーヴィット、トイニッセンらの出会いの思考をもつ哲学者[16]、ボルノーら出会いの教育論者[17]、トリュープらの出会いの精神療法者[18]、マルセル、メルロ＝ポンティ、サルトル、レヴィナスらのフランスにおけ

16　その他に、ハルトマン、クルベルク、ミシェル、A・ブルンナー、クーン。
17　その他に、Buber, Erich Weniger, Wilhelm Flitner, Theodor Litt, Romano Guardini, Fritz Schulze, Josef Derbolav, Ludwig Englert, Werner Loch, Leopold Prohaska, Arnold Schäfer, Wilhelm Rückriem, Marian Heitger, George Rückriem.
18　Charlotte Bühler, Ludwig Binswanger, Walter von Baeyer, Viktor von Weizsäcker, Hans Trüb, Alfred Prinz Auersperg, Pedro Lain Entralgo.
19　そのほかに、Gabriel Marinier, Maurice Nédoncelle, Maxime Chastaing, Eugéne Minkowski, Henri Maldiney, トゥールーズ会議など。

る出会いの哲学者、そしてオランダ[20]の出会いの哲学者たちへと引き継がれていく。ベッケンホフは、近代における自我の孤立化に問題点を見いだし、それに対する反応が出会いの哲学であるという視座から、この発展史を紹介したわけである。そこで彼は、主体に対する「出会いの優先性」を、「新たな思考への転回」（Böckenhoff, 7）と名づけている。

『ブーバーの人間学』を執筆した後、1987年にフライブルク大学のカスパーのもとに留学した稲村秀一（1944- ）は、これら三人の比較思想史的方法を受け入れた。稲村による研究の特徴は「間の認識論」と「間の存在論」を比較検証するもので、現象学と存在論からブーバー思想を紹介する流れを引き継いでいる。稲村は、ベッケンホフによる「自己と他者の哲学」の発展史を、「全体と個との関係」として捉え、それを思想展開のなかで検証する。それは古代／中世では全体が個に優先し、近代で個が全体から分離し、現代では自立した個が他の自立した個との人格的関わりを持つという弁証法的過程である（稲村、16）。彼は、ベッケンホフの三分類法を踏襲し、人間理解をめぐる西洋精神史を、一）古代／中世の「実体」的理解、二）近世の「自我」的理解から近代の「主体」的理解へ、三）現代の単独的「実存」論から共同的「実存」論あるいは対話的「人格」論へ、という三段階の発展史として理解している（稲村、36n17）。

以上、この時期における彼らの比較思想史的手法を通して、ドイツ観念論や超越論的哲学に対抗し、そこで出じた問題を乗り越えるための「対話の哲学」という枠組みが提供され、その代表的哲学者としてブーバーが主導的に扱われた。彼らはこのように近現代の思想史を大きく2つに類型化し、そのなかで後者の対話／出会い／他者の哲学という持論を展開した世代である。例えばカトリック神学部で教鞭をとっていたカスパーに代表されるように、この世代は神学や宗教学ではなく、西洋哲学とその思想史のなかでブーバー思想を評価した。これら1965-1970年における彼らの思

---

[20] Buytenjijk, Van der Berg, Dujker, Fischel, Langeveld, Linschoten, Peursen, Strasser, Kwant, De Waelhens, Luypen, Plattel など。

想史研究をもって、ブーバー研究はひと段落つく。

4　研究の一時的停滞（1971-1990年代）と英語圏の研究開始

　1960年代におけるブーバー研究の特徴は、我－汝の対話的原理をブーバーの鍵概念として、思想をある意味"単純化して"批評したものである。またフリードマンの著書や評伝、そして最初のブーバー著作集 Werke は当の本人によって編集されたため、ある意味"作為的な"ブーバー像が形成されていた。[21]それはブーバー自身も望んだ「対話的生」というフリードマンの強調によって、彼の思想の中心点がここに置かれたからである。したがってブーバー研究は、この1960年代当時の研究者による一定の成果をもって一休止した。というのも著作集 Werke が1962-64年に刊行され、1965年にブーバー本人が死去したことによって、ブーバー思想の「内在的」研究は、ひと段落つき、ブーバー思想は「対話の哲学」ないしは「人格主義」という名称化によって決着がついたからである。同じくトイニッセン／カスパー／ベッケンホッフの「外在的」な思想史的比較研究によって、ブーバー思想は「超越論的観念論哲学に対抗する出会いの哲学」として決着がついた。そのような理由で、ブーバー研究は、1970年代から1990年代にかけて停滞する。

　このような停滞のなか、ブーバー研究の中心は「ドイツ語圏」からアメリカ／イスラエルの「英語圏」へと移行される。それには1951-52年ブーバー自身初のアメリカ旅行におけるニューヨークユダヤ神学校の3つのイスラエル Goldstein 講義[22]、アメリカ全土に渡る多くの大学やユダヤ学研究所における講演、1957年3月にブーバーがコロンビア大学で行った[23]

21　次節も参照。
22　ブーバーはこの最初のアメリカ旅行の講演タイトル「Eclipse of God」を基に、1952年に英語で同タイトルの著作を、1953年にドイツ語で *Gottesfinsterrnis* を刊行することになる。
23　講演の主題は「1933年から1945年にかけたヨーロッパのユダヤ人の運命」

聖書講座、ミシガン大学の精神医学者カール・ロジャーズとの対談[24]、ワシントンの精神医学校で William Alanson White 記念講演[25]、1958 年プリンストン大学の夏学期演習[26]（*Briefwechsel I*, 128）、そしてフリードマンの『マルティン・ブーバー：対話的生』（1955）と M・ダイヤモンド『マルティン・ブーバー：ユダヤ的実存主義者』[27]（1960）の 2 冊によるブーバーの紹介（*Briefwechsel I*, 130）が、大きなきっかけとなった。

　その後フリードマンは、実にブーバー本人から依頼されるかたちで[28]、10 冊を越えるブーバーの論文を英語に訳し、そこで序言を執筆することによってブーバーを英語圏に紹介した。著作が英語で読めるようになる[29]ことは、ブーバー思想が世界的に拡がることを意味し、ブーバーの名と思想は英訳を通して世界的に知られるようになった[30]。つまりドイツ語圏

　「パレスティナにおけるユダヤ人の実存的闘争」「イスラエル国家の設立はアメリカでこれまでなかったくらい強い関心を呼び起こした」などであった（*Briefwechsel I*, 126）。

24　Rob Anderson and Kenneth N. Cissna (ed.): *The Martin Buber-Carl Rogers Dialogue*, A New Transcript with Commentary (Albany: State University of New York Press, 1997). 邦訳：ロブ・アンダーソン/ケネス・N・シスナ編著『ブーバーロジャーズ対話』解説付き新版、山田邦男監訳、今井伸和・永島聡訳、春秋社、2007。

25　ここで「間人間的なるものの要素」「原離隔と関わり」「罪と罪感情」を講演する（*Briefwechsel I*, 128）。

26　ブーバーはこの演習で「偉大な文明の基本的な宗教的概念」を主題に、3 ヶ月間滞在した。

27　Malcolm L. Diamond: *Martin Buber. Jewish Existentialist* (New York: Oxford University Press, 1960).

28　評伝のなかで、ブーバーから自分の著書を英訳して紹介するよう「せがまれた」（フリードマン、6）と、フリードマンは振り返っている。

29　ブーバーの英訳書や英語の研究論文集は、その多くがニューヨーク（例えば 1934 年にベルリンからパレスティナに移転し、その後 1945 年にハンナ・アレントとナフム・グラッツァーの援助を受けて創立されたショッケン社 Schocken Publishing House Ltd. など）で出版され、フリードマンがその編集を務めている。

30　ブーバーの我－汝哲学が、アメリカで人気の高みに達したのは 1960 年代で

「外」におけるブーバー研究が始まる時期は、1960 年代に英語圏でブーバー紹介が十分なされた後である。日本で本格的にブーバーが紹介される時期も、このフリードマンの英訳を介した世界的人気を経たものである。このようにアメリカとイスラエルでは、これまでドイツ語圏で積み重ねられてきた 1960 年代までの研究遍歴が、今度は英語を媒体として辿られることになる。

　この時期、イスラエルではブーバー生誕 100 周年シンポジウム[31]が 1978 年にネゲヴ・ベン＝グリオン大学で開かれ、イスラエルをはじめとした世界からブーバー研究者が集まり、それぞれの研究領域から発表がなされた。日本からは平石善司（1912-2006）が「ブーバーと日本思想」と題した比較宗教論を発表している。次に、1982 年にはアーノルドハインのプロテスタント・アカデミーで、「マルティン・ブーバー：彼の時代と私たちの時代」シンポジウム[32]が開催され、ここではドイツの旧約学者レントルフや H・J・クラウス[33]と、イスラエルのシャローム・ベン＝コーリン、タルモン（Shemaryahu Talmon, 1920-2010）らイスラエルのブーバー研究者が集い、ドイツ語によって多岐にわたる主題が発表された。1985 年にはフランクフルトのゲーテ大学とヘッペンハイムのブーバー・ハウス共催で、ブーバー没後 20 周年記念シンポジウムが開かれたが、ここではリヴカ・ホルヴィッツ、イェホシュア・アミール、ハンス・H・カッペル、ダフナ・マッハ、カール・E・グレッツィンガー、ナタン・ローテンシュトライヒそしてアブラハム・シャピーラやメンデス＝フロールら多くのイスラエルの研究者がドイツ語による研究発表の場に参加した。これらの国際学会に見られる特徴は、ドイツ語を媒体とした研究発表ではあるが、研

ある（Jay, 215）。

31　この会議の内容は、1983 年に *Martin Buber. Bilanz seines Denkens* としてドイツ語版が、1984 年に *Martin Buber. A Centenary Volume* として英語版が、著作化された。

32　本会議の内容は、*Dialog mit Martin Buber* (1982) に収録されている。

33　第 2 編第 4 章 1 節「歴史批評的方法」を参照。

究内容がヘブライ大学へ異動した後のブーバーに焦点が当てられ出したことである。

　つまり前節で論じたような西洋哲学史におけるブーバー受容とその評価という姿勢は、あくまで1938年までのドイツ在住時代におけるブーバー像を対象とした限定的なものであった。それがこの1980年代の国際学会[34]を通して、1938年 - 1965年のイスラエル在住時のブーバーが、ドイツに輸出されるようになったのである。その後、国際会議や論文集で扱われる言語が、ドイツ語から英語へ移行されるのは、アメリカでフリードマンが中心となった論文集 *Martin Buber and the Human Sciences* (1996) とメンデス＝フロールが中心となった論文集 *Martin Buber. A Contemporary Perspective* (2002) によってである。ここでは英訳によって読解されるブーバーと、英語によって発表されるブーバー研究が、ドイツより約30年遅れる1990年代から本格的になされるようになる。そして英語を媒体とする国際学会の傾向は、現在にも引き継がれている。

　以上、この1970 - 1990年代の30年に見られる研究の特徴は、ドイツ語圏における1960年代の研究成果に焦点を絞ったもの、もしくはそれを概略的に紹介することに留まるものである。その理由は、ドイツ語圏における研究の停滞と、アメリカ、イスラエル、日本などでブーバーの著作が翻訳され、ようやくドイツ外で研究が始まった時期だからである。

5　日本のブーバー研究史（1967 - 1990年代）

　日本におけるブーバー研究は、1960年代にある程度決着したドイツ語圏における研究を受容したものである。それは英語圏と同じように、まずブーバーが書いたものが翻訳され、それがある程度広まってから研究が開始された。したがって日本で1960年代後半から1970年代という一時期、

---

[34]　本シンポジウムの内容は、2巻本の *Martin Buber (1878-1965) Internationales Symposium zum 20. Todestag: Dialog und Dialektik* (Bd.1), *Vom Erkennen zum Tun des Gerechten* (Bd.2) に収録されている。

特にブーバーが流行した理由は、みすず書房から刊行された邦訳ブーバー著作集が紹介されたことと並行関係にある。そこでは禅仏教を背景とした京都学派という日本哲学との比較を通して積極的にブーバーが受容されている。特に、当時の西田幾多郎/ホワイトヘッド研究者（上田閑照、山本誠作、水垣渉、花岡永子など）が、ブーバー受容の中心となっていた。例えば訳語の選定にあたって、ドイツ語のRealitätを現実ではなく「実在性」と訳した点にその特徴が見られる。ただしこの時期の特徴は、ドイツと同じくブーバー思想を人格主義という一点で受容したものである。そこでは『我と汝』を中心としたその周辺が翻訳されたものが主に読まれたのであるが、総括的なブーバー研究が受容されたわけではない。

この受容より前、ブーバーの名前に言及はないものの和辻哲郎（1889-1960）は、1927-28年のドイツ留学で「人間の間柄」という語に示唆を受け、帰国後『人間の学としての倫理学』（1934）を著し、そのなかでこう述べている。

> ドイツの社会学者は「人」と「間」との二語を結合することによって、すなわちdas Zwischenmenschlicheという言葉によって、人間関係を社会とする一つの立場を言い現している（『和辻哲郎全集』9、13）。[35]

ハンス・コーンによれば、このドイツ語で表記された「間人間的なもの」という語はブーバーが独自に創り出したものである（Kohn 1961, 89）。というのもブーバーは社会心理学叢書『社会 Gesellschaft』の第1巻でW・ゾムバルトの『プロレタリアート』（1906）を出版し、編集者としてその序文のなかで、初めてこの言葉を用いたからである。このように和辻は、直

---

35 この後、次のように続く「人間とは『よのなか』『世間』を意味し、『俗に誤って人の意となった』のである。しからば人間という言葉の本来の意義はドイツ人のいわゆるdas Zwischenmenschlicheすなわち社会にほかならず、それが誤ってder Menschの意味に転化し、両語の区別が無視せられるに至った、ということになる」。

接ブーバーの著作を読むことはなかったが、ドイツ留学時に出会ったブーバー編の『社会』を通して、その思想的核心に触れていたと考えられる[36]。

次に、最初に日本でブーバーという名と主著を紹介した典拠を確認すると、それは波多野精一（1877-1950）の『宗教哲学』（1935）における脚注にある。

> マルティン・ブーバーの著書『Ich und Du』（1923）は「我と汝」の問題を人に先んじて、しかも最も根本的に論究したものの一つであろう。現著書をかれより学び得たことに対して感謝の意を表する。但しこの猶太教の学者は、あまりにギリシア精神の誘惑に身を任せ過ぎたためか、ついに人間謳歌を脱しきれない、輪郭の不鮮明な一種のロマンティック風な世界観に満足したのは惜しむべきである。「我と汝」の問題より出発した以上、わき目もふらず、愛－道徳－人格の一筋道を前進すべきであったことに彼は気附かずにいた。（『波多野精一全集』4、197f.n2）

波多野は観念論哲学を克服するために、ブーバーの我－汝思想に近い「人格的実在主義」と呼ばれる独自の宗教哲学を展開していた。ところが著作『我と汝』が、おそらく詩的という意味での「ロマンティック風な」描写で描かれているために、波多野が期待していたような「愛－道徳－人格」の問題への取り組みが不十分だと考えたようである。ただこのような波多野の疑問は、ブーバーの他の著作、例えば『預言者の信仰』を参照すれば容易に解決されるものである。ブーバーは聖書解釈を通して、まさに愛・道徳・人格の問題に取り組んだ思想家である。それゆえ、詩的に書かれた『我と汝』のみを典拠に、これらの概念への言及を評価することは不十分といえよう。これは部分的なブーバー受容の典型である。

和辻や波多野を通して、ブーバーの名が日本に広まることは結果的に

36　稲村秀一「ブーバーの哲学的人間学における『共生』の構造」『文化共生学研究』4、岡山大学大学院文化科学研究科、2006、1f.。

なかったが、その 22 年後、日本でブーバーの名が本格的に認知されるようになる。それは野口啓祐によって *Ich und Du* の邦訳『孤独と愛』（1958）が刊行されたことによる。また日本語版『マルティン・ブーバー著作集』全 10 巻は 1967 年 - 1970 年にかけて、京都大学文学部哲学科（キリスト教学）、京都大学教養部（ドイツ語文学）、そして同志社大学神学部の教員が中心になって訳され、これを機にブーバー研究も進むようになった。それ以降日本のブーバー研究は、主に京都大学（宗教学系）と東北大学（教育学系）を中心に行われてきたが、日本では「対話の哲学」をブーバー思想の軸とする学説が直に受け継がれた。1970 年代はこの枠組みのなかでの研究が盛んになり、それがやり尽くされると、次第に日本のブーバー研究も衰退していった。ただし我－汝の対話思想という一点に特化したブーバー像は、その後も哲学・倫理学、教育学、プロテスタント神学の研究者たちから、数多く引用されることになる。

　この流行に左右されることなく、ブーバーを専門的に取りあげた日本の研究者は、平石善司、小林政吉、稲村秀一、齋藤昭である。まず平石善司は『マルチン・ブーバー――人と思想』（創文社、1991）を通して、ブーバーという人物を概略的に紹介した点とハシディズムの翻訳で評価される。次に小林と稲村は、フリードマンとカスパーの学説を継承して、『我と汝』を中心としたブーバー研究をさらに深めることになる。小林政吉は『ブーバー研究』（創文社、1978）のなかで、それまで手薄だったブーバー初期の社会運動への参与から対話思想への展開を紹介し、さらにブーバーにおけるイスラエルの信仰を紹介した。稲村秀一は、前述した『ブーバーの人間学』（教文館、1987）のなかで、ブーバーが「間の哲学」を展開する時に引用していた思想家の原典をあたり、それとブーバーとの比較を通してより我－汝思想を明確にした。本書は西洋思想史における対話の哲学の意義に言及しており、「なぜ対話なのか」について正確に議論している研究書である。それは稲村がカスパーやベッケンホフの思想史的研究法を取り入

れたからだと思われる。また稲村の『マルティン・ブーバー研究』（溪水社、2004）では、我−汝思想の教育論・共同体論・宗教論における展開について、一次文献をまとめるかたちで紹介されている。最後に、齋藤昭の『ブーバー教育思想の研究』（風間書房、1993）は、そのタイトルに教育思想と記載されてはいるが、ここではブーバーが執筆したほぼ全ての論文を網羅的に紹介する作業が行われている。本書は1474頁にも及び、ブーバー論文の辞書とも言える作品である。本書の特筆すべき点は、いまだ邦訳されていないブーバーの Der Jude und sein Judentum（1963）収録の諸文献が紹介されたことであろう。それによって日本の研究で手薄であったブーバーのユダヤ性・シオニズムへの参与についての諸論文が、齋藤の抄訳で読解できるようになった。

　以上、これら日本のブーバー研究者は、主に「ブーバーを紹介した」世代である。そのなかで稲村はブーバー研究者の研究動向を追っており、「ブーバー研究を紹介した」唯一の人物だった。

6　ブーバー学会と新版著作集の誕生（2000/2001-）

　このように1970年代から約30年間ブーバー研究は停滞していたのであるが、それを新たな視座で再批判・再解釈する動きは、今世紀に入って生じる。この動きは2000年2月にハイデルベルクを本部に発足したマルティン・ブーバー学会[38]の誕生と密接に関連している。イェーナ大学の組織神学・倫理学教授マルティン・ライナー（Martin Leiner, 1960-）は、「今世

37　本序論第1章3節を参照。

38　ブーバー関連の著書を出版していたラムベルト・シュナイダー社は、戦後ベルリンからハイデルベルクに移動した。その社長 Lothar Stiehm が、マルティン・ブーバー学会の初代会長を務めていた。彼の死（2010）後、出版社が所蔵していたブーバーの著書は、ハイデルベルク大学ユダヤ学研究所図書館に寄贈された。ブーバー学会は現在、フライブルク大学で学位を取った元カールスルーエ大学教授のヴェルナー（Hans Joachim Werner, 1940-）を会長に、哲学、教育学、臨床心理学、神学聖書学の4部門を備えている。

紀に入ってようやくブーバーに対する一般の認識が変わってきた。再びブーバーへの学問的取り組みが、ゆっくりとではあるが動き出した」(Leiner, 191) と研究動向の変化を感じており、その理由を次のように説明する。

> これはブーバー自身を実際に知っていた友人たちによる時折美化された視点に影響されることなく、またブーバーの死後に発言力のあった世代の先入観にも影響されていないというメリットから生じたことである。(*ibid.*)

すなわちブーバーの没後35年を経たことによって、ようやく研究対象と距離を置いたクリティカルなブーバー研究が始まったのである。このクリティカルな研究の中心となる新たな計画が、新版ブーバー著作集 *Martin Buber Werkausgabe*（MBW）の編集と出版である。これはベルリン・ブランデンブルク学術アカデミー[40]とイスラエル学術アカデミーの委任を受けたもので、その第1巻は2001年にギュータースローアー出版社から刊行

39　ライナーは、21世紀に入るまでのブーバーに対する悪しきイメージを、トイニッセン批判と絡めて、次のように言及している。「たしかにトイニッセンは、すでにブーバーについて『哲学の未来にとっては、わずかな代表者』（Theunissen: *Der Andere*, 8）と語っていた。このような理由で、ブーバーに取り組むことや、単純で素朴であるために低く評価された人格主義に取り組むことは、時代遅れである、というイメージが流布した。この誤解は非常に広く行き渡ったので、ブーバーは哲学研究室で取り組む必要のない精神修養的な著述家になったのである」(Leiner, 191)。

40　2008年10月ドイツ研究協会（DFG）による出版助成機関が終了したため、ベルリン・ブランデンブルク学術アカデミーによって刊行されたものは、2009年に刊行された第19巻までの6巻分（1, 6, 8, 3, 10, 19）である。それ以後、ドイツ側の責任者がデュッセルドルフのハインリッヒ・ハイネ大学に引き継がれ、2010年よりノルトライン＝ヴェストファーレン州とその大学が半分ずつ資金を出している（MBW9, 7; 小野 2016, 100n7）。

41　ドイツ側の編集担当者が Peter Schäfer、イスラエル側がポール・メンデス＝フロールである。ドイツ側の担当がハインリッヒ・ハイネ大学に委託されている2017年現在は、Bernd Witte がメンデス＝フロールと共に編集を務め

された。実は、これまでたいてい引用されていた3＋1巻本の旧版著作集 *Werke* は、ブーバー自身によって編集されたために、かなりの削除と微細な書き換えがある[42]（Urban, 170n8）。そのため全21＋2巻で構成される新版 MBW は、その一つ一つの改変点が、各編集者によって丁寧に指摘されるようになった。

　これに関して、ライナーは、遺憾なことがある（Leiner, 192）と指摘する。その理由は、新版 MBW も次のような意味で、本当にクリティカルな版ではないからである。第1に、この新版は原文をドイツ語のみで、もしくは短い英語テクストのみで提供し、ヘブライ文字やポーランド語で表記することはなかった。事実、ヘブライ語はほとんどラテン文字で表記されている。第2に、一部非常に読むことが困難なブーバーの手書きで保存されている書簡集が割愛されている。手書きによる断片的テクストを新たな完全版として出版することは、依然研究上望まれる課題である。例えばブーバーとローゼンツヴァイクが聖書翻訳のために使っていた手書きの作業メモは、B・カスパーによる管理の下、フライブルク大学図書館に保管されたままである。

　ただ、ライナーによるこのような批判的意見にもかかわらず、ブーバーを再評価するための新版著作集刊行という取り組みは、きわめて重要な一歩だったと言えるだろう。

ている。

[42]　特にハシディズム論集には消された箇所が多い点を、『バール・シェムの伝説』を取り上げたM・アーバンと、『ラビ・ナフマンの物語』を取り上げた細見は指摘している（細見和之『京都ユダヤ思想』8、「私のブーバー研究、事始め」、2017、2）。

第2章　ブーバー自身の研究スタイル

1　背景描写を通して浮かびあがる観念

　本章では、ブーバー独自の研究スタイルを紹介し、そこに見られる難点をもとに、ブーバー研究者が採るべき研究方法の再考につなげたい。まずブーバーによる叙述の特徴は、非常に曖昧ではあるが鍵となる観念が議論の中心として使われる点にある。例えば「汝」「現臨」「現実」「秘密」「聖書的雰囲気」「統一性」そして「神」などの用語が登場する。ただし研究者がこれらの諸観念を主題化（もしくは対象化やそれ化）して分析する手法では、研究が行き詰まってしまう。それはブーバー自身の方法論に問題があるように思える。ブーバーはある種分析不可能な観念を、本質的なものとして議論に登場させる。ただしそれに対する論理立った説明を避けているため、結局その意味内容を把握することができない。というのもそれはあくまで観念的なものであって、人間的言語によって分析できる概念ではないためである。

　むしろその観念をキーワードとして主導的に登場させながらも、あえて意味内容を不明にし続け、その観念の周辺をさまざまな喩えや表現方法によって説明していく。このような綿密な背景描写を通して、曖昧であった本質的な観念が最終的に浮かび上がってくる。ただしそれは概念的に把握できるものではなく、まさに「汝として出会われる」としか表現できない。その汝や神といったものを、対象化可能な存在者一般としては扱わず、「語りえないもの」「隠れたるもの」という否定的表現を通して、なんとか浮かび上がらせる手法である。それをブーバーは『我と汝』のあとがき（1952）で、神そのものを問うことはできず、ただ私たちの彼への関わ

りだけを問うことが可能であると、次のように主張する。

> ただ逆説的にのみ、つまりある概念の逆説的な使用によってのみ語ることができる。詳しくいうならば、周知の意味内容とは反する形容詞を逆説的に結びつけることによってのみ言い表される。("Nachwort, V.6," ID, 168)

つまりブーバーは研究対象を特定の概念で限定することを避けたいがゆえに、例えば「神との関係は無条件的な専一性（Ausschließlichkeit）と無条件的な包括性（Einschließlichkeit）が一つである」（ID, 130）や「神は、まったき現臨者であり、まったき他者であり、まったき自己である」（*op.cit.*, 131）といった相矛盾する逆説的表現を用いる試みをとっている。

トイニッセンは、この方法論をあえて概念的に説明するために、「ブーバーは、主観性の領域〔主観によって物事を断定する試み〕に対抗する立場を取る」（Böckenhoff, 119f.）と考え、否定存在論と命名した。この内容がブーバー自らの表現で説明されている箇所は、『対話』（1930）の「観察・考案・感得」にある。

> 語られるものを受けとることは、まったく考察や観察の結果ではない。もし私が描写したり物語ったり叙述するならば、語られるものは消えてしまうであろう。むしろ私はただそれを会得するのみであり、私がただ「受けとる」ことが重要である。このような知覚方法は「感得」と名付けられる。("Beobachten, Betrachten, Innewerden," *Zwiesprache*, 182)

またベッケンホッフはブーバーの方法論をこう評価する。「人間の現実は、物質的に計量化し、体系化し、客観化する科学的方法ではつかむことができない」（Böckenhoff, 97）。現実的に生きている自己と他者は、このような計量的・体系的・客観的な思考から「もれる」ものである。だからこそ研究のための方法論を規定し、それを掲げ、その方法に従ってテクスト

という素材を計り、議論を客観的に体系化することは、ブーバーの本意ではなかろう[1]。なぜなら、それこそブーバーが避けようとしていた我-それ的思考法だからである。

2 ネットワーキング法

　トイニッセンとベッケンホフが主張した否定存在論的な方法は、まさに我-それ的研究法の脱構築であり、ブーバー研究の方法論的転換を意味している。しかし当該のトイニッセンら1960年代の研究者自身が、きわめて分析的にブーバー思想を対象化していた、というのが筆者の印象である。もし研究者の側も脱我-それ化に倣うのであれば、ブーバー思想を対象化する研究スタイルを避けねばならない。その一例として、昨今の研究者であるハイデルベルク大学ユダヤ学研究所教授ダニエル・クロッホマルニック（Daniel Krochmalnik, 1956 - ）と、同志社大学准教授小野文生[2]（1974 - ）の方法論を紹介したい。

　彼らは、一つの主題を設定し、それに関するあらゆる通時的・共時的解釈を結びつけていく手法を取っている。例えばクロッホマルニックは、「宗教に見られる暴力性」という主題を設定し、主要テクストとしてカインとアベルの物語を選出する。そしてその物語に対するユダヤ教、キリスト教、イスラームにおける解釈、また哲学者ハンス・ヨナスの解釈を検討する。それによって解釈が広がり、意味の多様性が浮かび上がる共時性を

1　これはレヴィナス思想にも、同じく妥当するものである。「その価値や意味を自分のものさしでは考量できない相手とどうやって対話するのか？それがレヴィナス哲学のいちばん根本にある問いです」（『内田樹による内田樹』、92）。自分の「ものさし」をあてがって他者を計ること、それは研究者が自らの専門性や方法論という手持ちの道具を使って、対象を切り刻むことである（*op.cit.*, 93）と、内田は述べる。

2　小野文生は、ブーバー／ローゼンツヴァイクの聖書翻訳論に限らず、ヨーロッパの文芸論、日本の国学思想や民俗学を素材としたものをはじめ、ドイツロマン主義を研究している。

主眼とする。この手法の弱点としては、論点が定まらず、議論が収束しないことである。確かに解釈の多様性を知ることができるが、その反面一つ一つの解釈が不十分で断片的になり、またその発想が生まれた背景をなおざりにしがちである。つまり当該テーマが、ラビ・ユダヤ教や旧約学のなかで、どのような解釈的変遷を経てきたのかという点における通時性は重視するものの、当該テクストの生成過程や変遷といういわば文献学的な通時的解釈が弱くなってしまう。

ただしこれがブーバーの方法論的特徴でもある[3]。ブーバー自身も、文献学的/考古学的な実証主義的研究法を取らない。むしろ当該テーマと関連する諸々の解釈を結びつけることに力点が置かれる。筆者は、彼らがブーバーと同じ解釈法・叙述法を取ったことを評価すると共に、その手法を「ネットワーキング法」と名づけたい。

3　預言者的宗教研究

最後に、ティリッヒによって『文化の神学』(1959) のなかで評価された3類型を検討したい。彼によれば、ブーバーの宗教研究は、第1に預言者的宗教の実存論的解釈であり、第2に預言者的宗教のなかの要素である神秘主義を再発見したものであり、第3に預言者的宗教と文化間の関係を理解したものである (*Theology of Culture*, 188)。

この評価の焦点は「預言者的宗教」という表現にある。預言者は神の言葉を直接的に聴取した人物である。また預言者は神や言葉を直接的に受け入れるため、確かに神秘主義にも近いと言えるだろう。さらにその預言者的宗教が文化/特に社会や政治の領域のなかで（ティリッヒによれば宗教社会主義運動として）実現するよう試みられた点をティリッヒは評価している (*ibid.*)。

このようにブーバーの宗教研究を、預言者的宗教と解することは的確だ

3　第2編第4章「ブーバー方法論の聖書学的位置づけ」で検討予定。

と筆者には思われる。なぜならブーバーは、ユダヤ教やキリスト教プロテスタンティズムといった実定的宗教を、研究対象としないからである。確かにティリッヒは、これら2つの実定的宗教の対話という描写方法によって、常にブーバーをユダヤ的思考と類型化してはいるが、ブーバー思想は実定的なユダヤ教のみに起因するものではない。むしろ反対に、ブーバーは明白にラビ・ユダヤ教のなかに見られる教条主義的な姿勢に背を向けている。管見によれば、ハラハー的律法主義ではなく、アガダー的な物語解釈やミドラシュ研究に近い立場を採ったのがブーバーである。彼のこの姿勢が如実に表れている分野が、聖書解釈法である。そこでは実証的な文献学研究を脱し、イスラエル信仰史の傾向や先人たちが受け継いできた聖書の統一性を捉える試みが目指される。

そしてブーバーの思索のなかで最も重視されている事は、自らに語りかけてくる神的な言葉との出会いである。この点が、第2の「預言者的宗教のなかで神秘主義的要素を発見した」ブーバーの特徴である。ただしブーバーによれば、近現代人はこのような汝の語りかけに気づかない。その事態を彼は、近代の問題である我‐それ的関係性の蔓延と措定するのであるが、この点が第3の「預言者的宗教と文化間の関係」である。最後に、このような近代性は、人間側の実存的問題に起因するため、汝との出会いを通した実存の転向という、いわば非本来性から本来性への転向モデルが提案されるようになる。この点が、まさに第1の「預言者的宗教の実存論的解釈」である。

したがって、ティリッヒによるブーバー宗教研究の3類型は、まず我‐汝思想の展開とリンクしている預言者的宗教理解である。次にブーバーは、彼の思索を通して、近現代に見られる宗教性の欠如を、汝からの語りかけを受け入れぬ態度、他者を利用の対象として捉える実存論的問題と理解する。そこから特定の実定的宗教の回復ではなく、聖書を読み、語りかけの言葉に向き合う実存的態度を、近現代の問題解決のために求めていた。これらを踏まえ、ブーバーによる思索の焦点は、預言者的宗教の具体的実践であり、筆者はそこに彼の聖書翻訳という試みを見いだしている。つまり

聖書翻訳を通して万人が汝の言葉を直接聞き取る、いわば預言者的な実存をブーバーは求めていた点が、本論考の結論として措定される。さらにブーバーは、預言者的宗教と実存の問題をリンクさせることを意図していたに違いない。このようなブーバーの研究的特徴を踏まえ、本論考では聖書翻訳という主題に取り組んでいきたい。

第 3 章　ブーバー研究の動向に対する筆者の見解

1　ブーバー研究の断片性

　本章では、これまで検討したブーバー研究史とブーバー自身の研究スタイルを踏まえ、問題点や不十分な点も含めた研究動向を、筆者なりに評価したい。まずブーバーの論文の分類法に見られる断片性を指摘したい。一例を挙げると、『哲学的人間学』という表題で編集された 5 つの論文[1]集では、実存哲学者としてのブーバー像が際立つ作品が収録されている。この分類方法から生ずる研究は、あくまでブーバーの当該論文を整理し、そこから導出されるブーバー思想が紹介されるというものであった。ただしその問題点は、ブーバー思想の対話的原理を論ずるために、聖書論文集やシオニズム運動との関連性を特別問うことなく、領域横断的な視座を疎かにしてきた傾向である。しかも 20 世紀のブーバー研究は、主著『我と汝』を軸として、その前後関係からブーバー思想の全体像を捉えていく学説が主流であった。[2]例えば、本論考の第 1 編で論じられるブーバー思想の基礎論は『我と汝』の対話的原理を基に解釈されてきたものであるが、それが神、ヘブライ語聖書、ユダヤ的なものと切り離して考えられるのか不明瞭な印象を受ける。反対に、聖書解釈や聖書翻訳論では対話的原理が取り上げられることはなく、旧約学者によってドイツ語訳の確認や特定の預言

---

1 「原離隔と関わり」「人間とその形象物」「語られる言葉」「共同的なものに従うこと」「罪と罪感情」の 5 つは、*Werke I* (1962) のなかで、この表題のもとに編纂されている。

2 序論第 1 章 1 節で説明された最初のブーバー研究者フリードマンの学説を参照。

者理解のために参照されるものであった。その理由は、ブーバー研究の方向性を最初に示した分類法と、それに準じた旧版著作集の編纂法に起因するものと思われる。

　1962-64 年にミュンヘンのケーゼル社とハイデルベルクのラムベルト・シュナイダー社で刊行された最初の 3 巻本のドイツ語著作集『*Werke*―哲学論文集、聖書論文集、ハシディズム論文集』に掲載された論文は、ブーバー本人によって選別されたものであり、彼自身が発刊のために新しく改訂し、自ら序言を残したものである。またこの著作集を補完する『ユダヤ人とそのユダヤ性』が、ロベルト・ヴェルチュ[3]によって編集され、1963 年にケルンのヨーゼフ・メルツァー社から刊行された。これには、ブーバー自身が「対話的生は自分の思想の古典的な研究」であるため、自身の作品を包括的に完成させるための巻を早急に出版するようラムベルト・シュナイダー社に催促していた背景がある（Friedman 2002, xvi）。その後、複数の出版社を中心に、いくつかの補遺集が刊行されている。したがって 20 世紀のブーバー研究とは、この著作集全 3 ＋ 1 巻[4]を中心的な典拠として読解し、解釈することであった。

　一方、2001 年以降に随時刊行されている全 21 ＋ 2 巻のドイツ語新版著作集（MBW）では、領域や主題に分かれた諸論文がまとめられ、2017 年 11 月現在で以下の項目の 17 巻分が既刊である。

3　序論第 1 章 1 節参照。
4　それらは『転換に際して *An der Wende -Reden über das Judentum*』が 1952 年にケルンのヤーコプ・ヘグナー社から、1909-1953 年間に書かれた論文集『指摘』（Hinweise）が 1953 年にチューリッヒのマネッセ社から、1902-1964 年間に書かれた『補遺』（Nachlese）が 1965 年にラムベルト・シュナイダー社から、1897-1965 年の『70 年間の書簡集』（*Briefwechsel aus sieben Jahrzehnten*）が 1972-75 年に同出版社から、最後に『一つの土地に二つの民』（*Ein Land und Zwei Völker –Zur jüdisch-arabischen Frage*）が 1983 年にフランクフルトのインゼル社から刊行された。これらの著書は、3 ＋ 1 巻本の著作集 *Werke* を補足するものである。

1. 初期 ［1891-1924］ 文化批評的・哲学的論文集（2001）
2-1. 神話と神秘主義。初期宗教学論文集（2013）
2-2. 忘我の告白（2012）
2-3. 中国哲学・中国文学論文集（2013）
3. 初期 ［1900-22］ ユダヤ的論文集（2007）
4. 対話的原理論文集（未刊）
5. ユダヤ教とキリスト教に関する講義集（2017）
6. 言語哲学論文集（2003）
7. 文学・演劇・芸術論文集：叙情詩・自叙伝・戯曲（2016）
8. 青少年・人間形成・教育論文集（2005）
9. キリスト教論文集（2010）
10. 心理学・心理療法論文集（2008）
11. 政治哲学・社会哲学論文集（未刊）
12. 哲学と宗教論文集（2017）
13. 聖書的宗教論文集（2018年刊行予定）
14. 聖書翻訳論文集（2012）
15. メシアニズム論文集（2014）
16. ハシディズム I　初期物語集（未刊）
17. ハシディズム II　理論的論文集（2016）
18. ハシディズム III　ハシディームの物語集（2015）
19. ゴグとマゴグ（2009）
20. ユダヤ的なもの論文集（未刊）
21. シオニズムの政治とユダヤ・アラブ問題論文集（未刊）

このように新版著作集（MBW）は、領域/テーマごとに論文が収集され、そこからブーバー研究は、それぞれの領域の学者によって、その分野に限定されたブーバーを参照する傾向が生まれる。それを否定的にいうならば、それぞれの分野との関連性がいまだ不明瞭のままである。肯定的にいうならば、ブーバー思想を単純化していた1960年代の世代とは異なり、現在

第 3 章　ブーバー研究の動向に対する筆者の見解　　　　　　　　　　　　　47

は絞ったテーマのもとでブーバー像を丁寧に描き出す作業が求められている。

　このいわば領域分断的な研究状況は、次のような理由によると筆者は考える。第 1 に、ブーバー自身が、自らの思想を体系立てて整理しておらず、個々の文献はそれぞれの主題のなかで完結しているためである。つまりブーバー本人が、自らの思索の全体像をトータルに体系化して紹介する方法を採っていないのであり、それは彼が「非類型的」（Sch/Fr, 589）と自称するとおりである。第 2 に、研究者にとって、ブーバーの諸文献それ自体の主旨を理解することが難しく、読解を通して、ブーバーの意図を抽出することに労力がかかるためである。つまりそれぞれの文献やそれぞれの主題のなかでさえ、ブーバーの真意を取り出すことが困難であるため、主題を絞らざるをえない。

　第 3 には、彼の文体が特異かつそれに慣れる必要があるからである。ブーバーの哲学的著作に見られる文体は、ヘブライ語やイディッシュ語の筆法を模倣しようとしたものであり、かつホフマンスタールのようなウィーンの執筆家によって特徴づけられたものである（Leiner, 191）。ジェイ（Martin Jay, 1944 - ）によれば、これは当時人気のあったユーゲント様式——華美に飾り立てたアールヌーヴォーのドイツ版——の文体で書かれたためである[5]。つまりブーバーは独自の交換不可能とも言える文体を使おうとしたため、研究者はその文体につきあい、その文体を哲学的言語と関連づける作業が求められる。この事態をライナーは、「宗教哲学者としてのブーバーの意義が、依然として不明瞭である理由」（*ibid.*）と述べている。

　第 4 に、トータルなブーバー研究が、もはや困難になったという点である。ブーバーが存命中に刊行された評伝や著作集は、ブーバーをある程度限られた情報のなかで要約的に描写することができた最初の世代によるものである。しかしブーバーは、87 年の生涯にわたって執筆活動を続けて

5　ただしブーバーは、当初影響を受けていたこの様式の文体に、見切りをつけることになる（Jay, 201）。

きた人物であり、彼が書いてきたものは膨大である。現在では、イスラエル国立図書館に所蔵されているマルティン・ブーバー・アーカイブ（MBA）が中心となって、未公開の資料が整理され、それらが一般の来訪者に公開されるようになった。こういった現状では、ブーバーの全体像をくまなく追うことは難しく、少なくとも 2017 年現在では、トータルな研究を行うには準備不足である。というのも、まずは現在編纂途上にある新版著作集 MBW が全て出版されるのを待ち、それらの評価を経ることによって、ようやくトータルな研究の土台ができるからである。

2　ブーバー思想の一貫性

　序論第 1 章で検討されたように、1960 年代に確立したブーバー研究は、『我と汝』を主軸とする対話思想が成立する「起源」と神秘主義思想との影響関係、また対話思想の宗教、社会、教育、精神療法などの分野への「応用」という枠組みのなかで語られてきた。そしてその対話思想の起源、応用という発展史とは別の枠組みとして、ブーバーの実践的なシオニズム運動、聖書研究とヘブライ語聖書翻訳、ハシディズム文献の翻訳とその研究が紹介されてきた。ブーバーの我−汝思想は、確かに多岐に渡る学問分野で受け入れられている。実存哲学、倫理学、旧約学、比較宗教学、教育学、政治学、社会学、臨床心理学などの学科から、ユートピア論、翻訳論、対話論、神秘思想、シオニズム、近代批判、ケア論などといった主題を通して、ブーバーの思想は受容されてきた。ブーバー本人がこれまで思索していた主題や学問対象は、実に領域横断的である。そのなかで、筆者はブーバーの思想とその傾向には、ある種の一貫性があると考える。そしてたとえどのような領域であろうと、彼はそのなかで同じ思想を展開する、という仮説が考えられる。

　第 1 に、その一貫した思想とは我−汝関係を基軸とした対話的原理であり、彼は本稿で中心的に扱う聖書翻訳論や聖書解釈のなかでも、同じく対話的関係性を思想の軸に据えている。第 2 に、その思想的傾向性として、

ブーバーは「その都度主義」や「今ここでの転向」というカイロス論的な切り口によって、諸々の主題を取り扱っている印象を受ける。第3に、彼は目に見えるモノや具体的に存在するモノではなく、形なきものや、私たちの間に居合わせる精神的な現臨を、何とか描写しようと試みる。それは存在論の哲学から、生成的宗教思想へのシフトである。

　以上、3つの仮説が筆者によって立てられたが、これらは全て、簡潔に述べるならば、客観的な事物存在から現臨する精神的臨在へ、ブーバーの概念を使うならば我－それから我－汝への転向、旧約概念を使うならば偶像崇拝からヤハウェ信仰への立ち帰り（テシュヴァー）が主眼になっている。したがってブーバーの思索に見られる領域横断性とは、なにも彼の研究が幅広いからではないだろう。むしろブーバー思想の主軸となる「我－汝の対話的原理」が、肯定的にいうならばその軸がぶれることなく、どの分野のなかでもブーバー思想の骨子となっている。ただ否定的にいうならば、どの議論のなかでも、結局のところ思想の終着点が、常にここへと行き着くように感じられる。

　以上、第1節ではブーバー研究の断片性が、第2節ではブーバー思想の一貫性が、筆者によって分析された。両側面の視座を踏まえ、次節では筆者が本稿で焦点を絞る研究分野を紹介したい。

3　ブーバーの聖書翻訳論研究の動向

　第1章で紹介された研究状況のなか、マルティン・ブーバー学会は、ブーバー／ローゼンツヴァイク訳ヘブライ語聖書完成50周年を機に、これまで市井ではおろかブーバー研究のなかでも中心的には扱われていなかったこの聖書翻訳に関する主題を本格的に取り上げた。ブーバーが1916-38年に居住していた町ヘッペンハイムで国際学会「聖書の全てが、真の語られるものである――マルティン・ブーバーと聖書ドイツ語訳」（2012年11月1-4日）が、またハイデルベルク大学のユダヤ学研究所で国際シンポジ

ウム「手土産と墓石：Gastgeschenk und Grabmal」[6]（2012年11月4-5日）が開催された。そこでは現代のブーバー研究者が、それぞれの視点から聖書翻訳の評価と再解釈を試み、ヘッペンハイム市博物館ではブーバー/ローゼンツヴァイクによる手書き草稿やこれまで刊行された翻訳の諸版が展示された。

　この主題に関する研究は、翻訳完成の1961年（出版：1962）からブーバー学会成立の2000年までの約40年間でグラッツァー、ミュレンバーグ、ウッフェンハイマー、タルモン、マッハ、ミュラー、アミット、ケプネス、バトニツキーらによる研究がおよそ10件ほどあった程度である。したがってこの主題はブーバー学会の研究者たちを筆頭に、今世紀に入って、ようやく本腰をいれて取り組まれた状況である。その理由は、ブーバー研究のなかで聖書翻訳論という主題を扱うためには、第1にグリム辞書が必要になるくらいの古典ドイツ語力と聖書ヘブライ語の読解力が必要とされるから、第2にドイツ語圏の実存哲学者、英語圏のプロテスタント神学者を中心に受容されてきたブーバー思想は、ヘブライ語聖書思想（ヘブライズム）との関連性を問う必要がなかったからだと思われる。

　つまりブーバーがヘブライ語聖書を翻訳し、それが37年かかってようやく完成したことは、アカデミズムのなかで周知の事柄であったが、その翻訳内容や翻訳手法、翻訳の傾向性、そしてなによりブーバーが翻訳を通して何を目指したのか、そしてブーバーの聖書読解や解釈の独自性については、当該テクストを直接読んだ者を除いて、この90年間不明瞭なままであったといえよう。このような状況について、2014年3月に出版された国際学会の記念号 *50 Jahre Martin Buber Bibel*（以下50BBと略記する）のなかで、バル＝イラン大学のメイール（Ephraim Meir, 1949-）はこう述べ

6　これはブーバー/ローゼンツヴァイクの翻訳聖書が完成した祝典（1961）で、ショーレムがブーバーに対して述べた言葉である。それによれば、この翻訳聖書はかつてドイツ語読者への「手土産」だったが、現実はホロコーストによって読み手が失われたため「墓石」になってしまった（第2編第1章2節d「翻訳の対象者」参照）というアイロニーである。

第 3 章　ブーバー研究の動向に対する筆者の見解　　　　　　　　　　　　　51

ている。

> ブーバーの聖書釈義の作業と聖書翻訳を正しく検証するために、私たちはそれらをブーバーの対話的原理との関係のなかで見なければならない。このことは過去には十分に為されていなかったことである。（Meir: 50BB, 87）

　確かに聖書翻訳という主題は、これまでブーバー研究のなかで副次的主題であり、しかもそれがブーバー思想の中心的概念「対話的原理」とどう関連するのかは不明であった。だが、そのような側面も『ユダヤ研究クォータリー』第 14 巻[7]（JSQ14）のブーバー／ローゼンツヴァイク聖書翻訳論特集（2007）、上述の『マルティン・ブーバー聖書 50 周年』（2014）、『マルティン・ブーバー研究』第 2 巻「マルティン・ブーバーと聖書翻訳」（2016）のなかで、いくつかの課題が焦点となり、それらは徐々に解明されつつある。この主題に関するこれまでの研究史を主題ごとに分類すると下記のとおりである。

　ブーバー聖書翻訳／聖書解釈に関する先行研究
- 聖書翻訳総説：レントルフ 1982。タルモン 1976・1982・1996。リヒャルツ 1996。アスカニ 1997。イルマン 2002。ベルトーン 2006。ローゼンワルド 2007。シュヴェンデマン 2016。バウアー 1992。ハコーヘン 2012。
- 聖書解釈総説：クラウス 1952/53。グラッツァー 1963。ミュレンバーグ 1963。ウッフェンハイマー 1984。小野 2010。北 2012・2014。
- ブーバーとポストモダン解釈学：ケプネス 1992。ポーマ 2006。
- 対話的原理と聖書翻訳：ケプネス 1996。メイール 2014。ライナー 2014。

---

[7]　本論文集は、2004 年夏にベルリンのブランデンブルク学術アカデミーによって主催されたシンポジウム「テクストの翻訳、文化の翻訳」をまとめたものである（JSQ14, 97）。

- ドイツ語とヘブライ語（ブーバーの母語）：シェーファー 2007。
- 神の啓示と聖書：ファッケンハイム 1963。バトニツキー 1997（超越性）。ブファムマター 2016。
- 聖書言語の口頭性：スチュワート 1996。リス 2014。リヒター 2014。グッドマン＝タウ 2016。クロッホマルニック 2010（音楽性）。
- キリスト教神学への影響：ブルンナー 1963。デ・ミランダ 1982。ショットロフ 1996。ショネフェルト 1996。ヴィーゼ 2014。マース 2016。
- ユダヤ世界の受容：マッハ 2014。
- 翻訳と文化の架け橋：メンデス＝フロール 2007。
- 他の翻訳聖書との比較——70人訳：シャルフ 2016。ルター訳：デ＝ヴィラ 2016。KJV：W・カウフマン 1983。M・メンデルスゾーン訳：ブレル 2016。イディッシュ語訳：グルシュカ 2014。フォックス（英語）訳：ハコーヘン 2014。ネエル（フランス語）訳：クロッホマルニック 2014。
- 訳語とライトヴォルト：アミット 1989。フィッシュベイン 1998・1999・2002。堀川 2014。
- 具体的な聖書箇所の分析——天地創造：マック 1996/ シッファー 2010/ ロシュ［1-5節］2016。エデン物語：フェッター 1996。カイン物語：シュヴェンデマン 2016。アブラハム物語：堀川 2017。アケダー：マッハ 1989。ヤコブ物語：マイヤー 1996/ 堀川 2016。出エジプト記の神名：堀川 2013/ ロシュ 2014。サムエル記下18-19章：ミュラー（ミュンヘン大学学位論文）1982。イザヤ書：アヴノン 1993/ 堀川 2014。詩篇：ミュラー［23編］1996、ヴァヒンガー 2016。ヨブ記：パルマー 2006。雅歌：クロッホマルニック 2016。

第4章　本研究の視点・方法・独自性

　第1章で説明されたブーバー研究史に対して、筆者はブーバー思想には第2章で示したような基本的特徴があると想定し、第3章では筆者が考えるブーバー研究史とブーバー思想の特徴を挙げた。本章では、それを踏まえて自分が本研究で採る視点・方法・独自性を示したい。それによってブーバー研究史のなかで、自身が採るべき立場の表明、聖書翻訳/解釈と対話的原理との相関関係を主題化する理由、この主題における自身の着眼点を明確にしたい。

1　視点：1960年代に確立したブーバー像の脱構築と再評価

　ブーバーの我-汝思想は、第1章の研究史で検討したとおり、1960年代までの研究者によって「対話の哲学」と解されてきた。このような視座も、現在の研究のなかでは、ステレオタイプを脱したより正確な解釈と適切な表現方法をする必要があるだろう。例えば『我と汝』(1923) のテクストを注意深く分析すると、ブーバーが力点を置いている主要概念が浮き彫りになる。この作品のなかでは、「対話」(Dialog/Gespräche) という表現は見られない。むしろ本書で主導的な概念は、根源的な「関わり」（潜在状態）と「出会い」（顕在状態）である（Sch/Fr, 603）。ブーバーが概念としての対話を使い出すのは、その後の『対話』(1930/32) からであろう。また『我と汝』は、根元語我-汝と我-それの説明から始まっているが、この「根元語」という表現は他の著作では見られない。これはおそらくローゼンツヴァイクが直前に刊行した『贖いの星』(1921) で使われていた概念であるため、ブーバーは自らも同じ表現を用いたかったのではないかと思われ

る[1]。事実、我-汝と我-それは、自己の振る舞い方/関わり方であるため、その後の著作でブーバーは我-汝の態度/我-汝関係という表現を用いて語るようになる。

したがって21世紀のブーバー研究の特徴は、このような1960年代に確定した視点の脱構築と再構築を、まず主眼になされねばならない。それらは第1に限られた情報から導き出された対話の哲学者という安易なブーバー像の再検討、第2に作為的に〔とも言える〕消された箇所がある旧版著作集 Werke の見直し、そして第3に絞られたテーマのなかから新たなブーバー像を発見することである。これらの視点を現在の研究者が達成するためには、まず新版著作集 MBW の読解と評価に取り組むべきであり、それが現時点における生産的なブーバー研究だろう。

2　方法：聖書翻訳と対話的原理との関連性

次に、本論考で焦点を当てる聖書翻訳/聖書解釈に対してブーバーが集約的に取り組んでいた時期は、彼のドイツ滞在の最終期間である1925-1938年である。

1920年代は、1922年1月から3月までフランクフルト・ユダヤ自由学院の全8回の講義「現臨としての宗教」(Religion als Gegenwart)[2]で語られた内容が『我と汝』として1923年に刊行され、その後1925年から聖書翻訳が始まった。これらの取り組みが為された場所はフランクフルトとハイデルベルクの間に位置するヘッペンハイムである。ブーバーはこの自宅を拠点にして、聖書をドイツ語に翻訳し、毎週水曜日の午前にフランクフルト

1　他にも、例えば『存在と時間』(1927)が刊行された後、ブーバーは「自己」を表現するために『我と汝』で用いていた「我」ではなく、「現存在」という概念で表現することもある。

2　この講義を通して、宗教は過去の記憶でも未来の希望でもなく、現在の私たちの実存に関わるリアルな問題であるのだが、現代社会は「それの世界」の影響が多大なため、宗教的に生きることの難しさが語られていた。

第 4 章　本研究の視点・方法・独自性

大学で講義を行い、午後にローゼンツヴァイクの自宅を訪れそこで訳語のすり合わせをするのが週課だった。彼は聖書翻訳と合わせて注解を書くことはなかったが、それと並行して本格的な聖書研究を始めるようになる。

というのもブーバーは 1933 年にナチスによって解雇通告を受けるまで、フランクフルト大学で宗教学の嘱託教授として教鞭を執りながら、「イスラエル信仰史に見られるメシアニズム」を主題に教授資格論文を執筆していたからである。[3] さらに 1938 年には、ファン・デル・レーウ（Gerardus van der Leeuw, 1890-1950）からオランダで刊行される論文集『世界の諸宗教』の一部として「イスラエル宗教史」の執筆依頼があり、ブーバーは後に刊行される『預言者の信仰』（1940）の下地となる *Het geloof van israel*（イスラエルの信仰）を執筆し始めていた（*Propheten*, 233）。

したがってブーバーはそれまで従事していたシオニズム運動から 1902 年に身を退き、1903 年以降没頭していた神秘主義・ハシディズム研究を辞める程の一大事である第 1 次世界大戦を経験したのだが、まさにその後に取り組まれた課題が対話的原理と聖書翻訳なのである。ちなみに『我と汝』は 1916 年に粗描され、1919 年 3 月にプラン作成、1919 年秋に草案が始まり、1922 年に手稿が始まり、1923 年に出版される（稲村、459ff.）。ただし 1918 年 2 月 5 日の時点で、ブーバーは *Das Gegenüber und das Dazwischen*（向かい合うものと間にあるもの）という題目で、すでに『我と汝』に相当する作品のアウトラインを構想していた（Horwitz, 23）。また 1920-30 年代という時代とフランクフルトという場所は、ティリッヒら弁証法神学者やアドルノら社会学者が活躍した同時代・同じ場所である。このように皆が共有していた当時の時代精神のなかで、ブーバーは対話的原理と聖書翻訳 / 解釈に集約的に取り組んでいた。

そこから筆者は、ブーバーの聖書翻訳と解釈という個別的主題と概念は、それを貫いている我−汝の対話的原理のなかでのみ十分な理解と評価が可

3　これは未完に終わったため、彼はこの教授資格論文を提出することができなかった。

能になると考え、そこからブーバーのヘブライ語聖書翻訳／解釈が、彼の我－汝思想を基に形成されているという仮説的方法で研究を進めたい[4]。それは「文書化された資料」というモノをそれとして扱うアカデミズムではない。むしろ文書化される以前の形無き声という汝をくみ取ろうと尽力した方法をブーバーは採っている。本稿の結論「汝としての聖書」で説明されるように、究極的にブーバーが読み手に求めることは、我－汝の姿勢をもって聖書に向き合い、聖書から発せられる声を聞き取ることである。したがって、今日の人間の問題は、実定的宗教の欠如ではなく、語られる言葉に向き合う姿勢の欠如にある。

以上、筆者によって示されたブーバー研究の特徴的視点から、ブーバー思想を解明するためには「我－汝の対話的原理」と「ヘブライ語聖書解釈」との関連なくして語ることはできない。これが筆者の基本的構想である。

3　独自性：先行研究と本研究／既存研究と新規研究

前章3節で列挙されたブーバー聖書翻訳／聖書解釈に関する先行研究を通して、研究史上すでに明らかにされていることは、次の点である。

- ブーバーとローゼンツヴァイクが聖書翻訳に取り組んできた伝記的事柄の紹介。
- 聖書翻訳の手法であるライトヴォルト様式の紹介。
- ブーバーにとって聖書翻訳と我－汝の対話的原理は密接に関連する。
- 聖書のなかで、語られる音声を再現することこそ、両者が聖書翻訳作業で大切にした点である。
- 聖書の具体的訳語を逐一検討する作業（これは現在も進行中であるが、未だ取り上げられていない箇所が大半である）。

これら先行研究ですでに解明された点は、本研究課題に取り組むなかで、随時紹介する予定である。これらをふまえた上で、「今後解明を要する点」

4　序論第3章2節「ブーバー思想の一貫性」を参照。

第 4 章　本研究の視点・方法・独自性

を列挙すると、次のようになる。

1) 聖書翻訳と対話的原理の影響関係は、どちらからどちらへのものか。またなぜ両者が関連し合うのか。
2) ブーバー聖書解釈の方法論は何か。旧約学でブーバーはどう評価されてきたのか。特に彼が、聖書の根源的なものを求めると同時に、聖書の最終形態に見られる構造を分析する姿勢は、矛盾しているように見えるが、どう整合性がつくのか。
3) 果たしてブーバーが意図した翻訳の目的とその方法論が、具体的な翻訳の事例のなかで実現されているのか。ブーバーはヘブライ語聖書を全て訳したため、各項目の訳語を検討し、翻訳理論が反映されているか否かの検討作業。

　ブーバーが深く聖書を研究し、それを翻訳したことは事実である。ただし彼がそれを通して何を導き出したのか、その意図は不明瞭なままである。その次に、聖書翻訳の目的、特徴、手法は、すでに研究者によって丁寧に整理されている。それは聖書の音声や口頭性を翻訳のなかで表現することであるが、聖書翻訳の「具体的事例」から、ブーバー思想が導けるか否かの作業が必要とされよう。したがって具体的聖書翻訳と解釈から、我‒汝思想が導き出せるかを解明せねばならない。

　本研究の独自性は 2 点ある。第 1 に、聖書翻訳という主題に対して、預言者解釈の視点を採る点である。そこでは聖書翻訳の必要性を、偽りの預言という問題を回避するために、万人預言者論という発想がブーバーにあった、と筆者によって提案される。第 2 に、ブーバーによる聖書翻訳のみならず聖書解釈の手法が、ライトヴォルト様式 / 変化形成的対話法 /R 的・傾向史的分析という文学 / 対話 / 歴史の三次元的方向性によって構成されることを示し、それをもとにブーバー研究史のなかで取り上げられていなかった具体的聖書箇所の分析を試みる。第 2 編第 4 章「ブーバー方法論の聖書学的位置づけ」の結びでは、ブーバーの対話的方法論が聖書学で大きく二分された潮流である通時性と共時性を総合する可能性があることを提案する。

本書では、第2編の聖書翻訳論を本論とし、それにいたるまでの予備的考察として第1編の我－汝思想が叙述される構成になっている。第1編では、ブーバー我－汝思想の成立には、聖書が必然的に要請されることを解明するために「我－汝から聖書へ」というタイトルが付けられている。その理由は、ブーバーが対話的原理のもとで基礎的存在論（現存在の存在論的分析）を試みていたのではなく、むしろ哲学的営みそのものを打破する汝との出会いを語りたかったからである。第2編では、ブーバーの聖書翻訳理論を明確化し、彼が我－汝思想の視座から聖書を解釈し、同時に聖書を典拠にして自身の我－汝思想を考究していた点を示す。そこでは聖書翻訳手法のみならず、ブーバー聖書解釈の方法とその評価を検討する。そして聖書翻訳の最終目標が、我－汝の関係性構築であったことが解明される。

第1編　我-汝から聖書へ

研究者ライナーは、ブーバーの『ある哲学的弁明より』(1961) を引用しながら、次のように述べる。

　　ブーバーにとって、社会哲学の根本的問いに関する地域存在論的な考察が重要なのではなく、基礎的存在論的な考察と「あらゆる存在者と共に在るそれぞれの人間の生活における根元的態度」(WI, 1113) が重要なのである (Leiner, 190)

　ライナーは、トイニッセンによる社会存在論的なブーバー解釈を問題視し、代わりにブーバーは人間の根元的態度の違いに基づく「基礎的存在論」を考察した、と解釈する。ただし彼の意見に関して、筆者は同意しかねる点がある。ブーバーによる我‐汝と我‐それの基礎的存在論は、人と人の共同性を目標としており、我‐汝の実存哲学は社会哲学とリンクしている。それは『我と汝』の第2部で、近現代の人間が全体の部分（単位化された人間：Mensch-Einheit）として扱われる社会状況が問題視され、人格間の相互性が生き生きとした共同体が求められることからも明らかである。またブーバーにとって地域主義的な考察は重要な要素である。なぜなら彼は国民国家を我‐それの実現した政体と考える一方、地域経済をベースにした共同体に我‐汝の実現形態を見ているからである。
　ただしライナーの意図は、トイニッセンによる単純な他者中心主義的ブーバー解釈の問題点を指摘することだったに違いない。そのために社会存在論ではなく、基礎的存在論がブーバーの主眼だと主張したように思える。本第1章では、このようなライナーの解釈にしたがって、ブーバー思想を我‐汝と我‐それによる人間存在の分析として、主にブーバーの『我と汝』と『神の蝕』から検討してみたい。

1　ライナーによるトイニッセンの方法論批評は次の文献を参照。Martin Leiner, *Gottes Gegenwart. Martin Bubers Philosophie des Dialogs und der Ansatz ihrer theologischen Rezeption bei Friedrich Gogarten und Emil Brunner*, (Gütersloh: Gütersloher Verlagshaus, 2000) 45-58.

第1章　基礎的存在論：関係内存在

1　語りと実存:2つの関係性

　『我と汝』は、「世界は人間の2つの態度に応じて、人間にとって2つある」(ID, 79)というフレーズをもって始まる。つまり世界が人間とは無関係に、それ自体独立して存在するのではなく、人間の態度に依拠することが、本著の冒頭で言われる。特に人間には2つの態度があり、それに左右される形で、世界も二通りの現れ方をする。次に「人間の態度は、彼が語りえる2つの根元語に応じて、二面的である」(*ibid.*)と続き、その根元語が我－汝と我－それであると説明される。これを要約するならば、二通りの語り方によって私たちの態度が規定され、その態度によって汝の世界かそれの世界が現れることになる。すなわち人間存在の規定と、世界の発生が、共に「どちらの根元語を語るのか」に依拠していることが、本書の冒頭で叙述されたのである。

　このように私たちの語りが規定の第1原因になっているため、語って規定する我こそが出発点のようにも見える。しかし、それは「我自身というものは存在しない。そうではなく、ただ根元語我－汝の我と、根元語我－それの我があるのみである」(*ibid.*)と議論が進むように、自らの存在そのものはどちらかの語りのなかでしか存立しないことが判明する。つまり汝やそれが語られると、もう一つの我をも共に語られるように、あなたに対して呼びかけ、語りかけることによって、自己は、我－それとしての我としてあるか、我－汝としての我としてあるか判明するのである。言い換えるならば、私たちはいかなる事物も、主体と客体（自己と相手）との関係性を離れて、客体それ自体や主体それ自体として知る事はできないとい

うことである。この二種類の自己をブーバーは、それぞれ異なる表現によって命名する。根元語我－それの我は個我として現れ、経験と利用の主語（Subjekt）として対象と関係するもの、また根元語我－汝の我は人格として現れ、従属的属格をとらない主体性（Subjecktivität）として、他の人格との関わりへと歩む（ID, 120）ものである。このブーバーによる考察が、ライナーによって指摘された基礎的存在論である。

> ブーバーは「存在に対する人間的な二重の関係性」を取り扱うことを意図している。この二重の関係性を、ブーバーは我－汝と我－それという根元語の二重性として描写する。これらの根元語をもって、ブーバーは二通りの関わり方を考える。我－汝関係は、世界とのあらゆる交わりを基本としており、それは向かい合う者との出会いである。我－それ関係は、我－汝関係のなかで経験する者を物化する。我－汝関係と我－それ関係の間には、〔一方から他方への〕移行や〔両者の〕混同がある。（Leiner, 190）

これら我－汝と我－それとして示される2つの関係性（Verhältnis）は、人間存在／実存の根元的態度を比較する時に使われる。この用語Verhältnisは、我－汝と我－それ両方を表現する存在様態として用いられる語であることを、ウィールライトは「ブーバーの哲学的人間学」のなかで表明した（Sch/Fr.E, 69; 稲村、74-76n9）。Verhältnisは、二者間のつながり、連関を意味するものである。それは私たちが外部から見て比較検討した関係性のことであり、静的な関連性を指す（稲村、75n9）。他方、Beziehungは「汝を語る人間は……関わりのなかに立つ」（ID, 80）、「我－汝の根元語は関わりの世界を建立する」（ID, 81）、「関わりは相互的である」（ID, 82）と表現されるように、我－汝のなかでのみ使われる用語である。我－汝の

1　個我（Eigenwesen）は、直訳すれば「個的存在」である。これはエゴセントリックで対話的な呼応関係がなく、独白的な我を意味する（稲村、10）。

第 1 章　基礎的存在論：関係内存在

関わりは、人間存在の本来的な態度を表しており、人格的関係に固有の直接性・相互性を示す。つまり私たちが実存的に他なるものと「関わっている」動的な状況を表現する関係性が、関わり（Beziehung）と呼ばれ、それは我－汝にのみ特徴的である（稲村、75n9）。

　順序 A：個物先行型　×
　1. 自己や他者が存在する。　　　　　　自己　　　他者
　2. 自己が他者を経験する。　　　　　　自己　→　他者
　順序 B：関わり先行型　○
　一. 自己や他者の存在を括弧に入れる。　（自己）（他者）
　　　それらが存在するか否かについて問わない。
　二. 語る、態度をとる。　　　　　　　　（自己）→（他者）
　三. 自己と他者がハイフンで結ばれた時、ようやく自他は共に生成する。
　　　　　　　　　　　　　　　　　　　自己　―　他者

つまり我－汝の関わりとは、順序 A のような、個物先行的に関係を結ぶものではない。むしろ、順序 B のように自己と他者の存在がひとまず宙づりにされる（一）。自己と他者が互いに相手へ関わる／語る／祈る（二）などの行為が生じた場合にのみ、その関係を結んだ両項が生成する（三）。それが個としての自己や他者より、語る／態度をとるという関わりをより根源的なものと考えるブーバー思想の特徴である。この事態は、『我と汝』の第 1 部では「初めに関わりがあり、それが存在のカテゴリーである」（ID, 96）と表現され、1954 年に刊行されるアンソロジー『対話的原理論文集』のあとがき「対話的原理の歴史」の第 1 頁では、「人間はまさに、彼が存在的関わりへと入りゆくことによって人間として顕わになる」（WI, 293）と説明されている。

　これが我－汝関係における自己の存立である。「人間は汝に接して、我として生成する」（ID, 97）のであり、ブーバーにおける我－汝関係の我は、汝との関わりのなかでしか存立し得ない「関係内存在」「生成的自己」であることが、これらの過程を経ることによって初めて判明した。したがって固定された自己や対象としての他者は、あくまで我－それ関係として存

立するものである。

> 汝を語るものは何ものかを対象として持たない。汝を語る者は何ものかを持つのではなく、ただ関わりのなかに立つだけである。（ID, 80）

互いが相手に汝と語る根元的態度を通して、語り、語りかけられるその両項の二者が向かい合った瞬間、自己は関わりのなかに立つ。それゆえに他者の側も、共に自己となることが、我－汝関係の成立には必要である。それは自己と他者の相互的な「我、語りかけ応答する、ゆえに我あり」[2]（Respondeo, ergo sum.）である。

　以上、著作『我と汝』におけるブーバーの思索の出発点は、本書冒頭の「2つの根元語」の議論ではなく、内容面で判断すると「我」の在り方であった（Lévinas: Hors Sujet, 16）。自己は、関わりへと歩むなかで汝の語りかけに自らを開き、その語りかけに応答すると同時に、自らも汝へと語りかける。両者が向かい合い、応答関係が成立した時に我－汝関係は成立し、そこで初めて関係内存在としての自己が存立することをブーバーは論じた。これは自己（現存在）の存在論的分析であり、レヴィナスのみならず、ウィールライト（1963）、トイニッセン（1965）、ライナー（2000/08）らも、ブーバーは『我と汝』のなかで基礎的存在論を試みた哲学者として理解したのである。

　ここでレヴィナスの他者論とブーバーの関係論との差異を、筆者から付け加えたい[3]。ブーバーは自己（我）と他者（汝/それ）という「対象」に

2　Cf. Fritz Heinemann, *Existenzphilosophie lebendig oder tot?*, 1971, 192ff.
　　ハイネマンは Cogito, ergo sum が近世以降の思想史的立場を決定しているのに対して、Respondeo, ergo sum を実存哲学の新しい道を開くものと考える（稲村、76n13）。
3　レヴィナスは『マルティン・ブーバーと認識の理論』（1963）のなかで、ブーバーによる我－汝の相互関係を、自身の倫理思想における他者の至高性/神の彼性という「関係の非対称性」に対立させる形で、ブーバーを痛烈に批判していた。

対する関係性を論じたのではなく、我‐汝と我‐それという表現を通して「実存の関わり方」が二種類あることを述べていた。それはレヴィナスのような他者に対して責任を負う倫理的関係性ではない。なぜならブーバーでは、他者が措定されないからである。むしろブーバーは、「間の領域」で生じている根源的な語りかけに自らを向け、汝と言うことを通して互いが向き合うこと（Gegenüberstehen）こと、また応答責任（Verantwortung）に主眼を置く[4]。したがって我‐汝思想の焦点は、「関わりへと参入するための関わり」と表現することが的確であろう。それに関して、レヴィナスは、1968年の「マルティン・ブーバーの思想と現代ユダヤ教」のなかで、次のようにブーバーの対話思想を再評価する一文を残している。

　　ブーバーが構想していた対話は、「対話のなかへと入る」対話である。（Lévinas: *Hors Sujet*, 29）

自己と他者が互いに向き合う以前に、どのようにして自己が汝へと転向するのか、どのようにして対話へと参入することを促すのか、そのための対話である（*ibid.*）と、レヴィナスは鋭いブーバー理解を示している。レヴィナスが強調したように、いかにして自らを汝へと向け、潜在状態だった両者の関係を「出会い」によって顕在化できるか、いわゆる「関わりへの努力」（ID, 96）が、ブーバー対話思想の焦点だと筆者は考える。

2　我‐汝とヘブライズム

　それではブーバーが自己や対象より、態度をとる/語るなどの関係性を先行させる思想を生み出した理由は何であろうか。これに関して、まず二人の研究者の見解を紹介したい。
　稲村秀一によれば、ヘブライズム（ヘブライ語聖書思想）には、神の言

4　結論1節「言葉の歩み寄りと応答責任」参照。

葉によって世界が創造されたという発想があるため、人間存在は、全てのものを在らしめ存在の意味を与えている創造主との関係から出発した（稲村、168）。またヘブライ語聖書の経験は、神と人との契約をもって始まる。これは、神が人間を必要としていること、神が人間に訴えかけ人間に要請することを想定している。ヘブライズムの営み全体が「私は～と思う。私は～を知る」といった主体の断定的な判断を中心としてではなく、「聞け、イスラエルよ」（申 6:4）といった呼びかけを中心にそのリズムを形成している。

　次に、ザラデル（Marlène Zarader, 1949- ）の『ハイデッガーとヘブライの遺産』（1986）によれば、神は人間に要請するなかでのみ顕現するのであり、人間は、召喚されたものとして自分自身ならびに実存を見いだすことになる（ザラデル、108f.）。神と人との契約とはお互いの約束事であるので、人はそれを守り続けることを通して神に応答する。しばし聴覚的な比喩によって表現されるように、人間がまず呼びかけに向けて方向づけられ、聴取（それは服従でもある）によって定義される世界では、関わることとは「～を把持する」ことではなく、むしろ「受け入れ、迎える」ことを意味する（*op.cit.*, 111）。

　ヘブライズムの人間観は、このように神との関係のなかで、人間の実存的在り方を規定する傾向にあるため、前節の順序 A のような単独存在として人間を考えることがないのである。ブーバーによる Ich と Du ないしは Ich と Es というキーワードは、一方でドイツ語的思考構造のなかで創出されたものと考えられるが、他方これら二人の研究者が主張するヘブライズムにおける神と人間との人格的関係性は、ブーバー我‐汝思想と非常に近いものを表現しているように思われる。

　筆者は、このようなヘブライズムとブーバー思想との関連性を、ブーバー自身がシモーヌ・ヴェイユ（Simone Weil, 1909-1943）に投げかけた言葉から理解できると考える。ブーバーには次のような断固たる確信があった。

　神はいついかなる時にも、常に個々の人間の魂に呼びかけ続けてきた。

第1章　基礎的存在論：関係内存在

　　だから一人一人の人間が神の呼びかけに対してみずから耳をふさいでしまわない限り、「汝」というこの呼びかけは、なお、彼らに向かって発せられ続けているのである。（「マルティン・ブーバーのウェーユ批判」、542）

　神の言葉は、常に人間に働きかけているため、人間はそれを受け入れ、従うことが求められている。それは関わりを求める働きが、初めにあるということである。それに答えるには、神を対象とみなすような認知的行為としては決して提示されることはない。これはむしろ神の言葉を聴くことであり、神を信頼することである。言葉を思索する者やそれに精通する者でなく、言葉を聞き入れ、それを執行し、祈り、告知する者が、ヘブライズムでは求められる（BH, 1088）とブーバーは『聖書的人文主義』（1933）のなかで言及している。この呼びかけの始原性[5]という確信が彼にある限り、彼から導き出される思想が、必然的に「関係先行型」になることは想像できることである。そして次のブーバーの引用から、我－汝思想がこの影響化にあることが想定できる。

　　神に対して自己を向ける人間は、他のいかなる我－汝の関わりから離れる必要はない。そして神はあらゆる関わりを自己へと持っていき、神の顔のなかでそれを明らかにするのである。（ID, 170）

　したがって、もし「ブーバーの我－汝思想に神は必要であるか」という問いを立てるのであるならば、本節を通して神ではなく「人と神との関

5　ブーバーは、呼びかけが働いているにも関わらず、それに対して自らを閉ざすことを次のように言っている。「ユダヤ教は、高慢な利己心としての「我」を否定する。反対に真の交わりによって現前した「我」、つまり我－汝の出会いと交わりに伴って生ずる「我」は、愛に満ち満ちた「我」であって、ユダヤ教は喜んでこれを迎え入れる」（「マルティン・ブーバーのウェーユ批判」、547）

係」を意味する宗教性が必要である、と答えねばならないだろう。神との呼応的関わりのなかで生まれたのがヘブライ的人間である。これは決して向かい合う相手を対象化することができない、ただ受け入れ従うことでしか関係を築けない人間の在り方である。

3　ブーバーの哲学理解

　それではブーバーにおけるこのような神—人関係をモデルにした関わり先行型の思想は、哲学と呼べるものであろうか。本章1節のように研究者が分析したとしても、筆者はブーバー自身がそう考えてはいないように思える。その理由を、本節ではブーバーによる哲学の理解から明らかにしたい。『神の蝕』(*Gottesfinsternis*, 1953) に収録された論文「神と人間精神」のなかで、哲学は「その初期に反省が自立した時から始まり、思惟的に神を見放す最終段階という現代の危機へと至る過程」(*op.cit.*, 594) と説明される。彼が言うには、全ての偉大な哲学は「無制約なものを、そこから他の全てが導き出されねばならぬような対象となす」(*op.cit.*, 525)。そしてそれが思考の真理であることを私たちに示す。またブーバーは、たとえ絶対的なものが人格的に限定されたとしても、私がそれを自己の対象として感じるのならば、私は哲学をしている (*op.cit.*, 526) と述べ、哲学の第1の特徴を「対象化」ないしは客体化に見いだすのである。

　このような営みは、『我と汝』では具体例を通して説明されていた。「メロディーはさまざまな音を、詩句はさまざまな単語を、柱の像はさまざまな線を連合したものではないのであるが、人間は統一性を多数性へと解体するまでこれを強く引っ張り、引き剝がすのである。……しかしそれはもはや汝ではない」(ID, 83)。このようなあらゆるものを一つの全体のなかで捉えず、多数の部分へと解体する試みを、ブーバーは「汝の遠ざかり」(Du-Ferne) と名づける (*ibid.*)。これが哲学の第2の特徴としての「要素還元化」ないしは分離・分節化である。これらの哲学的営みは、ブーバーの術語で表現するならば、汝を対象化/要素還元化する人間の我‐それ的

第1章　基礎的存在論：関係内存在

態度を基にするものであり、次の引用に依るならば、哲学には宗教性が見いだされないことになる。

> 我と汝の二性は宗教的関わりのなかで成就する。哲学は、それが哲学される限り、主体と客体の二性によって成り立つ。（*Gottesfinsternis*, 526）

このようなブーバーの哲学理解に対して、ライナーは安易な断定は避け、慎重になるよう『マルティン・ブーバーが語る神の蝕について』（2008）のなかで提起している。「『神の蝕』という書物は、主として哲学に対して批判的なものであるのか、もしくは哲学の特別な展開のみを批判するのか、……これらの問いが明らかにされた時に初めて、人は神の蝕という語りの有効性と説得力とを、今日問うことが可能である」（Leiner, 187）。したがって哲学と宗教が、人間の実存的態度によって区別され、それらは人間の2つの根元的態度我‐汝と我‐それに対応することは、ブーバーの叙述から導き出すことが可能である。ただしブーバー思想全体が、はたして哲学に批判的であるのか否かについては、さらに検討を要する課題であろう。

第2章　汝の始原性と神の蝕

1　始原語と人間の本来性

　前章で検討された我‐汝と我‐それの2つの根元語は、人間の基本的状況（＝根元：Grund）が基底となっている。ただし『我と汝』の叙述はその後、「根元語我‐それは、我とそれの連結によって成り立ち、それは我の出現の後から理解されるものである」(ID, 93f.) と続き、実は我‐それの方はすでに分離したもの同士の関係性であることが判明する。他方、「根元語我‐汝は我と汝に別れてはいるが、これは我と汝の連結によって成り立つのではなく、我の出現に先立ってこの根元語は存立している」(ibid.) と言われる。すなわち『我と汝』の議論は、我‐汝と我‐それという2つの根元語が発生する以前の始原的／原初的（ursprünglich）次元に移り、それが根元語の起源としての未分化な結合状態として設定される。その次元が、始原語（Urwort）と呼ばれている汝との本来的結びつきであり、2つの根元語で表わされた人間存在は元来我‐汝のみであったことが判明する。

　『我と汝』第1部の後半で、「対象とするものが乏しく、強い現臨的な行為に満ちた狭い領域のなかで自分たちの生活を営む人びと」(ID, 90) と描写される原初的人間（Der Primitive）が取り上げられる。それによってブーバーは、始原的な関わりの事象（向かい合う者を体験すること）や関わ

1　以下、Ursprung を「根源」と、Grund を「根元」と、eigentlich を「本来的」と、Ur を「始原」と訳す。

2　体験する（erleben）ことは、我‐それ的な経験する（erfahren）ことと区別して『我と汝』では表現されている。だがこの区別は本書に限定されたものであり、例えば後の「ある哲学的弁明より」のなかでは「経験」のみが用い

第 2 章　汝の始原性と神の蝕　　　　　　　　　　　　　　　　　　　71

りの過程（向かい合う者と共に生きること）を実現するモデルを示そうと試みる。彼らが始原的関わりを営む第 1 の理由は、その言語構造から見いだされる。彼らの言語や前文法的原構造は、たいてい関わりの全体性を指し示している。ここでは名詞や代名詞といった人称はまだ浮きぼりのように隆起しているだけで、独立することなく、一つの全体性の内に埋め込まれてる（ibid.）。第 2 に、彼らの特徴はその身体論に見られる。彼らにとって、月とは光の円という視覚的表象ではなく、身体的に迫り、魅了するものである。つまりブーバーは、これが根源的な汝の体験であって、それとして分析的に経験したものではないと考える。彼らは、動的で身体を貫通して流れるような月の刺戟像をまず保つ。その後で、作用する月の人称語になるような像が、次第に分離されていく（op.cit., 91）。彼らの認識はこのように描写され、それはまず関わりに満ちた身体体験から始まり、次に個別的な事象や言語の認知へといたるものである（ibid.）。したがって原初的人間の始原的働きは、まだ自我を知らぬ身体であり、彼らの始原的認識機能には「我知るゆえに我あり」の形体は見られない（ID, 92）。

　ただこの原初的人間の例は、現実的な始原的人間の生を、ただ比喩的に表明するだけである。そこでブーバーは、幼児（Kind）によって完全知を得ることが可能だと提起する（op.cit., 94）。つまり我‐汝関係が自然的結合から生じ、我‐それ関係は自然的な分離から生ずることが、この事例によって説明することができる。幼児の誕生以前の生には、純粋で自然的な結合や身体的相互作用が見られる。すなわち自己は、胎児の時に未分化で前形体的な始原世界という大いなる母胎のなかで眠っており、そこから個

られる。
3　私たちが「ずっと遠く」と言い表すところを、ズールー人は「おお、お母さん、私は迷子になったよ、と叫ぶ場所」という意味を持つ一つの単語で表現する。
4　ユダヤの神話では「人間は母の胎内では全てを知っているが、誕生によってそれを忘れる」という諺があることをブーバーは例に挙げている（ID, 95）。この母との自然的結合は人間の内に神秘なる願望像としていつまでも残っており、この憧憬が人間を真の汝と再び結合することを促すのである（ibid.）。

人的生へと離れていく。このように始原世界との自然的結合は失われていくのであるが、その後精神的結合の世界、つまり関わりへと交替するかたちで継続する（op.cit., 95）とブーバーは考える。そこで幼児は、対象を経験するような動きをすることなく、生き生きと働きかけてくる汝と精神的に触れ合う。万物との関わりを汝として求める衝動を幼児は持っており、たとえ向かい合う者の生きた働きがなくとも、自らの充満によって生きた働きを完成させる（op.cit., 96）とブーバーは言及している。

　このように原初的人間と幼児に見られる共通点は、共に他者を対象化するような分離的思考が存在しないことであり、根源的な関わりのなかで前形態的につまり自己を我として認識する以前に、自ずから根元語我－汝を語っていたことである（ID, 92）。両者は汝との自然的結合だけでなく、汝との精神的結合のなかでも、「初めに関わりがある」状態を体現している。それをブーバーは「聖なる根元語」のなかに立っている（op.cit., 83）と表現し、この始原的体験を我－働いている－汝（Ich-wirkend-Du）と汝－働いている－我という「生命に満ちた始原語」（op.cit., 92）と名付ける。根元語が全ての関係性の基底／根底であることを表す語 Grund で示される一方、始原語は全ての関係性の源／始原を指す語 Ursprung で表現される。したがって始原語「我－働きかける－我」を通して、ブーバーは人間存在の本来性を主客未分の統一性として理解するのである。この始原語が分裂すること、つまりこの語を形成している分詞が名詞化し、実体化することによって初めて「我」が登場する（ibid.）。そして世界は2つの根元語我－汝と我－それとに分離されるのである。このように人間にとって始原的に存在するものは、関わりへの努力、すなわち汝と言うことへの関わり（ID, 96）

5　母との分離の後、幼児は視力に乏しい眼差しを、不鮮明な空間や不確かなものへと注ぐ。またはっきりと乳を要求しない時には、柔らかい腕を投げ出し、空中でいかにもあてもなく不確かなものを探し求めつかもうとしている。この眼差しは、何度も試したあげく、赤い壁に目を焼き付け、その赤という色の魂が目に開かれるまで、目をそらさないであろう。また手の動きは、毛でできた熊の玩具に触れるならば自己の感覚形式を明確に獲得し、一つの完全な肉体を愛しく忘れがたく感得する（innewerden）であろう。（ID, 96）

である。したがって汝との関わりを求め、汝と共に生きることを、ブーバーは人間に始原的に備わった本性と考える。その本性を、彼は生得の汝（eingeborenes Du）[6]と名付け、こう表現する。

> 初めに関わりがある。存在のカテゴリーとして、準備として、把握する形式として、魂のモデルとして、それは関わりのア・プリオリである。（*ibid.*）

以上、始原語が成立していた関わりに満ちた世界を、ブーバーは人類史の初め（原初的人間）と人間の発達段階の初め（幼児）によって説明したのである。ただし我‐汝と我‐それの発生起源が、このような2つの始原性を通して描写されることは、適切であろうか。というのも存在論的次元で展開されると思われた根元語我‐汝と我‐それを基にする人間存在が、原初的人間と幼児という時間的な早さに一致するのか否かは、確かではないからである。

2　神の蝕の原因：我‐それの蔓延

ただし以上の疑問点は、彼が人間の存在論的分析を哲学的に試みることが主眼ではなかったことに由来するかもしれない。むしろ筆者には、このような人間と神との始原的・本来的関係が現代で危機にさらされている点こそ、ブーバーにおける考察の主眼であるように思われる。本節では、我‐汝と並んでブーバー思想の鍵概念となっている「神の蝕」について論じたい。

聖書のなかで「確かに、あなたは自らを隠す神性であり、イスラエルの神、救済者である」[7]（イザ45:15）と言われるように、生ける神は単に

6　この語は、「関わりとは、出会う汝に接して、生得の汝が実現することによって体験される」（ID, 96）という文脈で語られる。

7　当該箇所のブーバー/ローゼンツヴァイク訳は次のとおりである。

自己を啓示するばかりではなく、自己を隠す神でもある（*Gottesfinsternis*, 551）。このような神の隠れをブーバーは神の蝕と名づけたのだが、この蝕（finsternis）[8]とは、皆既日蝕のように太陽と地球の間に月が介入して太陽の光が遮断されることである。したがって神の蝕は、私たちの実存と神との間に、まるで地球と太陽の間の月のようなものが介入する事態を指す（*op. cit.*, 597）。

ではこの月に喩えられるものは何であろうか。それは次の引用から判明する。

> 我なるものが、間の領域（dazwischen）に介入し、私たちに向けられた天の光を遮るのである。（*op.cit.*, 599）

つまり我－それ関係のなかで生きる個我こそが、間の領域に割り込むために、神の光が遮られるのである。[9]

> Gewiß,
> du bist eine Gottheit, die sich verbirgt,
> Jisraels Gott,
> Befreier!

8 　直訳すると、この蝕は「闇」である。みすず書房の『ブーバー著作集』第5巻に収録されている「かくれた神」も「神の蝕」も、共に Gottesfinsternis の邦訳である。

9 　*Gottesfinsternis* の邦訳『対話の倫理』の序「現代における対話の欠如について」の野口啓祐による訳注7では、神の蝕が神の現臨とあわせて次のように説明される。「神の蝕は、ハシディズムがカバラーから発展させた神の現臨の考え方に基づいたものであり、神の現臨とは神がこの世を神の仮宿と見ることだが、人間は神との契約を破り、そのために神は人間からその面を隠し（申31：17）イスラエルの民を拡散せしめた。こうして神は人間に対し完全な他者となったが、それと同時に神は四散して苦しむ人々と共にさまよい、彼らと共に在る。よって人々が神の見えない陰に苦しむことは、神をも自ら光を消し、この世において苦しむことである。つまり神の蝕とは人間が神の現臨を感ずることができなくなった状態である。それにもかかわらず私たちは神は死んだなどとヒステリックに叫ばず、忍耐強く蝕の終わりを待ち、暗黒の内

第 2 章　汝の始原性と神の蝕

　　私たちの時代は、我−それ関係が巨大に膨れ上がり、ほとんど意義を唱
　えられぬくらいに支配者の地位と統治をほしいがままにしている。我−
　それ関係の我、つまり全てを所有し全てをやってのけ全てをうまく処理
　するが、汝を語ることができず、またある存在に本質的に出会うことが
　できない我が今日の主宰者である。この絶大な力をもって生長した我な
　るものは、全てがそれで囲まれているがゆえにもちろん神を認めること
　ができない。(*Gottesfinsternis*, 598f.)[10]

　ブーバーは1923年当時の社会を「関係を欠いた人間単位の集まり」(ID, 150) と呼び、人間が部分として全体に統合される社会のあり方を疑問視していた。ブーバーが『我と汝』を執筆した目的は、近代西洋社会で個人が全体の部分や単位として機能するようになったアトム化・機械化の傾向を脱することにあった。ブーバーの我−それ関係は、そのような社会状況を構成する自己の態度決定における根元的な在り方である。
　「〔我−それの〕経験は確かに自身の内部にあり、自己と世界との間にはない」(*op.cit.*, 81) と言われるように、我−それ経験では、現象一般は自己の内部に取り込まれ、自己が外部の世界へと出行する姿勢は見られない。つまりレヴィナスによれば、同のなかへと他を組み込む態度である。それをブーバーは「向かい合う者を自己自身の内部に持つことは、関わりでも、現臨でも、生き生きとした相互作用でもなく、それはただ自己矛盾に過ぎないであろう」(ID, 125) と表現する。自己矛盾とは、自己と他者との間に生きた相互的関係が築かれず、ただ自己から他者への一方的な志向性が

――――――――――
　を神のいる方向に進まねばならないのである」(17ff.)。
10　「神の不在」とカフカの『審判』『城』：ブーバーは、カフカの作品を通して、神の不在を説明する。作品中の主人公は意味の世界に通じる道をひたすら辿って神の居る世界に達しようとするが、いずれも死の間際になって行く手の道の戸は閉ざされており、神のいかなる慰めや約束も彼には到達し得ないことを悟らされる。つまり真の裁き手と真の城主が近くにいないことを知らされる。現代人はこのような神の蝕のもとで、暗黒のなかに見捨てられてしまっている（『対話の倫理』、18）。

あるだけの状態である。すなわち我-それとは、自己が他者を経験し、利用する態度を基として存立する関係性である（ID, 80）。そこで個人は全体の部分として物象化され、互いに疎遠になる（op.cit., 89）。

　ブーバーは『我と汝』のなかで我-それ関係が絶大な主権を持ち、それが蔓延した社会とそれを導いている自己を問題視していたのだが、その延長で私たちは『神の蝕』を読むことができる[11]。本書のなかで、現代は人間の我-それ的態度によって支配されている時代であり、いまや我-汝関係はカタコンベ（地下墓所）のなかに入り込んでしまっている（Gottesfinsternis, 599）と述べられる。つまり始原語で語られる根源的な関わりは、我-それ関係の個我によって見られなくなったわけである[12]。この事態をブーバーは、神の蝕という語りをもって、神が非現実的になったことを史的に導き出そうとしたのである。

3　神の蝕の克服

　それでは関わりはもはや消滅し、それが回復する兆しも無くなったのであろうか。否。「神の蝕は、決してその消滅ではない。はや明日にでも、（神と人間との間に）介入してきたものが退場している、ということもありえるかもしれない」（Gottesfinsternis, 588）と言われるように、ブーバーには「神の死」に該当する発想はない。またブーバーは、神が本質的に隠れたる神（Deus absconditus）であるとも考えない（Leiner, 193）。なぜなら神

---

[11]　私たちは、このような我-それ経験のなかで生を営んでいることが大半であるが、それ自体はなにも悪しき状態ではない。人間はそれと汝の関係が交代する最中で生きているのであり、それなしの生活をおくることが不可能なことを、ブーバーはよく理解している。

[12]　この問題は『かくれた神』の訳者（山本誠作／三谷好憲）あとがきのなかで適切に述べられている。「神の自己隠蔽は、人間がその罪のために神の意思に反逆して神との関係をたち、神に背を向けることを伴っている。つまり神の自己隠蔽は、人間の悪や罪に対する神の怒りの表現なのである」（『かくれた神』訳者あとがき、272）。

は常に現臨しているからである。むしろ『我と汝』で「汝の遠ざかり / 神の遠ざかり」と表現された事態が、「神の蝕」に対応している。顕在状態の「出会い」と対比されるように、神の蝕とはいわば「関係の潜在状態」（Sch/Fr, 603）であると筆者は考える。ブーバーが「それの世界の連続性はなんと強力であり、汝の出現はなんと仄かなことであろう」（ID, 144）とかつて表現したように、それの世界は継続的なものであり、逆に汝の世界は刹那的なのである。その理由は、「顕わな現臨のなかで生きることはできない。……現臨は人を焼き尽くすであろう」（ID, 101）と表現される通り、関係の充実した汝の世界が継続することは危険だからである。

　すなわち神との関わりが現実化し、神が再び現れる可能性は私たちに残されている。そこでブーバー自身が考える神の蝕の克服方法を、ライナーは次のように「哲学からではなく宗教からである」と端的に指摘している。

　　神の蝕が示したことは、哲学はそれ自身の方法からは神の蝕を克服できないことである。神の蝕が終わる運命にあるか否かは、生きられた宗教の領域における神との新たな出会いが必要不可欠である。そのような出会いは、ただ神自身によって与えられることが可能である。（Leiner, 200）

つまりこの克服方法について、「ブーバーは『神の蝕』のなかで、神の隠れに対する非人間的な根拠に重点を置いている」（Leiner, 197）と、神の蝕 / 神の隠れが人間側の問題だけではない点をライナーは指摘する。

　他方『我と汝』では、人間側が汝の感覚（Du-Sinn）や生得の汝[13]を働かせることによって、我−それ的態度を転向し、再び関わりに満ちた始原的状況を復活させる描写が存在する。『我と汝』で「世界の側で立ち帰りを意味する出来事は、神の側では救済を意味するものである」（ID, 160）と

13　汝の感覚、生得の汝：これらは人間の内に秘められた「汝を希求する源」（ID, 95）であり、世界のなかで真の汝と結合するよう促すものである。本第1編第2章1節「始原語」を参照。

語られたことは、人間が神に背を向けることを罪と、神へと自らの向きを変えることを立ち帰り（テシュヴァー）と捉えるヘブライズムの特徴である。ここでは人間の立ち帰りによって、神／汝の遠ざかりが克服されるよう洞察されている[14]。ライナーが「あらゆる神の蝕にもかかわらず、現在の課題はこの出会いを待ち、神から離れないことにある」（Leiner, 200）と主張するように、神との出会いは現在の課題を克服するためにブーバーが求めることである。

　以上をまとめると、第1にブーバーは現代を特徴づける問題点を神の蝕と名づけ、その内実を我‐それ的な我の蔓延と捉える。第2に、神の蝕の克服には、生きられた神との出会いを通した我‐汝の関わりの回復によって為される。したがってブーバー我‐汝思想には、次章から説明する宗教性が必然的に要請されるのである。

14　『神の蝕』と『我と汝』における強調点の差異を挙げながら、ライナーは「しかしながら両著作の間にある直接的矛盾について語ることは、度を超していよう」（Leiner, 197）と言及し、『神の蝕』における神の隠れの非人間的根拠と、『我と汝』における神の遠ざかりの人間的原因の差異を追求する必要はないと考える。

第 3 章　宗教性の再評価

1　哲学と宗教

　ブーバーが若かった頃、彼にとって「宗教的なこと」とは異例のことであった。そして宗教経験とは、生活連関のなかには属さない他なる者の経験であった。当時の彼にとって、宗教は外に連れ出されることであり、日常生活は向こうに退き、こちらでは忘我・霊感・恍惚が無時間的かつ非連続的に作用するものだった（"Eine Bekehrung," *Zwiesprache*, 186）。ところがブーバーはある体験を通して、この宗教理解を断念し、宗教的なるものは私たちが回避することのできない具体的な現実の生における「対話」の場として理解するようになる（*ibid.*, 186f.）。ブーバーにとって宗教とは、現実から隔離された神秘的体験であったが、この回心を経て、所与の日常的現実における語りかけに真実をこめて応答すること、と考えるようになった（稲村、135n34）。このブーバーの宗教理解は、『対話』（1932）と『神の蝕』（1953）の両著作で一貫したものである。

> 宗教とは対話の可能性のなかで、全てのものが素朴に生きられることである。（*Zwiesprache*, 187）
> あらゆる形を貫いて輝きながらもそれ自体形のない出会う者と出会う信仰の現実は、純粋な我-汝の関わりとしてであって、……対象として把握するのではない。（*Gottesfinsternis*, 537）

　ブーバーは、宗教的現実を、具体的な対話や我-汝の関わりのなかで捉えるようになり、宗教の真性にとって決定的なことは神的なものの人格的出

現ではなく、私が神的なものに対して自らに向かい合う存在者として関わること（*Gottesfinsternis*, 523）と主張する。

このようなブーバーの宗教理解を踏まえ、筆者は哲学との比較を結論づけたい。モルデカイ・カプランは『哲学的思考と宗教的伝承に関するブーバーの評価』（Sch/Fr.E [1967], 249-272）のなかで、ブーバー思想の特徴を次のように評価している。

> ブーバーは、哲学的大系を作り出すことを要求してはいない。実際に彼は、生きた真理や現実をそれがいかに存在し作用しているのか、理念の体系的階級の内で統合するような可能性に心底疑いを持っている。（Sch/Fr, 220; Sch/Fr.E, 249）

カプランが言わんとしていることは、ブーバーの思索そのものが、ある哲学体系を目指していたのではなく、むしろ現に存在し作用している生きたリアリティを提示したかったということである。そしてカプランは、ブーバーは「対話的生」という新たな方法論を提案するなかで、根本的な思想の整理を行った（*ibid.*）と続けている。彼が提起した「哲学体系」と「生きた真理や現実」とは、ブーバーの言葉のなかでも主題化されている。

これらの対比が鮮明に分かる典拠が『神の蝕』のなかにある。

> 哲学以前の人間はただ生ける神へ呼びかけるだけで十分であったが、その神を概念的に把握可能な思考の対象として捉えた瞬間から哲学が始まった。（*Gottesfinsternis*, 594）

この引用から、ブーバーは哲学的概念化よりも哲学以前の生ける神に語りかけていた人間的生に重点を置いていることが判明する。したがって研究者が「果たして我−汝の対話思想は、神や宗教という領域を経ずして語り得ないのか」という問いを立てたとしても、それは実りがないだろう。なぜなら、それはブーバー自身が、哲学と宗教との境界線に立ち、その限界

第3章　宗教性の再評価

点から宗教哲学を展開していないからである。

むしろ彼は、我-それによって施行される哲学的営みそのものを打破する汝の宗教的体験を語りたかったように思われる。それを良く表現しているブーバーの作品が、『忘我の告白』(1909) である。本書のなかでブーバーは、ヒルデガルド・フォン・ビンゲンをはじめとする世界中の神秘体験家の事例を挙げ、宗教体験に史的リアリティがあることを示そうとした。この著作はブーバー最初の長編単著であり、彼は思索の出発点として、神秘体験の実在を、神無き時代と叫ばれるようになった近代世界で、もしくはそれ化された世界に対して示したかったに違いない。この事態を、研究者タルモンはよく表現している。

> 長年聖書について取り組んできたブーバーとローゼンツヴァイクにとって、研究は実存的な解釈、言い換えるならば宗教と区別されえないものである。(Talmon 1976, 199)

ただし、第1章で検討したように『我と汝』が哲学的な基礎的存在論を展開している書とも読めることが、困難さをともなう点である。その理由は、この著書のなかでブーバーは、根元語我-汝と根元語我-それの特徴をそれぞれ説明し、人間存在が他なるものと関わる時の相違点を、比較を通して浮き彫りにしているからである。

---

1 本書は、新プラトン主義者プロティノス、グノーシスおよび原始キリスト教の異端者、ギリシアの修道院生活者、12世紀のヒルデガルト、フランチェスコ会修道士アッシジのエギディウス、ドイツ13世紀、ドイツ14世紀、ドイツ修道女、14世紀北方のノリッチのジュリアン、オランダ神秘主義、イタリアの女性神秘家、スペインの女性神秘家、フランス17世紀、ドイツ/オランダの17世紀のヤーコプ・ベーメ、19世紀のアンナ・カタリーナ・エメリッヒ、古代インドのマハーバーラタ、古代中国の神秘思想家老子、ユダヤ神秘主義のハシディーム、初期キリスト教期の偽ディオニュソス・アレオパギテースらの神秘体験者の証言を集めたものである。(MBW2.2, 5ff.)

2　十戒の再評価

　ブーバーが主張する宗教的現実の重要性、それが明瞭に分かる論文が『十戒から何が生じえようか』（1929）である。本論文では十戒が再解釈され、現代における宗教性が再評価される。ただし十戒を通して、具体的にブーバーが意図したことは、我‐汝の対話的関わりであることが、最終的に判明する。

　時代が経過するにつれ、規範というものは、宗教から道徳へ、そして法律へと、その担い手が変遷してきた。この成り行き〔宗教→道徳→法律〕は、ブーバーによれば「十戒の翻訳」（WII, 899）による推移である。これはニュートラル化の歴史である。近現代社会に見られる効率化・一般化・体系化は、宗教性の排除、道徳の軽視、そして法律の整備と強化につながったとブーバーは考えている。法で制御された社会では、道徳的に悪しき振る舞いであっても、それが法を破っていない限り、裁かれることはない。つまり、法律を破らなければ何をしても良く、罪にはならなくなったのである。例を挙げるならば、たとえ隣人の所有物を盗んだとしても、その行為を第3者に目撃されるといった犯行を裏付けるものがなく状況証拠である限り、罰せられることはない。ところがこの事態を道徳的観点から検証するならば、これは隣人に対する非道徳的な振る舞いである。

　違う例として、隣人の妻に対する淫らな行いを心のなかで想像したとしても、それは実際に行為していない限り法的に罰せられることはない。ところがカントの定言命法では、行為したか否かの帰結ではなく、心のなかで抱いたか否かという動機の時点で、それが非道徳的だと判断される。このように法治国家では人格性が問われることはなく、本来ならばますます道徳性が求められるべきである。それは近代がもたらした帰結が孤独と疎外であり、ブーバーはその状況を関わり無き人間の単位化〔アトム化〕と名付けた（ID, 150）。というのも法治国家に見られる法律体系が社会を制御するシステム作りに成功した反面、人と人との人格的関係性を疎遠にし

第 3 章　宗教性の再評価

たからである。

　ところが道徳によって自らを律する社会が整備されたとしても、それは自律的自己が基礎となる社会であり、他者の言葉を傾聴する姿勢は必要とされない。道徳の問題点は、それが人と人との関係に限定され、特定の宗教的律法と結びつかないニュートラルさにある。もちろんニュートラル化は、特殊なる宗教的戒律の枠を超え、万人に妥当する普遍的道徳を形成することが可能である。ただしそこには命令主体としての神が存在しないため、他者とそれに対して向き合う自己との関わりが必要とされない。まさに社会は、十戒の道徳化や法律化に伴って「汝に対する我」（Ich-zu-dir）が奪われたのである。すなわち十戒では「呼びかけ」とそれに「応答する」という人格的関係性が基軸となっていたのだが、その姿勢を現代人は失ってしまった。

　ブーバーはこの事態を「声なき道徳と顔なき法律」（WII, 899）と表現する。このような顔と声を失った、非人格的にニュートラル化された現代のなかでこそ、彼は本来民族に特有のものであった倫理的道徳法則の大切さを説く。彼は「私たちの時代」に無くなってしまったものとして、十戒を即座に見放すのではなく、むしろますます「さて、それでは十戒をもって何が始まるというのだ」と問い、「十戒へと到る道を示すことが、私自らの役割である」と答えたい、と宣言する（ibid.）。彼は、今日の社会で効力を失った十戒、つまり宗教的戒律の再現を望んでいるわけだが、その点に関して次のように慎重に論じている。

　　それは巻物〔torah：律法〕へと到ることはなく、またかつて十戒が語られた後に「神の指」（出 31：18）が刻んだ石版へと到ることでも無い。むしろそれは語られる言葉へと到ることである（ibid.）

　十戒は現在もはや効力を失ったものであるが、ブーバーはそれを時代遅れの迷信的なものとは考えない。むしろ彼が十戒の再評価を通して要求したいことは、普遍的に妥当する非人格的規範ではなく、「我が命じ、汝が

聴く」という語られる言葉を傾聴する姿勢である。現代で法律が担う役割を、近代では道徳が、古代では聖書の十戒が担っていた。時代の変遷は、まさに関係性が我－汝から我－それへ推移したことでもある。ブーバーは、十戒の再評価という聖書解釈を通して、近代の道徳や現代の法律のなかで見失われた我－汝の対話的意義を表明し、聖書に向き合い声を聴取する読者を復活させることを望んでいる。

3 宗教と倫理：アケダー物語

ただし前節で述べられた十戒のように、人間が神的命令を直接受容することには危険性がともなう。それについて聖書は、神が息子を犠牲として要求したことを、アブラハムのアケダー（イサク縛り）物語を通して語っている。この物語では、十戒における殺人の禁止とは真逆の命令を、まさに神自身が下しているのだ。

ブーバーは『神の蝕』に収録された論文「倫理的なものの停止について」のなかで、倫理的義務の妥当性が時に宗教的で至高なる者の意図に従って停止されることがある点を論じ、そこでキルケゴールの『おそれとおののき』で語られるアブラハムに対する誘惑を参照している。ここでは他の状況ではまったく悪しき事態である息子を献げるという非道徳性が解消され、この状況が持続する間はまったく善きことになる。つまり普遍的に妥当する人間の倫理性のなかへ、神と単独者との人格的関係にのみ基盤を持つものが排他的に介入してくるのである。ここで意味することは、普遍的に妥当するはずの倫理が相対化され、その価値と法則が無制約的なものから放逐されることである。というのも倫理的な領域における義務は、神への絶対的義務と対決されるや否やもはや妥当性を失うからである（*Gottesfinsternis*, 589）。ここで焦点となる論題は「倫理的なものが目的論的に停止する時の宗教性」であり、宗教と倫理が主題化されたものである。

そしてブーバーは、キルケゴールによるアケダー物語解釈の問題を次のように問いかける。

第3章　宗教性の再評価

聴くことそれ自体の問題点、つまり「人が聴くところのその声は、誰の声であるのか」という問いが、〔アブラハムの〕信仰における決断の問題点に先行している事実に、キルケゴールは留意していない。(*op.cit.*, 591)

ヘブライ語聖書では、第1子を犠牲とするような禁止された行為の要求は、ある時は神に帰せられ[2]、他の時はサタンに帰せられる[3]ため、それは直ちに自明なことではない。実際、偽の絶対者モレク〔セム族の神で、その崇拝は人身御供や第1子の供犠を通してなされる〕は神の声を模倣し、犠牲を要求する。これを神の言葉と誤解するのならば、進んで犠牲を献げることは、進んで人を殺害することになってしまう。そのようなモレクとは異なり、イスラエルの神は根本的に倫理的なものを要求する。そこでブーバーが留意していることは、単独者に語りかけられる神の声はエリヤに届くかの「消えゆくような、か細き声」(王上19:12)であり、それに反してモレクの声はたいてい力のこもった叫喚である点だ。

このような声は、なにも神に選ばれたアブラハムに限ったことではなく、私たちに対しても同様に要求を投げかけている (*Gottesfinsternis*, 592)。その理由は、倫理的なものの停止を要求するある種偽りの絶対者たちが、現代でも蔓延しているからである。彼らはこれまでにも常に扇動し、常に人はイサクを放棄するよう暗黒のなかから繰り返し要求されてきた。それに対してブーバーは、現代では後者のモレクをエリヤが聴く前者の声から区別することが困難になったと感じている (*ibid.*)。したがって、大衆が陥りがちな誤った実存にとって「語りかけて来る他者の声は、いったい誰の

---

2 「ヤハウェは『行って、イスラエルとユダ〔の人口〕を数えよ』と、ダビデをそそのかした」(サムエル記下24章1節)『サムエル記』旧約聖書V、池田裕訳、岩波書店、1998。
3 「サタンがイスラエルに対して立ち上がり、イスラエル〔の人口〕を数えるようにダビデをそそのかした」(歴代誌上21章1節『歴代誌』旧約聖書XV、池田裕訳、岩波書店、2001)。

声なのか」という問いが立てられる。そしてこの問いに対して、決断する自己が問われる訳である。つまり法律で制御された現代社会[4]で、特定の状況のなかでその都度決断し、声を判断する実存が求められるのである。

　それについてブーバーは、「イスラエルにおける倫理的なものと宗教的なものとの結合」という主題で議論を深める。十戒は処罰を伴う天上的命令として捉えられることが常であるが、その見方では本来的なものが見過ごされるとブーバーは考え、次のように言う。「イスラエル民族に命じられた目標設定とは、善きものになるのではなく、聖なるものになることである」(*op.cit.*, 583)。それは具体的な神の命令「あなたたちは私にとって聖なる人間とならねばならない」（出 22：30）からも伺える。この主張の興味深い点は、この善きものが倫理性で、聖なるものが宗教性と解せることである。それゆえブーバー思想における道徳的要請とは、善性から聖性へと人間を高めるものとして告知される。それは倫理的なものが宗教的なものへと解消されてしまう領域、ないしは倫理性と宗教性との区別が止揚される領域である。

　したがってブーバーの思想的探求は哲学ではなく、宗教性に基盤を持つ倫理にあると考えられる。それゆえブーバーにとって、哲学と宗教の間には明確な境界性があるが、宗教と倫理との区別は止揚されている。そうであるからこそ、ブーバーを宗教哲学者ではなく、宗教倫理学者と呼ばねばならない。

4　前節「十戒の再評価」を参照。

第 4 章　倫理と宗教性

　これまで議論は、「哲学と宗教」から「宗教と倫理」の接点へと進んできた。そこでは先行する汝からの根源的語り手（第 2 章）や、「いかにして正しき声を聞くか」という聞き手（第 3 章）に焦点が当てられた。本稿は、ここから各人が聖書へ向き合う必要性と、聖書翻訳の必要性というかたちで第 2 編へ続いていく。ただしブーバーの対話思想を聖書との関連で解釈する筆者とは異なる視点がすでにブーバー研究には存在し、その方向性もブーバー解釈として非常に説得力がある。第 1 編の最終章では、その研究を、具体性とハシディズムという視点から取り上げたい。

1　倫理と具体性

　これまで検討してきたブーバーの「宗教と倫理」に対する評価として、モーリス・フリードマンは「倫理学の伝統的接近はギリシア的であるが、ブーバーの倫理学への接近は聖書的である」（Sch/Fr.E, 199）という示唆的な解釈をしている。これはブーバーの考える「倫理」が、近代に十戒の代わりとなった「道徳」[1]ではなく、聖書における宗教性と切り離せないものであることを示唆している。さらにフリードマンは次のようにブーバー思想を倫理学と結びつける。

　　ブーバーの対話の哲学は、倫理的議論の全領域を徹底的に普遍的なるものから具体的なるものへ、それは換言すれば我－それから我－汝へ移したことである。……ブーバーは外的な絶対に普遍的な倫理的規則から

---

[1]　第 1 編第 3 章 2 節「十戒の再評価」参照。

出発するのではなく、その代わりに状況そのものを出発点としている。
（Sch/Fr.E, 178）

　すなわち、前章2節で十戒の復興を要求したブーバーの主張は、フリードマンが言うところの倫理を「普遍性」の領域から「具体性」へと移行させるアイデアの一環として、捉えることが可能である。十戒が提起する「殺すなかれ、盗むなかれ、姦淫するなかれ、偽証するなかれ、欺くなかれ」等々の伝統的な倫理的価値は、一見すると特定の状況に先立つ普遍かつ抽象的な掟のようである。そして十戒をそのように捉える思想家もいるだろう。ただしブーバーにとって、倫理的価値の基礎は、具体的な我‐汝の関わりにおいてのみ築かれる。人は「具体的状況から、今回ははたして何が正しい方向なのか、それを決断するよう動かねばならない」(*ibid.*)。カントで求められる普遍的法則に従う義務は、ブーバーでは対話的命令という律法（教示：Weisung）のなかで実現されるようになる。

　このように宗教的命令／神の言葉を受け入れる場は、徹底して、今ここで自分が立っている現実である。ブーバーの主眼は、現実の具体的状況の真っ只中から、汝の語りかけを聴取することにある。したがって、神は現実世界から切り離された超越的絶対者などではない。次の引用は、このブーバー思想を端的に表わしている。

　　神との関わりのなかで、真の応答が真の語りかけに与えられるのであるが、人間との関わりは、神との関わりの本来的な比喩である。（ID, 148）上と下〔神と被造物〕は、互いに結びついている。神と語ることなくして人間と語ろうとする者の言葉は完全ではない。しかし人間と語ることなしに神と語ろうとする者の言葉は誤りに陥る。("Oben und Unten," *Zwiesprache*, 188）

神との対話は、日常生活の外域やその上方で交わされるものとして理解されてはならない（ID, 170）。なぜなら神は人間と距離をとって遠く離れて

いるにもかかわらず、人間に近く、人間に関係を迫り、人間の手に届く者だからだ。それが「いかなるものと関わろうとも、私たちの前に現臨して生ずるあらゆるものを通して、私たちは永遠の汝を垣間見るし、私たちはあらゆる汝のなかから永遠の汝に呼びかける」(*op.cit.*, 157) と言われるゆえんである。

　このようにブーバー思想では、身近のあらゆる被造物と関わることが、永遠なる者との関わりにつながるのである。その点についてW・カウフマンは、『我と汝』の英訳 *I and Thou* (1970) の訳者序言のなかで、ブーバーによる Wesen の用語使用法を分析している。ブーバーは実存主義者と呼ばれるように Wesen は『我と汝』のなかで本質／本性という意味以外に、実在／存在と用いられる場合がある。これは、自らが出会う全ての存在が本質的であるとみなされ、いかなるものも存在なしには本質的ではないためである。また自己の全存在 (whole being) をもって関わることと、自己の全本質 (whole essence) をもって関わることは同じである (Kaufmann, 46)。すなわち、本質の領域はこの世界の外にあるのではなく、今ここに存在するもの全てが本質的である。このような観点は、西洋の存在論の伝統的範疇から逸れたものであり、ハシディズム的世界観を基に構成されたものであると、稲村は解する(稲村、134)。

2　ハシディズムの倫理と宗教性

　このようにブーバーが、身のまわりのものとの関係性を重視した理由

2　『ブーバー著作集』5、「訳者あとがき」山本誠作、272。
3　ハシディズム (Chassidismus)：ヘブライ語のハシッド (*Chassid*) は敬虔な人という意味であり、捕囚期のユダヤ教のなかでハシディーム (*Chassidim*：敬虔な人たち) という名を持った共同体が何度も現れた。それは第1マカベア書が「教えにあくまで忠実な、教えのために戦う集団」と報告し、ミシュナーが「私のものは君のもの、君のものは私のもの、と自分に所有権があると主張しない者はハシッドである」と述べることから始まり、1700年に1500人がメシアの国をもたらすために絶えず苦行を重ねながら聖地に赴き、そこ

は、ハシディズムの影響なしには語れない。この一大テーマを扱うためには、歴史的・地域的側面から多角的に研究する必要があるのだが、ブーバーは『私のハシディズムへの道』(1917)のなかで、ハシディズムの教えを次の一つの命題に要約して述べる。「神はあらゆる物のなかで見ることができ、あらゆる純粋な行為を通して達成することができる」(MBW17, 42)。この命題は、「ハシディズムの信仰の基礎は、『全地は神の栄光に満つ』(イザ6:3)であります」(手島佑郎、18)と言われるように、ヘブライ語聖書に根差した発想である。ブーバーのなかでは、ハシディズムの考えは決して非聖書的なものとは映らず、密接につながっていると捉えられていた。

> ……いかなる物も神的な火花なしに存立することはできず、あらゆる物はあらゆる時に、またあらゆる最も日常的な行為を通して、この火花を発見し救い出すことができる。もしも彼が神的な意図のなかで完全に集中し、ただ純粋にそれらの行為を遂行するのであれば。それは個別の時間だけ特定の言葉や身振りをもってではなく、全生活をもって、全ての日常で、全ての世俗的なものと共に、神に仕えることが重要である。人間の救いは、世俗的なものから遠ざかることによって存立するのではな

で滅びるハシディームや、イスラエル・ベン・エリエゼルすなわちバール・シェムによって18世紀半ばに創設された共同体に見られる。ハシディズムは、今日もなお東欧のユダヤ人の大きな部分を包括している。彼ら全てに共通することは、彼らがその敬虔を地上の生活〔世俗的生〕における神的なものとの関わりを誠実に考えようとすること、また彼らが説教された神の教えや熟練された神の崇拝に満足することなく、神的真理の基礎の上に人間の相互生活を打ちたてようと試みることである。このことが明白なのは、最後に述べたバール・シェムによる東欧ユダヤ人の共同体であり、ブーバーが主に念頭においているものはこれである。(MBW17, 41)

4 ブーバーのハシディズム論に関する昨今の研究は、ブーバー初期の文化シオニズムとの関連で執筆されたマルティーナ・アーバンの著作 *Aesthetics of Renewal. Martin Buber's Early Representation of Hasidism as Kulturkritik* (2008) を参照。

く、むしろ自身の仕事・料理・余暇・旅・家族の構成・社会の構築を聖化し、神的な意味に奉献するところにある。(MBW17, 42)

このようにブーバーはハシディズムを、彼岸ではなく此岸に神性を見いだすものとして捉え、それを『ハシディズムの使信』(1945) の第 6 章「神と魂」のなかで、明快に定義している。

> ハシディズムにおいて——私が人間の精神史のなかで見る限りではここにおいてのみ——神秘主義はエートス〔日常的倫理〕となった。(MBW17, 303)

この事態は、『我と汝』のなかで「あらゆる汝から、私たちは永遠の汝の息吹を聞き取り、あらゆる汝のなかで私たちは永遠なる者に語りかける」(ID, 147) と表現されていた。この引用が意味することは、私たちが個々の汝との関係性のなかで、永遠なる者の語りかけを聴取することである (ID, 128)。

また『バール・シェム・トヴの教え』[5] (1927) のなかでも、我‐汝思想との興味深い類似性が見られる[6]。「彼(神)に属する世界の全てのものは、全力をもって彼へ近づくよう熱望する。全てのもののなかにある聖性の火花が、彼を通して高められることによって。……そして人間の罪のなかには、立ち帰りが神の火花として宿っている」(MBW17, 107f.)。このように人間が立ち帰る可能性は火花として私たちの本性に生得的に宿っている。神の火花が神と合一 (jichud) することは、人間の魂と神との合一ではない。

---

5 バール・シェム・トヴの教え:正式名称「バール・シェム・トヴすなわち良き名の師と呼ばれるラビ・イスラエル・ベン・エリエゼルの神との交わりにおける教え」(MBW17, 99-128;『祈りと教え』93-134 に収録)
6 「ドイツ人ツィンツェンドルフと、ポーランドのユダヤ人バール・シェムによって『向かい合って立つこと』つまりリアルな相互性が、再び発見された。それを前者は感情の解放のなかで、後者は世界に生ける全てのものの引きこもりのなかで発見した」(MBW17, 101)。

神は火花として世界のあらゆる事物のなかに自己の仮宿（shekhinah）として住まうため、それは神と彼の世界に宿る聖性との合一なのである。もしくは神と、世界に宿るその栄光との合一ともいえよう（op.cit., 101）。これは我と汝という二者性を融解する一体化のような神秘主義ではない（ID, 136）。ハシディズムでは「神的なものと人間的なものが互いに埋没することなく、相互に結びつくことであり」（MBW17, 168）、「それ〔jichud：合一〕は……主観・客観的な出会いの事象である」（MBW17, 64）。こう表現されるように、ブーバー自身は、我－汝とハシディズムとが、どちらも関係の両項が埋没しない我と汝を基とした結びつき、もしくは出会いを目指すものと捉えている。

　興味深い点は、ブーバーがこの教えを、神秘主義と呼ばれるかもしれないが、「もちろん宗教と呼ぶことも可能であり、その本当のドイツ語名はまさしく現臨性（Gegenwärtigkeit）である」（MBW17, 101）と捉えている点である。それは彼がハシディズムの特徴を「関係の直接性」「絶対的な者の具体性」「全存在を投入すること」に見ているからである（ibid.）。したがって、ブーバーにとってハシディズムとは、神秘主義ではなく、日常のなかで現臨する宗教性を指すものである。

3　ティリッヒの具体的普遍性

　最後に、本章1節で検討した倫理的具体性と2節で検討した倫理的宗教性について、パウル・ティリッヒがブーバー追悼の小論文のなかで指摘したブーバー思想の評価を検討したい。ここでは「預言者と神秘主義」が焦点となり、それは『文化の神学』[7]で書かれたティリッヒのブーバー評と類似するものである。

　ティリッヒは、ブーバーが宗教的観点からすれば一人の預言者であり、哲学的な観点からすれば一人の実存主義者であると称されていることに対

7　序論第2章3節「預言者的宗教研究」参照。

第 4 章　倫理と宗教性　　　　　　　　　　　　　　　　　　　　　　93

して、ブーバー本人はそう称されることを好まないであろうが、自分はそれが的を射た表現であると述べる（Tillich: *Begegnungen*, 322）。というのもブーバーは、一方で預言者的情熱をもって力ある言葉を語り、ある特定の状況のなかで神的現臨を明らかにしたからであり、また他方で概念的定式化を嫌い、人間と神との出会いに根ざした神律的な実存主義者であったからである。そしてティリッヒは、ブーバーがこれら両側面を備えた上で神を経験した力が、次のような重要な帰結を有していたと主張する。

> 彼（ブーバー）は、神と人間との関係における預言者的要素と神秘主義的要素とをはた目にさほどの労もなく、統合する事ができた。[8] ……ブーバーの場合は、日常生活の出会いと活動における神的現臨の神秘的経験が重要なのである。（*op.cit*., 322f.）

ここで言われている預言者的要素とは、神と人間とが向かい合う二者性を基とし、反対に神秘主義的要素とは、両者が一となることを意味する。ハシディズムはまさにその二者性を基としながらも、一性につながる統合的要素を持っているのであって、ティリッヒはユダヤ／キリスト教が今まで試みてきた両者の総合を、それらとは異なるアプローチによってハシディズムが成し遂げられた点を、次の理由によって評価する。

> ブーバーは、一方で、神秘主義的要素のない預言者的要素というものが、硬直した律法主義や道徳主義に頽落し、他方、神秘主義的要素の専一的支配が、現実からの逃避、つまり今ここでの要求からの逃避に陥ること

8　中略した箇所は、次のとおりである「私はこの統合を宗教と神学的思考との展開の内的目標テロスと考えている。彼がこの統合をなしとげたその仕方は、彼がハシディズム的神秘主義に通暁していたことによって規定されていた。ユダヤ教およびキリスト教の神秘主義の主流は、主にフィロンの神秘主義と新プラトン主義の神秘主義とに依存して、この 2 つの要素を融合しようと努めたものであるが、ハシディズム的神秘主義はこれとは異なっている」。

を知っていた。(*op.cit.*, 323)

これこそブーバーによる形式的な祭儀主義や律法主義に対する批判[9]と、現実を軽視して合一に走る神秘主義に対する批判を適切に表現した評価であると言えよう。もちろんこれらに代わるものとしてブーバーは現実的生を重視する特殊な神秘主義ハシディズムの立場を採用するのである。これをティリッヒは世俗に対して宗教が開かれた在り方だ、と評価しこう述べる。

　　ブーバーにとって、神は自然と歴史の全てのなかで現臨し、可視的であった。(Tillich: *Begegnungen*, 323.)

このような世俗的なものに開かれたあり方は、ティリッヒが自ら「プロテスタント的原理」と名づけ同意してきたものであり、いわばプロテスタント神学の最新の局面で生じてきたことを、ブーバーは先取りしていた[10]、と彼は評価する。それは宗教的諸制度を含めたあらゆる具体的宗教〔実定的宗教〕からの解放であり、この態度は非教会的世界や特に若い世代に対するブーバーの広範な影響力から、ティリッヒは判断している。つまりブーバーは、神という始原的な言葉に代わる、新たな象徴を私たちが勝手に創出できないことを知っていたと同時に、私たちがあたかも歴史の内で何ごとも変化しないかのように古い象徴を用い続けることはもはやできないことも知っていたのである。

9 　特にブーバーの律法主義批判は、神との正しい関係は一定の祭祀と教義をもったある特定の宗教共同体に所属するかどうかで決せられる、と考える人々から嫌疑と敵意を招くことにとなった。

10　同じく、オズワルド・バイヤーが『語りかけとしての創造』（1986）のなかで述べたように、ブーバーは現在のプロテスタント神学の根本的洞察を、このハシディズム解釈をもって先取りしている（Leiner, 191）。Oswald Bayer: *Schöpfung als Anrede. Zu einer Hermeneutik der Schöpfung*, 2. erw. Aufl. (Tübingen: Mohr Siebeck, 1990).

第 4 章　倫理と宗教性

　ティリッヒはブーバーとの対話を経て、ブーバーの関心がユダヤ教など特定の宗教を論ずることではなく、むしろ自身と同じく、宗教を超えた「宗教的なもの」を目指すことにあったと捉えた。それを彼は次のように言う。

　　私たちが一度もユダヤ教とキリスト教との対立について直接話し合わなかったということは、特筆すべきである。それは私たちを悩ます実存的問いではなかった。……その理由はブーバーの普遍主義があらゆる特定の宗教を超え出ていたからである。（Tillich: *Begegnungen*, 322）

　ティリッヒは「ブーバーの普遍主義」という表現を用いて、ブーバーが実定宗教を超えるものを示そうとしていたと指摘する。そしてそれは、ティリッヒ自身が正しいキリスト教と理解しているものと同様であることを表明する。彼は、自分たちの対話が、神・人間・自然を題材とし、対話への参与者はどこまでもユダヤ教徒でありプロテスタントでありながらも、どちらもそれら宗教の限界を踏み越えてしまっている者たちの対話であった、と振り返る。そこからティリッヒは、次のような独自の表現によって、彼とブーバーとの共通性を挙げるのである。

　　このような具体的普遍主義こそ、唯一の正しい形式の普遍主義であるように私には思われる。（*ibid.*）

　このティリッヒの見解は、平石善司／ロバート・E・ウッド／レヴィナスらのなかでも同様に確認することができる。彼らは、次のようにユダヤ教、特にハシディズムから生まれたブーバー思想が普遍的地平を開くものである点を評価している。

　　ブーバーにとってハシディズムはユダヤ教から産み出された偉大な精神的所産であるとしても、単にその内部の問題に尽きるのではない。その

> 真理はユダヤ教徒、キリスト教徒、またその他全ての人間に永遠に妥当するものである。（平石、42）

> ブーバーはユダヤ人としてユダヤ教の視点から、しかし万人に対して語っているのである。そして彼が語るメッセージは、ハシディズムのメッセージである。（Wood, 9）

> ブーバーは、そのほとんど全ての作品がユダヤ教を主題としているにもかかわらず、驚嘆すべき自然さと自発性をもって、普遍的学識に帰属することのできた、たぐい稀なユダヤ人思想家、著述家の一人であり、数々のユダヤ教の源流、特にハシディズムについての省察から出発した彼の思想を通して現代の諸問題全てに取り組んだ。（Lévinas: *Hors Sujet*, 16）

ブーバーの人生や思想は、確かにユダヤ教を背景とするものであった。しかしこれら4人の研究者が、ブーバーは内に閉じることなく他宗教に開かれ時代や地域をも超える対話思想を形成した、と評価する理由は、ハシディズムという具体的信仰から我‐汝思想という普遍的地平へと到達したと捉えたからである。このようにブーバーの思想がヘブライ的なものを基としながらも、他宗教や他者へと開かれる我‐汝思想を生み出したゆえんは、まさに「日常のなかであらゆるものと関わる」ことを生きる道に据えたハシディズムの影響があったからだと思われる。そしてティリッヒは、これを「具体的普遍主義」と名づけたわけである。

第1編の結び：ブーバーと宗教性

　本第1編の冒頭で、「ブーバーにとって、……基礎的存在論的な考察と『あらゆる存在者と共に在るそれぞれの人間の生活における根元的態度』（WI, 1113）が重要なのである」（Leiner, 190）というライナーの解釈を紹介した。これに関して、果たしてブーバーは基礎的存在論を目指していたのか、という問いが第1編における筆者の主導的課題であった。そして第1章から第2章にかけて、ブーバーの思索は、我-汝と我-それという二種類の関わり方による基礎的存在論（現存在の存在論的分析）の展開ではなく、むしろ我-それを打破するような我-汝関係の始原性に重点を置いていたことが示された。すなわちブーバーは人間の存在論的様態を分析するなかで、より根源的な我と汝の始原的結びつきを描写することが目的であり、我-汝と我-それによる2つの関係性はその現実を示すための説明方法であった。

　したがってそのようなブーバー思想に焦点を合わせた方法論が必要であり、筆者は我-汝の対話の原理を聖書との連関から解明する立場を採る。ブーバーは哲学者ではなく、あえて名づけるならば宗教的な倫理思想家であり、彼の目指すところは哲学が求める普遍的人間存在ではない。ブーバー思想は、一見すると我-汝/我-それ関係という彼独自の概念によって人間一般の存在論的分析を目指しているようである。その理由は、ブーバー自身が『我と汝』をそう読めるように、2つの根元語を比較する形で執筆しているからである。ところが我-汝/我-それを存在様態として基礎づける哲学的試みはブーバーの意図ではない、と本編を通して筆者は主張した。この点こそ、モルデカイ・カプランが「ブーバーは哲学大系の構築を目指していたわけではない」（Sch/Fr, 220; Sch/Fr.E, 249）と、評価している理由である。ブーバーにはその思索の出発点に、神と対面する実存を基

礎としたリアリティのある宗教経験が明白にあり、それを表現するために使われた彼独自の概念が、「我-汝関係」や「出会い」だったのではなかろうか。だからこそ、ブーバーの思想を追従していくと、いつの間にかそれはハシディズムやヘブライ語聖書における「神-人関係」という宗教性へと行き着かざるを得ないのである。[1]それはブーバー自身が、これらのなかに我-汝関係の原型があることを示唆したかったからだと筆者は考える。

　ただしその宗教性とは語りかけの受容や言葉との出会いであって、決してそれに転ずることのない汝との関わりである。したがって宗教性とは実定的宗教に求められるものではなく、ハシディズムの倫理や聖書の言葉を聞くなかで求められる「関わりに対する日常的な専心」である。ブーバー研究が、普遍性を目指す哲学ではなく、宗教性と切り離すことができない人間の具体的状況を方法論の出発点とすべき根拠がここにある。したがって第1編の結論で、ティリッヒがブーバー思想を「具体的普遍性」と評価したことは非常に的確だったといえよう。

---

[1] 宗教研究が、研究者が立脚する宗教的立場の視座に左右されることを、武藤一雄は次のように言及している。「神学や宗教哲学という学問が、研究者の現に立脚する信仰的立場や宗教経験の如何によって規定されるところが極めて強いということである」（武藤一雄『宗教哲学』現代キリスト教シリーズ9、日本YMCA同盟出版部、1955、2）。

第2編　聖書から我-汝へ

第1章　ブーバー聖書翻訳の評価

1　現代英語圏のブーバー／ローゼンツヴァイク訳聖書受容

『我と汝』をブーバーの依頼によって英語に訳し直したW・カウフマン[1]は、『ブーバーの宗教的意義』（Sch/Fr [1963], 571-588）の第4節で、英訳聖書とブーバー／ローゼンツヴァイク訳聖書とを比較し、次のように言う。

> ブーバーの翻訳原理は英語圏の世界で一般に受け入れられているものからは大きく異なっている。……ブーバー／ローゼンツヴァイクの聖書翻訳の重要性とその原理には二重の意味がある。第1に、それは……真に新たな聖書翻訳であり、旧約聖書のRSV（改訂標準訳）や米国ユダヤ出版協会の聖書は、KJV（欽定訳聖書）の単なる改正であって、元のヘブライ語聖書の精神を呼吸するものではまったくない。……それは「教会で読まれる」ための言い回しという馴染みのあるヴェールを取り去っていない。ヘブライ語聖書の大部分に見られる変わらぬ直接性と力強さについて、英語圏のほとんどの読者はそれに気づいておらず、またそれに

1　ウォルター・カウフマン（Walter Kaufmann, 1921 - 1980）は、ニーチェの英語訳でよく知られたプリンストン大学教授で、実存哲学（キルケゴール／ヤスパース）、無神論、ユダヤ教とキリスト教、ファウストの英訳、ヘーゲル解釈、レオ・ベックの英訳に取り組んだ。ブーバーは、最初Ronald Gregory Smithによって訳された『我と汝』の英訳 *I and Thou* を好まなかったため、カウフマンに改訳を依頼した。スミスの翻訳には意訳が多いため、ブーバーが独自のドイツ語を通して表現したかった思想が反映されたとは言いがたい。それゆえカウフマンは、まさにブーバーの翻訳原理に倣い、直訳調でドイツ語原語に近い英訳を心がけているように思える。

ついて言及されている翻訳は〔1950年代末の時点では〕ない。(Sch/Fr, 575f., Sch/Fr.E, 670)

カウフマンによれば、英語圏における新しい英訳聖書は、基本的にKJV（欽定訳聖書）の改訂であるため、オリジナルのヘブライ語聖書の精神を呼吸することがない。その理由は、RSV（改訂標準訳）をはじめとした新英訳聖書の目的が教会で読まれるためのものであるため、馴染みのある言い回しで翻訳するよう意図されているからである。それゆえに英語圏の読者は、ヘブライ語聖書が持っている力強さを知る余地がないのである。このような英語圏の翻訳聖書がもっている背景のなか、カウフマンは、彼らの翻訳原理がもつ第2の意味として「ブーバーとローゼンツヴァイクは翻訳技術に革命をもたらした」(op.cit., 576; E., 671)と評価する。この翻訳技術は、英語圏世界よりも一層ドイツで高度に発展したものであると、彼は考える。[2] その理由は、英語では原典に対する責任と忠実さに匹敵するような伝統がないからである。反対に、英語翻訳者にとって不可避的とも言える——特に出版社の——姿勢は、訳文が慣用的な英語で書かれているよう読まれねばならない点である（Sch/Fr.E, 671)。[3] したがって新造語の使用、新語の発明、しっくりこないものあるいは惑わすようなものは一切避けねばならない（op.cit., 672)。カウフマンの主張によれば、まさにブーバー／ローゼンツヴァイクは、英語翻訳者が最も避けようとする翻訳原理に従っ

---

[2] カウフマンは、ドイツ語圏にはこれまで英語では類を見ない翻訳の成果があると主張し、その例としてVossによるイリアスとオデュッセイアのドイツ語訳、KJVよりも原典の文体と感覚により近いルターのドイツ語訳聖書、August Wilhelm Schlegelの信じがたいほど成功したシェークスピアのドイツ語訳、ヘルダーリン版の2つのソフォクレスの悲劇の独訳、ゲーテの翻訳への努力、Rückertの技巧、さらに最近ではKarl Eugen Neumannによる仏教書の翻訳、Stefan Georgeやリルケによる非常に見事な数冊の翻訳を挙げている（Sch/Fr, 577; Sch/Fr.E, 671）。

[3] この内容が言及されているパラグラフは、ドイツ語版には存在せず、英語版のみにある。

ていたのであり、その点にこそ「翻訳技術に革命をもたらした」と彼が評価した理由があろう。

　このような英語圏特有の聖書翻訳原理とは異なった試みが、1970年代に出現する。エヴァレット・フォックス（Everett Fox, 1947-）は、聖書翻訳作業の目的を、「ヘブライ語聖書の世界へと、その言語の力を通して、読者を魅了すること」（Fox 1997, ix）と述べた。そのフォックスによる英訳聖書こそ、ブーバー/ローゼンツヴァイク訳聖書の翻訳手法を引き継いで完成されたものである。それをロバート・アルターは「フォックスは、ブーバー/ローゼンツヴァイクによるドイツ語訳のモデルを模倣している（emulating）。彼らは、ヘブライ語の語源学を誇示し、ほぼ全てのヘブライ語の語彙の繰り返しを保持したまま、新たなドイツ語を創作している」（Alter: Five Books of Moses, xix）と評価している。ここでアルターがemulatingと表現するように、フォックスはブーバー/ローゼンツヴァイク訳に見られる機能や仕掛けを、英語のなかでも同様に再現したのである。それはフォックスが翻訳にあたって重視した「言葉遊び」「一つの物語や聖書全体のなかに見られる各部分の関連性」など、まさにブーバー/ローゼンツヴァイク訳聖書における「キーワード」（Fox 1997, xvi）に着目する手法である。それゆえに、フォックスは「自分の翻訳は、なにもブーバー/ローゼンツヴァイク訳聖書を英訳したものでは無い」と断りをいれるほどである。

　ラン・ハコーヘン（Ran HaCohen, 1964-）は、「アメリカにおけるブーバー/ローゼンツヴァイク――エヴァレット・フォックスによる聖書翻訳」（50BB, 259-273）のなかで、フォックス訳聖書とブーバー/ローゼンツヴァイク訳聖書との比較を研究している。フォックス訳モーセ五書は、初版（1972）と改訂版（1995）とで、かなりの違いが見られる。それはブーバー/ローゼンツヴァイク訳聖書の影響によるものであり、改訂版ではその影響が特徴的に見られるようになる。3つほど例を挙げると、創世記1章2節のトーフー・ヴァー・ボーフー（混沌と混乱）を、初版ではconfusion and chaosだったが、改訂版ではwild and wasteに、創世記4章12節の「ナ

ア・ヴァ・ナアド」(さすらい、さまよう) を、wavering and wandering に、民数記 11 章 4 節のアサフスフ (混じった者) を、the riff-raff に訳し直している。これらは全てブーバー / ローゼンツヴァイクのドイツ語訳 Irrsal und Wirrsal (創 1:2)、Schwank und schweifend (創 4:12)、der Mischmasch (民 11:4) にヒントを得た訳語である。それはヘブライ語の原語が持っている「音韻」を損なわぬ英訳であり、ヘブライ語聖書における美的・詩的要素を損なわない工夫である。またフォックスが、ミズベアッハ (祭壇) を slaughter-site と訳した理由は、ブーバー / ローゼンツヴァイク訳の Schlachtstatt という「屠殺場」を参照し、コルバン (犠牲) を near-offering (近くに献げること) と訳した理由は、彼らのドイツ語訳 Nahung (接近) を参照したからである。

　つまりフォックスは、ブーバー / ローゼンツヴァイクの翻訳理論と訳語に倣ってヘブライ語の語義を損なわぬ英訳聖書を完成させたのである。フォックス訳聖書は、2014 年 11 月に列王記までの訳が刊行された段階で、現在もその翻訳は進行中である。彼の英訳聖書によって、ブーバー / ローゼンツヴァイクの翻訳理論とその手法は、英語圏に流布することが可能となった。同様に、本章の 5 節で紹介する予定のアンドレ・ネエルも自らのフランス語訳聖書[4]で、両者の翻訳理論を 3 つにまとめて採用している。このようにブーバー / ローゼンツヴァイク訳聖書は、完訳後も新たな英訳 / 仏訳聖書によって模倣される一モデルとして、現に生きている。

2　ブーバー / ローゼンツヴァイク訳聖書とは何か

a) ドイツ語訳の背景

　ブーバーが聖書翻訳と聖書解釈に集約的に取り組んでいた時期は、1925 年から 1938 年である。当時、従来のルター訳に対して、マソラ本文を基

4　André Neher: *De l'hebre au français. Manuel de l'Hébraisant: La Tradition* (Paris: Publikation du Centre de Recherches et d'Ètudes Hebraiques de l'Université de Strasbourg, 1969).

に学術的な立場によって翻訳されたカウチュ（Emil F. Kautzsch, 1841-1910）のドイツ語訳旧約聖書が、1894年に刊行されていた（MBW14, 354）。このカウチュ訳は彼の死後、ベルトレート（Alfred Bertholet, 1868-1951）が改編し、1922/23年に第4版をカウチュ／ベルトレート訳旧約聖書として刊行した。この翻訳聖書の特徴は、ヴェルハウゼン（Julius Wellhausen, 1844-1918）の文書仮説（ないしは資料仮説）の影響のもと、各聖書テクストが4つのどの文書に起因するかを明記した翻訳聖書であり、いわば19世紀後半から20世紀初頭にかけてドイツ旧約学の成果を如実に反映させたものである。ブーバーとローゼンツヴァイクは、訳語を選定するにあたって、ルター訳とこの1922年版カウチュ／ベルトレート訳（彼らは略語を使って、K－B訳と表記している）を強く意識した上で、これらの翻訳を乗り越える意図を持っていた。なぜならルター訳は原典がもつヘブライズムのゲルマニズム化（ドイツ文化）が目指され、カウチュ／ベルトレート訳は文書仮説という旧約学方法論に倣ったものであるため、ブーバー／ローゼンツヴァイクの翻訳理論とは異なる意図を持っていた。したがって彼らは、当時のドイツ学界におけるこれらのドイツ語訳聖書を念頭に置きながら、自分たちの独自性を打ち出したのである。

b）翻訳開始から完成までの経緯

　ブーバーとローゼンツヴァイクによる共同訳聖書の誕生は、1925年5月6日、この年ベルリンに創業したカトリック系出版社ラムベルト・シュナイダーが、ユダヤ的なものに精通し、且つドイツ文化に貢献している人物であるブーバーに、ヘブライ語聖書の新たなドイツ語訳を依頼したことに端を発する。[5]ただしブーバー自身も、この依頼が来る前の1914年から、すでに聖書の新ドイツ語訳という計画を構想していた（MBS2:Schwendemann, 65; Rendtorff, 290）のだが、第1次世界大戦勃発のた

---

[5]　依頼の手紙は、*Briefwechsel II*, N.178-179, 218f. のなかで参照することができる。M・ジェイは、「若き異教徒の出版人シュナイダーが、ブーバーにルター版聖書の改訳を依頼してきた」（Jay, 203）と表現している。

めこの企てを中断せざるをえなかった[6]。ブーバーは、当時ユダヤ自由学院で共に教育活動に従事していたローゼンツヴァイクとの共訳を条件にこの依頼を引き受けた[7]。その理由は、ローゼンツヴァイクによるイェフダ・ハーレヴィのドイツ語訳と、彼の哲学的宗教的識見を、ブーバーが評価していたためである。ただしこの時点で、ローゼンツヴァイクは病によって体が硬直し（1923年から）、執筆すること自体がすでに困難であることをブーバーに伝えている（*Briefwechsel II*, N.180, 220）。

翻訳作業は、1925年5月から始まり、ブーバーが編集を担当していた雑誌『被造物 Kreatur[8]』の刊行作業が秋口に終わるクリスマスに合わせ、第1巻の創世記 *Das Buch Im Anfang* が12月に出版された（*Briefwechsel II*, N.184, 224）[9]。その後、1929年にローゼンツヴァイクが死去した後は、ブーバーが単独で作業を続けることになる。両者が共同で訳出した箇所は、

6　ブーバーは、出版も引き受けてくれそうな共訳者 Moritz Heimann と Efraim Frisch の協力を得ていた、とジェイは述べている（Jay, 201）。

7　両者は1914年に、ベルリンですでに知り合っていた。この年ローゼンツヴァイクはヘルマン・コーヘンの指導を受けており、戦前にはフリードリッヒ・マイネッケのもとでヘーゲルの政治哲学について因襲的な博士論文を書き上げていた。しかし1913年にはすでに、彼は指導教授がもつ観念論的かつ歴史主義的な前提と、ベルリンの教職とを拒絶するようになる深刻な精神的危機を経験していた。（Jay, 201f.）

8　この雑誌『被造物』第3巻（1929/30）のなかに、かのブーバーによる小論文集「対話」（Zwiesprache）の一部（Urerinnerung, Das mitteilende Schweigen, Meinungen und das Faktische, Religionsgespräche, Fragestellung, Beobachten, Betrachten, Innewerden, Der Mensch in der Anrede, Wer redet?, Oben und unten, Verantwortung, Moral und Religion, Der bedingte Mensch）が掲載されている。

9　ラムベルト・シュナイダー社による1927年のちらし広告によれば、創世記（1925）出エジプト記（1926）民数記（1927）申命記（1927）がそれぞれ厚紙表紙版が4マルク、金色ライン入りのハードカバー版は6マルク、完全羊皮紙版は10マルクで、レビ記（1926）はそれぞれ3.5、5、8.5マルクで販売されている情報と、既刊のモーセ五書が第1部として一巻本になり、1927年末までにヨシュア記（1927）士師記（1927）サムエル記（1928）が刊行される見通しが、記載されている。またラムベルト・シュナイダー社の印刷を請け負っていたのが、ヘラーアウのヤーコプ・ヘグナーだった。（Borchardt, 93f.）

律法（モーセ五書）、前期預言者（歴史書）、そして後期預言者イザヤ書53章苦難の僕の箇所までである（MBW14, 214-220）。ブーバーはその後集約的に、残りの預言者[10]全て、詩篇、箴言の訳を完成し、1931年以降はベルリンのユダヤ系出版社ショッケン（Salman Schocken, 1877-1959）が出版を請け負った。[11]そしてヨブ記の翻訳に取り組んでいた1938年、ゲシュタポによってショッケン社は閉鎖され（Briefwechsel II, 687）、ブーバー自身もパレスティナへ移住し、その後しばらくは翻訳から遠ざかる。〔写真は、単行本のかたちで出版された出エジプト記から十二小預言書までの黒革ハードカバーで金色ライン入りの初版である。〕

　その後1949年から、これまで訳された箇所の訂正作業が始まる。翻訳を再開し、これまでの訳語も見直すことになった背景には、若い頃からブーバーの知人であるヤーコプ・ヘグナー（Jakob Hegner, 1882-1962）が、1950年に自らの出版社から聖書翻訳の完成と出版を申し出たことが大きく影響している（Briefwechsel I, 127）。そしてケルンとオルテンのヤーコプ・ヘグナー社から第1巻のモーセ五書（Die Fünf Bücher der Weisung）が1954年に、第2巻の歴史書（Bücher der Geschichte）は1955年に、第3巻の預言書（Bücher der Kündung）と詩篇、箴言は1958年に刊行された（MBW14,

---

10　イザヤ書54章以降、エレミヤ、エゼキエル、そして十二小預言書の全ては、ブーバーの単独訳による。

11　列王記（1929）イザヤ書（1930）エレミヤ書（1931）までがラムベルト・シュナイダー社、エゼキエル書（1932）十二小預言書（1933）詩篇（1935）箴言（1938）はショッケン社から、初版が刊行されている。また1934/35年にショッケン社より、三巻本のモーセ五書（Die Fünf Bücher der Weisung）歴史書（Künder. Bücher der Geschichte）預言書（Künder. Bücher der Kündung）が金ライン入り黒革ハードカバー（各8.5マルク）で出版された。

225)。この約 30 年ぶりの再版は、全面的に訳語が訂正されたもので、内容面ではこれが最終版である。したがって後の版は、このバージョンを再版・復刻したものになる。その後、残った諸書（ケトゥビーム）の訳も再開され、1959 年夏のヨーロッパ保養旅行中にチュービンゲンで最後の歴代誌の訳が仕上がり、ヨブ記が 1959 年秋に初めて刊行された。

そこで 1961 年にブーバーは、エルサレムの自宅で全巻完訳記念の集まり[12]を開催する。翌年 1962 年に 4 巻本最後の諸書（*Die Schriftwerke*）が出版され、残されていた全ての諸書は、ここで初めて公表されることになった[13]。その後、1976 年にハイデルベルクに移動したラムベルト・シュナイダー社から、1992 年にシュトゥットガルトのドイツ聖書協会から、1997 年にゲアリンゲンへさらに移ったラムベルト・シュナイダー社から、最後にシャガールの挿絵付きで初めて一巻本として 2007 年にギュータースローアー社から新版が刊行されている。また 1962 年の完成版刊行から 50 年経った 2012 年には、彼らのドイツ語訳聖書を主題とする記念シンポジウムが、マルティン・ブーバー・ハウスとマルティン・ブーバー学会によって、ヘッペンハイムとハイデルベルク大学ユダヤ学研究所で開催された。そこではブーバー研究者のみならず、ローゼンツヴァイクやレヴィナスなどの哲学研究者、ユダヤ思想研究者、イディッシュ文学研究者らによって本書の紹介と再評価が為された。

c）訳語の特徴：馴染みなさ

次に、ブーバー単独による訳語は、ローゼンツヴァイク死去の翌年、

12　この集まりで述べられたショーレムの祝辞については、本節の d「翻訳の対象者」を参照。

13　これら再版年の時期と、それに合わせた訳語の改編、また出版社の変更に関して、ハイデルベルク大学ユダヤ学研究所が所蔵するブーバー文庫資料から、筆者によって一冊ずつ確認された。この資料は、故ラムベルト・シュナイダー社長からの寄贈によるものである。

	1,1–11] IM ANFANG 9	1,1–13] IM ANFANG 9
Im Anfang schuf Gott den Himmel und die Erde.	Im Anfang schuf Gott den Himmel und die Erde.	Im Anfang schuf Gott den Himmel und die Erde.
Und die Erde war Wirrnis und Wüste. Finsternis allüber Abgrund. Braus Gottes brütend allüber den Wassern.	Und die Erde war Irrsal und Wirrsal. Finsternis über Urwirbels Antlitz. Braus Gottes spreitend über dem Antlitz der Wasser.	Die Erde aber war Irrsal und Wirrsal. Finsternis über Urwirbels Antlitz. Braus Gottes schwingend über dem Antlitz der Wasser.
Da sprach Gott: Licht werde! Und Licht ward. Und Gott sah das Licht, daß es gut war. So schied Gott zwischen dem Licht und der Finsternis. Dem Licht rief Gott: Tag! und der Finsternis rief er: Nacht! Abend ward und Morgen ward: Ein Tag.	Da sprach Gott: Licht werde! Und Licht ward. Und Gott sah das Licht, daß es gut war. Und Gott schied zwischen dem Licht und der Finsternis. Gott rief dem Licht: Tag! und der Finsternis rief er: Nacht! Abend ward und Morgen ward: Ein Tag.	Gott sprach: Licht werde! Licht ward. Gott sah das Licht: daß es gut ist. Gott schied zwischen dem Licht und der Finsternis. Gott rief dem Licht: Tag! und der Finsternis rief er: Nacht! Abend ward und Morgen ward: Ein Tag.
Gott sprach: Gewölb werde inmitten des Wasser und sei Scheide von Wasser und Wasser! So machte Gott das Gewölb und schied zwischen dem Wasser ringsunter dem Gewölb und dem Wasser ringsüber dem Gewölb. Und es ward. Dem Gewölb rief Gott: Himmel! Abend ward und Morgen ward: zweiter Tag.	Gott sprach: Gewölb werde inmitten der Wasser und sei Scheide von Wasser und Wasser! Gott machte das Gewölb und schied zwischen dem Wasser unterhalb des Gewölbs war und dem Wasser das oberhalb des Gewölbs war. Und es ward so. Dem Gewölb rief Gott: Himmel! Abend ward und Morgen ward: zweiter Tag.	Gott sprach: Gewölb werde inmitten des Wasser und sei Scheide von Wasser und Wasser! Gott machte das Gewölb und schied zwischen dem Wasser das unterhalb des Gewölbs war und dem Wasser das oberhalb des Gewölbs war. Es ward so. Dem Gewölb rief Gott: Himmel! Abend ward und Morgen ward: zweiter Tag.
Gott sprach: Das Wasser unterm Himmel sammle sich an einen Ort, und das Trockne erscheine! Und es ward so. Dem Trocknen rief Gott: Erde! und der Sammlung der Wasser rief er: Meere!	Gott sprach: Das Wasser unterm Himmel staue sich an einen Ort, und das Trockne lasse sich sehn! Und es ward so. Dem Trocknen rief Gott: Erde! und der Stauung der Wasser rief er: Meere! Und Gott sah, daß es gut war. Gott sprach: Sprießen lasse die Erde Gesproß, Kraut, das Samen samt, Fruchtbaum, der nach seiner Art Frucht macht darin sein Same ist, auf der Erde! Und es ward so.	Gott sprach: Das Wasser unterm Himmel staue sich an einen Ort, und das Trockne lasse sich sehn! Es ward so. Dem Trocknen rief Gott: Erde! und der Stauung der Wasser rief er: Meere! Gott sah, daß es gut ist. Gott sprach: Sprießen lasse die Erde Gesproß, Kraut, das Samen samt, Fruchtbaum, der nach seiner Art Frucht macht darin sein Same ist, auf der Erde! Es ward so. Die Erde trieb Gesproß, Kraut, das nach seiner Art Samen samt, Baum, der nach seiner Art Frucht macht darin sein Same ist.
1,1–10] 7		

　1930年のローゲン版[14]で律法の五書が大幅に訂正され、その後上記のヤーコプ・ヘグナー版で最終版として改訂されている。〔写真は左からラムベルト・シュナイダー版（1925）/ローゲン版（1930）/ヤーコプ・ヘグナー版（1954）の創世記冒頭部分である。〕したがって律法（1954）歴史（1955）預言（1958）諸書（1962）の最終版と、1925年12月の初版創世記との翻訳にはかなりの違いが見られる。その違いの特徴は、本編の第3章で具体的な箇所を挙げて紹介する予定であるが、それを概略的に定義するならば、ヘブライ語の語義や語根を極力残すという翻訳理論の徹底、もしくは読みやすさから読みにくさへの変更である。

　ブーバーがローゼンツヴァイクと共同訳を試みた5年間（1925-29）に

14　ローゲン版（Logenausgabe）と一般的に言われている版は、ベルリンのラムベルト・シュナイダー社で出版され（出版年は未記載）Großloge VIII Unabhängiger Orden der B'nei B'rith の依頼によって1930年夏にヤーコプ・ヘグナーのもと、ヘラーアウ（Hellgrau）で制作された、という記載のある Die Fünf Bücher der Weisung（律法/モーセ五書）のことである。このローゲン版は、創世記1章から2章4節まで、Borchardt, 87-94 でも確認することができる。

第1章　ブーバー聖書翻訳の評価

誕生した訳文は、まだドイツ語として読むことができる。しかしその後ブーバーが単独で訳し、かつ共同訳を訂正したものは、日常的に使われるドイツ語ではない。そこではドイツ語の文法構造に還元されることのない、極力ヘブライ語オリジナルの語順、韻律、文法構造などが保持された訳文に改訂されている。これが完成版として世に残されているブーバー／ローゼンツヴァイク訳ヘブライ語聖書である。したがってこの完成版はドイツ語訳というよりも、積極的にいうならばドイツ語を表現媒体としてヘブライ語原典が表出されたもの[15]、消極的にいうならば一人のこだわりの強い訳者が創作したある種の芸術作品と言えるものである。

このブーバー／ローゼンツヴァイク訳ヘブライ語聖書は、これまでアカデミズムにおける旧約学の分野で、主に各節の訳語の確認として用いられてきたが、その難解かつ独特な語彙の使用法などから、市井の人々、キリスト教教会やユダヤ教シナゴーグの礼拝のなかで用いられることは皆無であった。他方、彼の翻訳が特定の人を魅了していたことも事実である。後にブーバーの『神の王権』をヘブライ語に翻訳する元テルアビブ大学／ベン・グリオン大学教授のイェホシュア・アミール（Yehoshuah Amir, 1911-2002）は、「私が中等学校を卒業した時、ブーバーの聖書翻訳が初めて刊行された。それは私たちに多大な影響を与え、若者運動のなかでこの翻訳は私たちをとりこにした」（Gordon, 156）と証言している。その魅了の理由は、ユダヤ的なものが過去の遺産を守るだけでなく、未来に向けてのチャレンジになり得ることを、若者たちが学んだからである。

彼らが非日常的なドイツ語を用い、あえて読みにくく翻訳した理由は、ブーバー本人が1926年11月の講演のなかで、次のように発言したことと

15　ブーバーが完成した出エジプト記の翻訳をベンノ・ヤコブ（第2編第4章1節b参照）に見せた時、1926年9月28日にヤコブは手紙で「人々は、あなたの翻訳のなかで、ドイツ語を通してヘブライ語を読むのであり、ドイツ語でつっかえながらではない」と感想を述べている。ヤコブによれば、彼らの翻訳は、原語を再現するものであり、オリジナルを置き換えオリジナルそれ自体を知るようになる翻訳は今まで知らなかった（*Briefwechsel II*, N.228, 269f.）。

関連しているだろう。

> 聖書をひとえに馴染みのない（entirely unfamiliar）ものとして読みなさい。またあなたが持っている既存のものとは違うものとして、聖書を読みなさい。まったく新たな態度で聖書に向き合いなさい。あなたは聖書のなかのどの格言や比喩があなたを圧倒しあなたに強い影響を与えるか知らない。しかし自身を開き、そのままにしなさい。（MBW14, 41）

　この引用は、フォックスの英訳聖書序文の冒頭を飾る一節であり（Fox 1997, ix）、ブーバーの『今日の人間とユダヤの聖書』における文章なのであるが、これが英訳[16]された際にこのような表現によって書かれた。ブーバーがこのように発言した理由は、聖書が持つ独自の言葉が、読者が持っている既存の概念や習慣に還元されることを恐れたためである[17]。それに左右されることなく、聖書の言葉に対して自らを開くことを、ブーバーは読者に求めることになる[18]。

　1925年という時期に翻訳を始めた両者にとって、19世紀末の宗教史学派H・グンケルや、カウチュ訳聖書（1894）は、その当時ドイツ学術界を席巻していた聖書であり、ブーバーとローゼンツヴァイクはこういった背景を意識しながら、自分たちの独自性を展開しようと心がけた。特にドイツの宗教史学派が試みたドイツ語訳聖書は、教養人である一般読者に対する分かりやすい翻訳が目指されていたため、彼らはその姿勢を避け、まったく異なる翻訳方針を立てることになる。

d）翻訳の対象者

　次に彼らは、3つの対象を読者として考慮し、翻訳に取りかかった。そ

16　Martin Buber: *Israel and the World -Essays in a Time of Crisis*, "The Man of Today and Jewish Bible" (New York: Schocken, 1963), 93.

17　第2編第2章5節「翻訳の形式」参照。

18　結論第1節「言葉の歩み寄りと応答責任」参照。

第1章　ブーバー聖書翻訳の評価

れらは、1）ヘブライ語を話すことができず、ユダヤ的な根源を見失ったドイツの同化ユダヤ人、2）選民思想や律法主義のなかでユダヤ的なものを理解し、新約に対する旧約として聖書を理解してきたキリスト教徒、3）そしてもはや聖書の言葉に向かって自分の生を向けず、神学、文学、美学などの領域に剥離させてそれらの言葉を読んでいる今日の人々である。

　第2点目に関してローゼンツヴァイクは1925年7月29日付けのブーバーに宛てた手紙で「今日のキリスト教徒は、ただ新約聖書のみを聖書であると解し、詩篇が旧約聖書の一部ではないと、いまだに多くが思っている。だから私たちが宣教師となろう」（*Briefwechsel II*, N.191, 232）と言っている。そのことからも彼らがキリスト教徒に対して自分たちの翻訳を届けたいという強い願いがあった。このように彼らの翻訳聖書は、同化ユダヤ人・キリスト教徒・今日一般の人々全員に向けられたものである。したがってそれは実定的宗教の信者に限定されるものではない。その理由は、ブーバーの考える宗教性のなかにある「汝の語りかけ」を、世間一般の人たちに受け入れてもらいたいという願いが彼らにあったからである。

　ところが彼らの聖書はその奇異な特徴ゆえに、結果的にアカデミズム以外に流布しなかったのが実情である。その理由を、ショーレム（Gershom Scholem, 1897-1982）は、1961年2月ブーバーによって最後の歴代誌が完訳され、全ての翻訳聖書が完成したことを祝うエルサレムのブーバー家における集まりで、「あなた（ブーバー）の企てにあるものは、あるユートピア的な要因だ。あなたが翻訳した言語は、ドイツの日常言語でもなければ、1920年代ドイツ文学の言語でもない」（Scholem:*Judaica*, 214）と述べ、ブーバーが試みたドイツ語の翻訳言語が、その当時の日常言語でも文学的言語でもないことを指摘した。また彼らが翻訳を開始した1925年時点で想定されていたドイツ語の読者はそれが完成した1961年にはもはや存在していないとも、彼は発言した。ショーレムは、この35年で次世代が用いるドイツ語が大きく変化している点と、1920年代にブーバーが対象としていたドイツ系ユダヤ人の多くはホロコーストという大惨事によって死に絶えたか、生き残ったその子孫たちはもはやドイツ語を読まないと主張

した（*Judaica*, 215）。そこからショーレムは、この翻訳聖書はドイツ系ユダヤ人〔ブーバー／ローゼンツヴァイク〕からドイツ語読者に対する手土産（Gastgeschenk）として生み出されたが、実は死者に対する別れのプレゼントになったため、それは断ち切られた関係を示す墓石（Grabmal）であった（*op.cit.*, 214f.）と、皮肉を込めた祝辞を本人に向けている。

ただしブーバー／ローゼンツヴァイクによる翻訳の意図は、ドイツ語読者をヘブライ語原典へと回帰するよう促すことではない（Jay, 201）。後述するが、彼らにとってのオリジナル聖書[19]とは「汝によって語られる言葉」であるため、それは原典のフォーマットを維持させるならば、ヘブライ語に限らずどの翻訳言語でも、オリジナルへと立ち帰ることが可能である。次に、ショーレムが指摘した誤りは、彼らの翻訳聖書の対象をドイツ語圏のユダヤ人に限定した点である。ブーバーの中心的関心はそこにはない。その点をシェーダーは、「さらにブーバーは、次のことを分かっていた」と主張している。

　　ユダヤ教とキリスト教に共通する「根源的真理」が聖書で重要なことであり、未来はその根源的真理を蘇生することにかかっていることを、〔ブーバーは〕分かっていた。（Schaeder, 291）

このように両者の翻訳聖書の対象がユダヤ人限定のものと捉えられることは、誤解である。というのもブーバーとローゼンツヴァイクは、3つの対象者に向けられた聖書を翻訳したからである。

19　そもそも文献学的には、オリジナルの聖書など存在しない。なぜなら聖書は写本までにしかさかのぼれないからである。したがって筆写した者の写し間違えをも含んだ写本を底本とし、それを校訂したものが私たちの手元にある聖書である。その点、ブーバーたちは明確に、写本よりさかのぼった預言者の言葉、そして神の語る言葉をオリジナルと捉えている。そして彼らの目的は、語られる言葉との出会いを通して、オリジナルへと読者を導くことである。

第1章　ブーバー聖書翻訳の評価

e）ベンヤミンの翻訳理論との相違

　この両者の翻訳理論は、同時代のベンヤミン（Walter Benjamin, 1892-1940）が『翻訳者の使命』（1921）のなかで文学・芸術作品に対して言及したような「普遍的な翻訳理論ではない」（MBW14, 12）。これは新版ブーバー著作集第 14 巻の編集者 R・ハコーヘンによる主張なのだが、確かにここで問われているものは、普遍的理論ではなく「唯一の、比類のないテクストの翻訳理論」（*ibid.*）である。そこからハコーヘンはこう述べる。

　　ヘブライ語聖書のドイツ語訳のために展開された理論と実践が、他の翻訳にも同様に適応することができる、などと両翻訳者が主張することは決してないであろう。（*ibid.*）

つまりブーバーが表明したものは、ベンヤミンとは異なり、ただ神の言葉を表出する聖書にのみ妥当する翻訳理論である。

　反対に、ベンヤミンは翻訳を通して、現代人は原言語を取り戻すことが可能だというカバラー的信念を抱いていた。これはバベルの塔崩壊を経て多言語化される以前の名前とモノが一致していた普遍的な「純粋言語」を指している。ベンヤミンが「翻訳のなかで、オリジナル（原典）は、言語のいわばより高次でより純粋な空気圏へと生長していく」（Benjamin, 14）と述べるように、彼は翻訳言語のなかに、原典よりも純粋な言語を実現するよう志向していた。M・ジェイによれば、これは失われた原言語を翻訳によって再構成するというある種のユートピア的希望であり、この考えを共有していたのは少なくともローゼンツヴァイクのみであり、ブーバーにはない（Jay, 205）。

　ただし M・ジェイは、ベンヤミンが純粋言語へ到達する際の手段として、自由な訳（意訳）よりも逐語訳（直訳）を採用する点と、あらゆるテクストのなかで聖書を最も翻訳可能だと見ていた点に、ブーバー／ローゼンツヴァイクとの一致を見ている（*op.cit.*, 211f.）。ジェイがそのように主張する根拠は、ベンヤミンが「真の翻訳は透明であり、オリジナル（原典）を

覆い隠さず、またその光を遮らない、むしろ翻訳に固有の媒介によって強められるように、ますます一層オリジナル（原典）のうえに純粋言語を行き届かせる。とりわけシンタックスの翻訳における逐語性がそれをなすことができる」（Benjamin, 18）と言及しているためである。ブーバーたちはシンタックスなども含めたテクストの正確な直訳を目指していたため、この点に関しては、両者は類似する翻訳手法を採っていたと言うことができる。

3　ブーバーの聖書翻訳手法（a）ライトヴォルト様式

　本3節では、ブーバー聖書翻訳の手法を、ブーバー研究史のなかから整理したい。筆者は、彼らの翻訳理論を支える手法が、大きく3種類に分類されると考える。そのひとつが、本編第3章で詳述予定のライトヴォルト様式である。アミット（Yairah Amit, 1941 - ）は、『ライトヴォルトの多目的性とそれを用いる諸問題』（1989）のなかで、ブーバーの翻訳手法をそのライトヴォルトを軸に分析し、次のように主張する。

　　ブーバーによって鋳造されたライトヴォルトという用語の使用法は、聖書テクスト分析における不動の地位を勝ちえた。それはブーバーがこのライトヴォルトを聖書のメッセージを探り出す上での、最重要の手段と述べたからである。（Amit, 99）

　ブーバーは、ワーグナーのオペラを分析したヴォルツォーゲン（Hans von Wolzogen, 1848 - 1938）がそこで広く用いていたライトモティーフ（Leitmotiv）に影響を受け（op.cit., 100）、これに近い言葉を考案したようである。このライトモティーフは、特に音楽的仕掛けとして用いられている繰り返しを、19世紀の作家や文芸批評家が文学的仕掛けに応用した解釈上のツールであった（op.cit., 111n2）。
　ライトヴォルトという表現は、旧約学方法論のなかでは、ブーバーが用

いた述語として定着し、紹介されている。このライトヴォルトとは、聖書テクストを貫いて散在し、互いに関連しあっているキーワード、詳しくいうならば「同じ語ではなく、ただ同じ語根のみ」（MBW14, 95）から派生するキーワードである。[20]このような「導き」となる「同じ語根から派生した語」を、ブーバーはこう呼んだのである。それはテクスト解釈の時に、指標となる語を意味する。彼は、聖書のなかで、特定の語根がテクスト内部で反復されることによって、テクストの意味や意義が明らかにされると考えたため、この手法を採用した。

したがってライトヴォルトは、同じ語根から派生した語の「反復、繰り返し」がその特徴である。そして繰り返しを通して、特定のフレーズが、読み手に対して感性的に迫ってくることによって、意味が顕わになる（*ibid.*）とブーバーは主張する。その理由は、同じ語根の反復が、特徴的な音声を生ぜしめ、奇異な印象を与えるからである。そしてそれは一つの物語のみならず聖書全体のなかで、一方では構成面での配列や区分を描き出し、他方ではその意味内容をはっきりと示すことなく、示唆的に表明するものである（*ibid.*）。このライトヴォルト様式を『ローゼンツヴァイクが表現する翻訳の問題』（1997）を執筆したH・C・アスカニは「ブーバー/ローゼンツヴァイクの翻訳理論とその方法論における最も重要な発見であり、これが両者の翻訳作業の枠になっている」（Askani, 199）と主張する。アスカニは、聖書翻訳の理論のなかでこのように語り、ブーバーとローゼンツヴァイクが、聖書翻訳にあたって、ヘブライ語テクストに見られるライトヴォルトを明確に引き出す、もしくは惹起させる努力をした点を評価する。これは本編冒頭で紹介したフォックスの英訳聖書にも影響を与えた翻訳上の重要な手法でもある。[21]

このライトヴォルト様式は、聖書翻訳のみならず、聖書解釈のなかでも有効である。確かにアミットはこの手法の問題点として、この用語は今日

20　第2編第3章「聖書翻訳の方法論」で詳述予定。
21　第2編第1章1節を参照。

ではさまざまな目的と一緒に頻繁に用いられると思われるが、その解釈学的手段としての有用性の点で、不明瞭さに至っている（Amit, 110）と指摘している。ただし筆者は、ブーバーがヘブライ語をドイツ語に置換するにあたって、丁寧に訳し分けたライトヴォルトこそが、ますます聖書解釈を意義深くしていると捉える。というのもこの手法の大きな特徴は、M・ブスが『聖書の形式批判――その内容について』(1999)のなかで、次のように主張するように、ヘブライ語聖書における「形式面」と「内容面」が密接に関連する点にあるからである。[22]

> ブーバーは「分かつことのできない形体（ゲシュタルト）の内で、文体上の形式が、内容と一体的に関連している」と考えていた。文体の「形式批判的」分析のなかで、彼は聖書的語りのジャンルや形式の類型を探求し、言葉の繰り返しに注意を払った。（Buss, 169）

ブスの意図することは、ヘブライ語聖書の「形式的」文体のなかで特に繰り返される語り方というジャンルに注目することによって、最終的に聖書の「内容」がより理解されるということである。この手法を評価し、自身の聖書解釈に生かした研究として、A・マイヤーによる『ペニエル――ひとつの聖書研究』のなかでのヤコブ物語分析を一例として挙げることができる。[23] マイヤーは、ある物語の全体的意味を理解するためにライトヴォルトの追跡は必要であり、かつ翻訳する時にそれをただ明確に表現し、それが現れる度ごとに同じ言葉で再現せねばならない（Mayer, 104）と述べ、聖書本文のなかで頻出する語を追跡することによって、その隠された意義を発見することができると評価している。すなわちライトヴォルトを「追

---

22 第2編第3・6・7・8章で詳述予定。
23 ヤコブ物語は、第2編第6章で、翻訳の具体例とブーバー聖書解釈法の具体例として分析される。そこで、ヤコブ物語の主要なライトヴォルトは「祝福」であるが、物語を通して、それが長子権や顔へと変遷していくことが指摘される。

跡する」ことは聖書を解釈する方法になるため、ブーバーは聖書翻訳にあたっても、その様式を引き継ぐことが不可欠だと考えたのである。そこから筆者は、ブーバー研究のなかでも同じく、このキーワード追跡法を研究者がさらに追走する必要がある、と考える。したがって本稿の本編第 5 章〜 8 章では、具体的な聖書箇所のなかでライトヴォルトの追跡を試みる予定である。

　ではブーバーのライトヴォルト様式は、どのような影響下で考案されたものなのであろうか。聖書テクストにおける特定の語の「反復 / 繰り返し」の重要性を強調する立場は、次のように 2 つの流れに由来していることを、イルマン（Karl-Johan Illman, 1936 - 2002）は『ブーバーと聖書』（2002）のなかで主張する。

> ブーバーは、一方で古典的なユダヤ教のミドラシュ伝統に従っており、他方で間テクスト性という現代の先を見越した理論に従っている。（Illman, 90）

すなわちブーバーの聖書翻訳と解釈の理論は、伝統的なミドラシュを参照するなかで、いわばポストモダンの先取りとして、「間テクスト性」に根差した読み方を、ライトヴォルト様式を通して展開している、とイルマンは評価した。またユダヤ系フランス人であるアンドレ・ネエルによれば、聖書的なライトヴォルト様式とは、なにも最初にブーバー / ローゼンツヴァイクの目を引いたのではない。すでにラビ的なミドラシュが、ライトヴォルトのような繰り返しから射程の広い結論を引き出していた（Krochmalnik: 50BB, 284）。したがってライトヴォルト様式は、その命名はブーバー独自のものであるが、このようなキーワードを追跡する手法は、伝統的にミドラシュのなかで用いられてきたもの、という評価である。したがってこの手法は、ミドラシュに見られる間テクスト的読解方法を指しており、それはポストモダンの解釈学にも応用された、と筆者は考える。本稿で取り上げる出エジプト記における神名、アブラハム物語、ヤコブ物

語、イザヤと第2イザヤのなかでは、一貫して間テクスト的読みが試みられ、そこでライトヴォルト様式が問題となっている。それがブーバーの翻訳にとって重要な特徴であるという彼の主張は、これらの具体的物語分析のなかで検討したい。

　ブーバーによるこのような「語根」への着目は、次世代の哲学者たちにどのような影響を与えたのだろうか。直接的影響については定かでないが、W・カウフマンは「ハイデッガー後期の著作とブーバー初期の著作との間には著しい類似性がある」(Sch/Fri., 574; Sch/Fri.E, 669) と考え、こう述べる。[24]

> ハイデッガーの解釈に見られるとても驚くような語根に対する没頭、文面の真の理解を妨げると本人が言うあまりに慣れ親しんだ読み方を看破する試み、そして日常の言語からの大幅な分離などは、全てブーバーとローゼンツヴァイクのヘブライ語聖書のドイツ語訳のなかで、かなり早く出会うものである。(*ibid.*)

　このように語根への関心が、馴染みのある読解や日常言語からの解放につながる点が、ハイデッガーと類似する特徴である。ただ一方で、ブーバーとハイデッガーは、流暢さゆえに曖昧になったテクストを取り扱い、ある程度の奇異さを回復することによって、それが再び聴くことができる状況を作り出した点は共通する。ちなみに1960年代後半の時点で判明していたハイデッガーが選んだテクストは、後期ヘルダーリンにおける未公表の賛歌と比較的知られていないリルケの詩が数編である。ただし彼は、自身の語根に着目する方法を、具体的テクストのなかで例証することはなく、むしろハイデッガー自身の考えを解釈するその詩のなかに読み込むのであ

24　カウフマンは、一例として『我と汝』におけるフレーズ「人間は世界を経験すると人は言うが、これはどういうことだろうか。人間はさまざまな事物の表面をさぐり歩いて、それを経験する」(ID, 80) を挙げ、これは『我と汝』の30年後にハイデッガーによって書かれたものと言っても違和感はない、と主張している (Sch/Fri., 574; Sch/Fri.E, 669)。

る（*op.cit.*, 575; -E. 669）。W・カウフマンは、ブーバーとハイデッガーとの決定的相違をこのように主張している。

4　ブーバーの聖書翻訳手法（b）変化形成的対話法

次に、ブーバーは彼の聖書翻訳論の文脈のなかで「聖書の全て〔の箇所〕が、真の語られるものである」（MBW14, 56/193）と言及している点から、彼は聖書の内容理解よりも、聖書に向き合うことを通して、読者に対話的関係性を喚起させることを意図した手法を採っている。つまりブーバーの聖書翻訳は、行為遂行（パフォーマンス）的意図を持っていると筆者は考える。研究者 E・メイールによれば、ブーバーは「人生に方向性をもたらすような啓示体験」を読者に求め、それを通して「完全なる人間」や「間柄的な人間」を形成することを目指していた。それをメイールは「変化形成的」（transformative）な力と呼び、対話が聖書物語の鍵であると表現している（Meir: 50BB, 90）。

つまりブーバーは聖書読解のなかで、人間形成という意図を求めていることが、『今日の人間とユダヤの聖書』（1926）で描写されたテーマから示唆される。そこでブーバーは、ユダヤ教の正典であるためユダヤ人のみが読むべき書としてヘブライ語聖書を捉えることはない。むしろ現代の人間が喪失している対話的関係性を回復するための書として考える点が、本稿の結論「汝としての聖書」で示される。それについてメイールは次のように論じている。

25　ハイデッガーは、いつも最上の入手可能なテクストを使用しているとは限らない。彼は著者の意図を無視する。彼は取り扱う詩や詩人の性格に対して極端なほど無感情である。（*ibid.*）

26　Alles in der Schrift ist die echte Gesprochenheit——これは本章2節 b で紹介した、2012年にヘッペンハイムで開催されたブーバー/ローゼンツヴァイク訳聖書を主題にした国際学会のタイトルであり、ブーバー聖書翻訳論の特集号となった *Martin Buber-Studien* Bd. 2 (2016) の主題でもある。

ローゼンツヴァイクとブーバーは、聖書批判を受け入れ、それに専念したが、彼らがより関心を持っていたことは、人生に「方向性」をもたらすような啓示の経験であった。(Meir: 50BB, 91)

　ブーバーは聖書を意味するヘブライ語がミクラー (*miqra*': 朗誦を意味する伝統的な聖書の呼び名) であり、その意味が音読であることを強調した。それは本第2編第2章で説明するように聖書を読むことが対話的関係の始まりであり、聖書から語りかけてくる神的声と出会うために必要なプロセスだからである。この「聖書の音読という特徴」の研究史に関して、K・J・イルマンは次のように評価している。

　このブーバーの聖書研究法は、1920年代にはさして新しいものではなく、例えばH・グンケルは、それを彼の様式批評的方法の基礎に据えていた。ただし口頭伝承が持つ独自性と重要性は、スウェーデンのニュベルク[27]による1938年刊行のホセア書まで、聖書学との関係のなかで綱領的には言及されていなかった。したがって1916-20年というこの書よりもだいぶ早い時期に、ブーバーは似た結論に達していた。(Illman, 89)

　イルマンの評価によれば、聖書学研究史の文脈のなかで、当時ブーバーは先駆的な研究法を用いていた。本編第4章で検討予定の「ブーバー方法論の聖書学的位置づけ」のなかで、ブーバーは資料批判の成果に一定の敬意を示しながらも、それが中心的関心でないことを表明する。その理由は、彼が最後に定着した聖書テクストを通して、「実存論的に応答せねばならない声」つまりミクラー (=聖書) に関係していたためである。研究者ウ

27　ニュベルク (Hans Samuel Nyberg, 1889-1974) はスウェーデンのオリエント研究者で、イラン学、特に中世ペルシア・前イスラームのイラン宗教を専門とする。彼のホセア書研究については、ブーバーによる『神の王権』の注 (WII, 571n49) と『油注がれた者』の注 (MBW15, 350n126) のなかで言及されている。

リエル・シモンは、ブーバーは聖書学者ではなく、概して聖書を預言者に還元する神学者である、と言っている（Meir: 50BB, 91）。彼は、ブーバーが「預言書」理解を中軸に聖書を読んでいる、と反論している。その一方で、メイールは、「彼（ブーバー）は自らの視点の範囲を預言書にせばめることはなく、聖書物語、聖書史、詩集のなかにも同じく対話的次元があることに気づいていた」（*ibid.*）と主張する。

　これに対して筆者は、ブーバーは聖書のあらゆる次元で対話的原理の萌芽があることを認めていたが、そのなかでも預言者的行為に重きを置いていたと考えている。それは前述したように、ティリッヒがブーバーの立場を、神秘主義と預言者的理解を総合した立場にいる思想家だと評価したことからも伺える。メイールが対話的次元を持ち出す理由は、ブーバーがヴェルハウゼンの文書仮説と比べて「外部からの声の経験」の方をより重要視していたからである。そこからメイールは、次のように主張する。

> ブーバーは文学的釈義と歴史批評的釈義とを、彼の聖書釈義のなかで、対話的解釈と結びつけた。（Meir: 50BB, 91）

歴史文献学的釈義は大切であるが、ブーバーの意図していた「完全なる人間、間柄的な人間」を形成する作業にとっては、それは二次的なものとなる。メイールは、この人間形成という点にこそブーバー聖書解釈が歴史的ではなく信仰史であること、たんなる事実ではなく目的論的であることの理由であると考える。間柄的な人間へと変化・形成するという目的のために、今日の人間は聖書的声を聴き、言葉と人間との「統一」が実現するよう意図されているのである（*ibid.*, 91f.）。

5　ブーバーの聖書翻訳手法 (c) 三次元構造

　最後に、研究者クロッホマルニックによるアンドレ・ネエル（André Neher, 1914-1988）のフランス語訳聖書（1969）との比較研究を参照したい。

ネエルは20世紀後半のストラスブールで、フランス系ユダヤ人にブーバー/ローゼンツヴァイク訳聖書を紹介したと同時に、彼自身が聖書をフランス語に翻訳するにあたって、彼らの翻訳理論を参照し、それを次のように評価した。

> ブーバー/ローゼンツヴァイクは伝統的なフレーズ化や分節化に対抗して「句構造」を用いて聖書の根源的な語られるもの、つまり聖書の口頭的な「テクスト以前のもの」を、翻訳のなかで再び視覚可能、聴覚可能にしよう試みた。(Krochmalnik: 50BB, 276)

ネエルの言及における興味深い点は、ブーバー/ローゼンツヴァイク訳聖書における句構造という聖書原典に見られる句（コロンで区切られる部分）の形式的な構成を維持させることが、いわば究極的目的である「テクスト以前のもの」を見聞きするための重要な要因だと分析したことである。それを踏まえてネエルは、1) 息つぎの法則、2) 水平的な原典忠実性の法則、3) 垂直的な原典忠実性の法則という3つの翻訳理論を挙げている（*op. cit.*, 275）。

　第1の「息つぎの法則」は、ブーバーがヒエロニムス訳を参照して取り入れたスタイルを指している[28]。これは聖書がそもそも朗誦されるものという特徴から、聖書本文を一息で読める長さで改行するスタイルである。それによって読者は、テクストをより声に出して読みやすくなり、テクストからのメッセージもより音声に近い対話的なものとなるだろう。第2の「翻訳の水平的な原典忠実性」は、ブーバーではライトヴォルト様式、ローゼンツヴァイクでは聖書の秘密形式（Formgeheimnis）[29]に相当するものと説明される（*op.cit.*, 279）。これはコンコルダンス（*op.cit.*, 289）を作成するかのように、同語根から派生した語彙を変えることなく継続させるこ

28　第2編第3章3節「音韻構造とリズミカルな配置」を参照
29　"Das Formgeheimnis der biblischen Erzählungen. Martin Buber zum 8. Februar 1928," in: Ders., Rosenzweig: *Gesammelte Schriften III. Zweistromland*, 817-829.

第 1 章　ブーバー聖書翻訳の評価　　　　　　　　　　　　　　　123

とであり、筆者はそれが共時的な間テクスト的翻訳手法だと捉える。この水平的な原典忠実性は、翻訳者に確固たる不変的語彙素（invariante Lexem）を決定させるものである。他方、第 3 の「垂直的な原典忠実性」は、可変的意味素（variable Semem）の間で、翻訳者に選択可能性を開く（*op.cit.*, 286）。この垂直性は、歴史的な流れのなかで変遷してきた様々な立場を受け入れるものであり、それは今日の読み手のみならず、当時の聞き手にも配慮するものである（*op.cit.*, 298）。これら 3 つの方向性を、クロッホマルニックは三次元的に図示し、「ブーバー訳聖書は、注意深いドイツ語読者に、原語テクストの意味深長さや意義深さから近づいてくるイメージを仲介するものであり、三次元的な『音韻聖書』（Reimbibel）と名づけられよう」（*op.cit.*, 296）と述べる。

　アンドレ・ネエルによれば、ブーバー聖書はこれら 3 つの側面全てのなかで指標的である[31]（*op.cit.*, 290）。管見によれば、1）横断軸は、読み手というテクスト「外」への作用、2）水平軸はテクスト「内」に見られるキーワードの不変的な文学的修辞作用、3）垂直軸はテクストの「背後」で働いている何世代にもわたる歴史的解釈の可変的多様性を表している。筆者は、この三次元モデルがブーバーの翻訳聖書のみならず彼の聖書解釈に対しても同じく妥当し得ると考える。

30　ネエルは「思い上がったバビロニア人をあざける目的のために物語られた」ことが、当時の聞き手への配慮だった（Krochmalnik: 50BB, 298）と表現する。
31　第 1 の横断軸は「朗誦するリズム」、第 2 の水平軸は「語根の共鳴」、第 3 の垂直軸は「象徴的数字の体系」が、目標言語（ドイツ語）のなかで再現されている。

このモデルをブーバー独自の概念で説明するならば、次のような3つの方向性を描くことが可能であろう（下の図を参照）。1)「横断軸」はテクストの語りから「外部」の読者に対して変化形成を促す対話的作用[32]、2)「水平軸」はテクスト「内部」に見られるライトヴォルト様式[33]、3)「垂直軸」は解釈が変遷するなかでも、その「背後」で作用していたある種の統一的意識を捉えるR的・傾向史的分析[34]である。筆者がこう判断する理由は、ネエルが提唱したこれら3つの原則が、1) テクストと読者との「対話」、2) テクスト内に散在する「文学」的作用、3)「歴史」的に引き継がれてきた統一的意識、というブーバーの聖書翻訳/聖書解釈の方法論を特徴づけるものだからである。この議論は第2編第4章「ブーバー方法論の聖書学的位置づけ」のなかで続けたい。

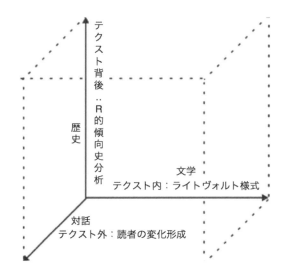

32　本章第4節参照。
33　本章第3節参照。
34　本第2編第4章5節で説明予定。

第 2 章　聖書言語論

1　聖書の言語とは何か

　ブーバーの対話的原理と聖書翻訳における思索は、言語の問題を中心としていることから、ブーバー思想を「汝の言語論」から解釈する必要がある。この視点を採用した代表的なブーバー研究者がスティーヴン・ケプネス（Steven Kepnes, 1952-）である。彼は『汝としてのテクスト』（1992）のなかで、フランスのポスト構造主義理論に対抗し、ドイツの解釈学やユダヤ学における「言語的転回」を主題とした。そこでケプネスは、ブーバーのハシディズム、聖書、自叙伝的著作における解釈手法と物語形式を分析することに集中した（Kepnes, 151）。彼が意図する言語的転回とは、解釈学、指示関係性、自己の「脱中心化」、物語論、会話、対話である（*ibid.,* ix）。そこで彼は、ブーバーの我‐汝思想における言語論が、彼の聖書解釈の文脈のなかで最終的に完成された、と次のように評価する。

　　ブーバーが用いる「語り」「言語」「言葉」「対話」「会話」といった言語的な諸概念は、『我と汝』のなかで現れていたが、それらはブーバーの聖書解釈学で、ほぼ完全な仕方で展開された。（*ibid.,* 61）

また『ブーバーと聖書』（2002）のなかで、イルマンは、ブーバーの聖書解釈学と翻訳理論を研究し、そこにおける「語りかけの声」に着目している。

　聖書に関するブーバーの研究には、2つの解釈学的原理があることを、

私たちは洞察することができる。……その第1原理は、彼の翻訳理論のなかで早くから現れ、彼の聖書解釈学的著作のほとんどのなかで表現されている。それらは「声としての聖書」の特徴である「口頭性」「語られること」そして「語りかけること」の概念である。(Illman, 87f.)

　この二人のブーバー研究者が述べるように、ブーバーにおける「語り、言語、言葉、対話、会話」らの諸概念を中心として展開される言語論は、最終的にブーバーの聖書テクスト理解を通してこそ、十分に解明される。なぜならブーバーが聖書テクストの解釈を通して常に意識していたことは、それらの諸概念を包括している「言語」の問題だったためである。すなわち言語とは、単なる所与に限定されるものではない。そこにはさまざまな言葉が凝縮されており、まさにそのことが聖書の言語から読み取れる。
　まず聖書には、聖なる存在である神によって語られる言葉が含まれている。その聖なる言葉は、それを預言し、告知する預言者を介して民族共同体に受け入れられるかたちで、人間世界に浸透した。言葉は、世代から世代へと伝達され、同じ記憶を共有するなかで、一民族の文化、慣習、そして歴史が形成されてきた。その記憶は、口碑、説話、伝説などの形で伝承され、その口頭伝承が、編集によって人間の言語に書きおこされた。このように私たちの眼前に存在する聖書とは、これら複合的諸要素が絡み合

1　他方、ブーバー聖書解釈学の第2原理に関して、イルマンは「神が世界の唯一の統治者と見なされ、人類には地上に神の支配を設立するための課題があることを、彼の対話的思考方法のなかで『実現』すること」(Illman, 88)と述べ、これは古代イスラエル共同体のアイデアを適用させるもので「神学政治的」原理であると呼んでいる。神を唯一の統治者として考える神学的政治（神権）については、ブーバーの『神の王権』（1932）のなかで論じられる。

2　この点に関して、上田は「『聖書は神の言葉である』という命題が、明らかに一つの信仰的命題である、ということである。すなわち、この命題の真理性は、ただそのような神からの語りかけに遭遇した人にのみ主張する『わたしはそのように信ずる』という信仰の事実のなかに、最初にして最後の拠点をもつ」（上田光正『聖書論』日本基督教団出版局、1992、29）と言及する。

って形成されたテクストである。そこに存する「言葉」とは、聖なるものか／人間的なものか、語られるものか／書かれたものか、口頭か／記述かという二分法で分類することはできない。したがって私たちは、神の語る言葉から書かれた聖書テクストが完成するまでの過程を、明瞭にする必要がある。

　次に、聖書に対して向き合う私たち読み手の姿勢が問われねばならない。というのもそれは読み手のテクストへの「関わり方」と同時に、ブーバーが生涯を通じて試みた聖書テクスト翻訳の問題でもあるからである。彼にとって、ヘブライ語聖書テクストをドイツ語に翻訳することは、単に前者から後者への転写を意味するものではなかった。彼は翻訳聖書を提供することによって、語られる言葉やそれが伝達されてきた記憶と、読み手とを出会わせる（Bertone, 182）ためのいわば「一つの道」を作りだそうとした。それはベルトーンに言わせれば「決して完成することもなく、目的地があるわけでもない」（*op.cit.*, 183）ある道へと読み手を誘うことである。なぜならそこから先は、読み手のテクストへの「関わり方」が問われるからである。翻訳はいわば「ドア」であり、瞥見であって、決して解答や解決策ではない。しかしこの瞥見が、両者の出会いという新たな地平を開く（*op. cit.*, 182）とベルトーンはブーバーの聖書翻訳を評価している。

　このようにブーバーは、次節で研究する三分類に当てはめると、書かれた言葉としての聖書テクスト（b）という媒介を経て、神によって語られる言葉（c）の読み手への歩み寄りと、読み手の使用する言語（a）から語られる言葉への重層的歩み寄りを論じている。つまり聖書という場で、言葉と読み手の双方向が向き合った時にのみ、両者は出会うことが可能である。それはテクストを記号や象徴として分析する、解釈者からの一方通行的な我－それ態度では実現しえない事態である。本論考では、聖書言語における「書かれた言葉」と「語られる言葉」、そして言葉と読み手による我－汝の関わりについて、ブーバー独自の聖書解釈を通して、整理する予定である。そして最終的に、その解釈法のなかで見落とされていたブーバーによる「偽りの預言」と「預言者の誤解」に関する議論について考察し

たい。なぜなら彼のヘブライ語聖書言語論における独自性は、聖書テクストのなかで描写されている神の言葉が、すでに預言者によって人間の言葉として告知されたものと捉え、聖書言語を誤解と偽りの産物と理解する点にあるからである。

2　ブーバー言語哲学における聖書言語

　ブーバーは『語られる言葉』（1960）のなかで、自らの言語論を、彼独自の概念を用いた三類型によって展開している。ブーバーは言語（Sprache）を、広がりのある概念として捉え、その特長を「神によって語られる言葉」（声）、「聖書などの歴史文書が書かれたテクスト」（文語）、そして「共同体のなかで現在使用されている語」（言語）に見ている。その三種類の言語構造を、彼独自の概念で、それぞれ現実的生起、可能的財、現在的存立と呼ぶ。これら三種類の言語概念は、理解が難しい説明と方法によって分類されている印象を受ける。そこでブーバーの解釈学理論を研究しているS・ケプネスによる次の「言語的連続体」を参照したい。

　　ブーバーは、神から人へと語られる言葉、書かれた聖書の言葉、そして
　　解釈の言葉について語り……それを言語的連続体と呼んでいる。（Kepnes,
　　42）

ここで言われた言語的連続体を構成する三種類の言葉によって、ブーバー言語哲学の3類型を説明すると次のようになろう。

a) 現在的存立（präsenter Bestand）
　第1は、現在私たちが共同体で使用している言語を指し、それをブーバーは「現在的存立」と呼んでいる。筆者は、それがラング（langue）に対応する概念と考える。これはある特定の言語領域のなかで言いえるもの、言われえるものの総和であり、空間的時間的に制約を受ける。そしてこの言語領域に属する全ての人々が互いに、その言語的嗜好や表現のなかでこ

の言語を使っている。彼ら個々人の言語活動のなかで、この存立はその都度現実的になり、これら生きた人間の相互性のなかでこの言語は存立する。これはその言語をその都度話している人や共同体との連関から切り離しては把握されないものである（MBW6, 125）。現在的存立は、解釈者や読み手の言語であり、これをブーバーの状況に当てはめるならば、翻訳するにあたって用いられた「ドイツ語」である。読み手がテクストに向き合う時、最初の媒介となる言語が、自身の母語である。したがってブーバーがドイツ語を現在的存立として選ぶかぎり、それはドイツ語という制約を受けた言語構成を考慮せねばならない。

b）可能的財（potentialer Besitz）

第2に、ある特定の言語領域のなかで表現されたものを、ブーバーは「可能的財」と表現する。筆者は、それがエクリチュール（écriture）に相当する概念であると理解する。それはある特定の言語のなかで、ある特定の時期に到るまでにその保存形態として「音と文字になったもの」の総和である。ここには現に生きた語り手によって、今日生きた言葉として使用されるものは含まれない（MBW6, 126）。すなわち可能的財としての言語は、伝承を編纂して生まれた聖書テクストという歴史的文書を指している。

c）現実的生起（aktuelles Begebnis）

言語の第3の存在様式は、語られるもの（Gesprochenheit, Gesprochenwerden）であり、語られる言葉、つまりパロールである。前述した現在的存立や可能的財は、共同体で使われる言語あるいは文書であり、共に歴史的に獲得されたものを前提としているのに対し、現実的生起は「人間による交わりへの実現可能な意志」（*ibid.*）以外に前提とするものはない。この交わりは人間が互いに向き合うなかで建立されるのであって、この根元的態度なくして、この言葉が獲得されることはない。語られる言葉の重要性は、それがそれを語る人のもとに留まろうとはしない点にある（*op.cit.*, 127）。

ブーバーの聖書解釈理論で求められているものは、現在的存立（流通しているドイツ語を用いた翻訳）を出発点として、可能的財（ヘブライ語原典

テクスト）を読み、それを通して最終的に「言葉の現実態という動的事実」を生起させることである[3]。この言葉が顕わになる場所について、ブーバーは次のように述べる。

　私が「間」と名づけ、私たちが決して双方の参与者に還元することのできない領域のなかで語られる言葉が起こる。（MBW6, 127）

「現実的生起」は、ドイツ語とヘブライ語の間で、また読み手とテクストとの間で現実化する神の使信（神的メッセージ）と言えよう。

3　使信としての聖書言語：口頭性

　聖書の言語について語る場合、この「聖書の」という形容詞がつくことによって、それは他の言語とは根本的に異なったものになる。聖書言語は、根本的に異なる「語りであり、発話（Spruch）」（BH, 1090）である。タルモンが「聖書は神の真実の言葉を具現化したもの」（Talmon 1976, 197）と述べるように、聖書には神の語る言葉・神の声が含まれている点で、他のテクスト一般とは異なる言語によって構成されている。それについてブーバーは『聖書とそのドイツ語訳』に収録された「使信としての言語」（1926）のなかで、次のような表現をもって論じ始める。

　ヘブライ語聖書は、本質的に、使信（Botschaft）の言語によって鋳造さ

---

[3] 上田光正は「聖書とは何か」という問いを立て、それは「人間の言葉であり、神の言葉であるという複合命題である」と答える。さらに神の言葉が所与ではなく、人間の啓示体験や霊の震撼という信仰的命題によって、神の言葉と成ることを次のように説明する。「聖書は〔文書態における〕人間の言葉であって、しかも〔同時に〕神の言葉であるという二重性を意味するには相違ないが、より厳密に言えば、それは聖書が神の言葉である（est）がゆえに、人の言葉でありながらしかも神の言葉となる（fit）という一つの出来事（Geschehen, Ereignis）を意味するからである」（上田 *op.cit.*, 30）。

第 2 章　聖書言語論　　　　　　　　　　　　　　　　　　　　　　　131

れ、成り立っている。そして「預言」とは、ただそうした使信の最も明白な、いわば使信がありのままに現れたものである。（MBW14, 56/192）

ブーバーによれば、直接的にであれ間接的にであれ、使信と結びつき、使信によって支えられていないような部分や形式は、聖書には存在しない。なぜなら「聖書の全ては、真に語られるもの」（*op.cit.*, 56/193）だからである。それに対置する形で、分析による擬似的なものとして"内容"や"形式"が現れる。そして使信が間接的に言い表される場所では、結局それは注釈や批評へと、縮小するのである（*op.cit.*, 56f./193）。

　このようにブーバーが聖書に向き合う時、彼が最も大切にしているものは、そこで現れる「使信」として生起する神の言葉であり、「語られる言葉」である。そしてブーバーは、注解や批評という言葉の分析による表現を最も嫌う。それは彼が、一生涯をかけて聖書のドイツ語訳と解説に力を注いだ反面、注釈や注解を行わなかったことからも伺える。彼は、生きた言葉としての使信を、極力損なうこと無く、そのまま受け入れることに関心を払った。ブーバーは、聖書言語における書かれた言葉よりも語られる言葉の方に、言葉の根源性を見ている。その理由は、神が語った言葉を、民族共同体が口で伝え、それを記憶として大切にし、忘れずに口ずさんできたという聖書言語における口頭の歴史性を、彼は考慮するためである。実際に、聖書の創造物語の冒頭で、言葉は存在するのではなく、生起するのであり、それは神によって語られることから始まった（創 1:3）。それをブーバーは次のように表現する。

4　ケプネスは『我と汝』（ID, 81, 147）で挙げられている関係を築きえる汝の三領域、自然・人間・精神的実在（geistige Wesenheit）における 3 つ目を「神によって人類に語りかけられる言葉、聖書の書かれた言葉、解釈の言葉など、言葉が媒介となり表出している領域」（Kepnes, 42）と解釈した。この精神的実在とは、自然や人間に比べて、理解しにくい領域であるが、ケプネスは「言葉や精神が生起する領域」と解した。聖書では、書かれた言語を媒介として「精神的実在」として生起する言葉（神の使信）と私たちが、我−汝の関わりを通して出会う、と言うことができよう。

> 言葉の根源性は、その語られて在ること（Gesprochensein）にある（BH, 1091）

確かに、ヘブライ語聖書のなかで「書く」は出エジプト記17章14節[5]になって初めて現れ、「読む」はさらに後の出エジプト記24章7節[6]で登場する概念である（水垣、19）[7]。ブーバーは、所与のヘブライ語聖書が、このようなプロセスを経て、最終形態として書かれたもの（テクスト）となったことを、彼の聖書翻訳理論のなかで指摘している。少し長くなるが、次に引用しておこう。

> 翻訳者はこのような要求を満たすために、ヘブライ語の文字からまことの音声形体を受けとらねばならない。翻訳者は、聖書という書かれたもの（Geschriebenheit）のほとんどを、語られるもの（Gesprochenheit）が刻まれた音盤（レコード）として経験する。その語られるものは、聖書の本来的作用として、耳が言葉を聖書的に聴き、口が言葉を聖書的に語るところではどこであっても新たによみがえるのである。知恵・詩篇・箴言のみならず、歴史書や律法もまた、根源的に舌から産まれたものであって、ペンから産まれたものではない。聖なる文言は、混じり気のない初期には、たいてい口頭で伝承された。……そして語りのなかで生起したものは、その都度ただ語ることのなかでのみ再び生きたものとなる。そう、ただ語りによってのみ、純粋に知覚され受容されるのである。ユダヤの伝統のなかで、聖書は朗読されるよう定められ、……語られる[8]

5 　主はモーセに言った、「これを記念に書物に書き記し、ヨシュアの耳に言い聞かせなさい」（出17：14）。
6 　彼（モーセ）は、契約の書を取り、民の耳に読み上げた（出24：7）。
7 　「聴くというのは、語る相手が居てその前に自分も立って傾聴するということです。読むのは本さえ在ればいつでもどこでもできますが、聴くことができるのは、話してくれる、また朗読してくれる相手がいる時と所においてです」（水垣、18）。
8 　それに関して、小野文生は次のように言っている。「単にユダヤ教の伝統の

第 2 章　聖書言語論

ものへと正しく立ち帰るためにある。本来ヘブライ語の「読む」は、唱えることを意味し、聖書の伝統的な名前はミクラー（*miqra'*）、つまりそれは朗誦（Lesung）である。したがって本来的に聖書は唱えるものである。だから神はヨシュアに「律法の書をあなたの目から離すな」と命じているのでなく、むしろ「『口から』離してはならない」と命じているのであり、「ヨシュアが律法のなかで『口ずさむ』（ヨシュ 1:8）べきであり、つまりかすかな唇をもって抑揚を倣うべきである」と語っているのである。（MBW14, 190f.）

ブーバーは、聖書が本来、声に出して朗誦されるものである理由を、聖書テクストが、語り言葉の集成であったからだと考えた。このように彼は、聖書言語における「語られるもの」を大切にしたからこそ、テクストにおける音声やリズム構造に重きを置いたのである。
　このような口頭性に着目するブーバーの視座は、特別めずらしいものなのだろうか。それについて黙読との比較を検討したい。アウグスティヌスは、師匠のアンブロシウスが、音読せず、黙読に従事していたことを回顧している。

　〔アンブロシウスが〕読書していた時、その目はページを追い、心は意味を探っていたが、声と舌は休んでいた。（『告白』191）

ただしこのような黙読は、誰にでもできることではなかった。洋の東西を問わず古代や中世では、印刷技術が発達しておらず、識字率が低かった。聖書は一般の信者が手に取って目で追う書物ではなく、会堂のなかで朗読され、それを耳で聴く言葉であった（水垣、17）。したがって黙読とは、15 世紀半ばの活版印刷技術の発明によって聖書が大量生産され、個々人

　『朗誦』を意味するだけでなく、むしろテクストのどんな些細な部分にも神のメッセージが刻まれているものとして聖書に向き合い、そのテクストから〈声〉を聴取することを意味している」（小野 2011、20）。

がそれを入手可能になる近世以降という限定された信仰形態の特徴である。それは聖書に限ったことではなく、『告白』の訳者である山田晶は「ギリシアおよびローマにおいては、書物は韻文にせよ散文にせよ、声高に朗読されるのが習慣であった」(『告白』191、訳注4)と言及している。それゆえアンブロシウスの黙読は、アウグスティヌスに奇異の感を与えたのである。もっともアンブロシウスの声は、すぐしわがれたので、声を保護するのが、黙読の本当の理由だったかもしれない、とアウグスティヌスは振り返っている。

またローゼンツヴァイクの方も、この点について見解が一致していた。その理由は、彼が1925年1月29日という翻訳開始の数ヶ月前、従兄弟のハンス・エーレンベルクに宛てた書簡のなかで次のように言っていたからである。

> ともかく聖書は毒であり (Schrift ist Gift)、同時に聖なるものである。ただそれが口頭性へと訳し戻される場合にのみ、私の胃はそれを受けつけるであろう。(MBW14, 176; Rosenzweig I/2: N.994, 1022)

このようにブーバーとローゼンツヴァイクとの翻訳方針のひとつに「口頭性」(Mündlichkeit) という互いの一致点があったのである[9]。

したがって聖書翻訳者は、ヘブライ語テクストの文字から、アクチュアルな聴覚的形式を取り出し、書かれたものを語られるものの現れとして、つまり聖書のアクチュアルな現実として理解せねばならない。その現実は、耳が聖書のテクストを聴き、口がそれを話す場所ではどこでも新たに喚び起こされるものである。ブーバーの考える聖書翻訳者に要求されるべき使命がここにある。

---

[9] この点に関して、ブーバーの研究書を編集しているメンデス＝フロールは、その序言で「ヘブライ語聖書は、単に読むことよりも、語られ聴かれるテクストとして首尾一貫している」(Mendes-Flohr: *Martin Buber. A Contemporary Perspektive*, viii) と指摘する。

4　聖書翻訳の意図とポストモダン

次に、聖書のドイツ語訳を試みた意図と目的について、ブーバーは『サムエルとアガク』(1960) のなかで、こう述べる。

> 私（ブーバー）が聖書原文を翻訳もしくは注解しなくてはならない時には、いつもおそれとおののきをもって、不可避的に神の言葉と人間の言葉の間をさまよいながらそうするのである。(MBW7, 303)

翻訳は、読み手がテクストに向き合う最初の媒介となる点において重要である。翻訳はあくまで「人間の言葉」であるが、「神によって語られる言葉」を翻訳を通して啓示させるという任務が、翻訳者には課せられている。この神と人間との言葉の間をさまようことが、聖書を翻訳する者の難しさであり、ブーバーはおそれとおののきをもって、その作業に従事しているのである。なぜなら翻訳者の力量によって読み手と神の言葉とが出会えるかどうかが定まり、翻訳者の意向によって読み手が受容する言葉の内実は左右されるからである。ローゼンツヴァイクは、従兄弟のルドルフ・エーレンベルクに対する1917年10月1日の手紙のなかで、翻訳の目標を次のように表明している。

> そもそも精神の本来的な目標は、翻訳することにある。あるものが翻訳される時に初めて、それはほんとうの声になり、もはや取り除かれることはない。セプチュアギンタのなかで初めて、啓示〔神の言葉〕は世界中の自宅へと来ることが可能となった。そしてホメロスがラテン語を話さない限り、彼は事実ではなかった。(Rosenzweig I/1, 460f.; Glatzer 1961, 62f.)

ブーバーとローゼンツヴァイクはこれまでの聖書（キリスト教における旧

約聖書）翻訳に対する不満ゆえに、新たなドイツ語訳を試みた。ドイツ社会では、それまで聖書は当然のことながら翻訳として読まれてきた。それは滑らかな概念言語への翻訳、名目上は馴染みのある言語への翻訳だが、実際は流暢にしただけの翻訳として読まれてきたことが、彼らには不満であった（MBW14, 188）。そのような状況のなか、ブーバーが危惧することは次の点にある。

> 彼（今日の人間）は、聖書の言葉に耳を傾けたり、それに反論するために、もはや言葉に向かって自らをさらすことがない。もはや自らの生を言葉に直面させることがないのである。（MBW14, 187）

聖書におけるヘブライ語は、流暢な概念で翻訳されたことによって、声なき神学的、文学的雄弁さが混入した。それはヘブライ語が持つ特有の語感から、神的な声を獲得する代わりに、二千年にわたって蓄積されてきた知性による読みがなされてきたのである（*op.cit.*, 188）。このような問題意識から、ブーバーは、人間に対して訴えかけてくる声や、ヘブライ語の音韻構造を大切にする。そしてこの音声としての言葉に対して、私たちが耳を傾け、自らをさらし、生を直面させるための翻訳を考案する。

　この点に関して、ポーマは「ブーバーとローゼンツヴァイクの翻訳は、聖書を単に語られる言葉として再紹介しただけでなく、この仕方で示すことによって、語られる言葉を一般的な意味で再紹介したことにある」（Poma, 173）と述べ、音声としての言葉に着目する点が、ポストモダンの視座に新たな光を投げた、と彼らの翻訳を評価する。またファーゲンブラットとウォルスキーは、ブーバーを「ポストクリティカルな宗教的思想家」と名付けている。彼らによれば、ブーバーがクリティカルな釈義と対話哲学とを独自に結びつけた点に、ポストクリティカルな聖書注解の特徴が見られるようである（Fagenblat/Wolski, 175）。最後にプリンストン大学のバトニツキー（Leora Batnitzky, 1966 - ）も、ブーバーとローゼンツヴァイクの翻訳理論を先駆的なものとして読み、「彼らのポストクリティカルな立

場は、また現代の解釈学の多くに先行するものである」(Batnitzky 1997, 88)と、同様の表現によって評価している (MBW14, 15)。

　研究者たちが、このように同じ文脈のなかでブーバーの言語論を評価する理由は、ジャック・デリダ (Jacques Derrida, 1930-2004) によって『グラマトロジーについて』(1967)のなかで論じられたポスト構造主義の理論とブーバーの言語に対する人文学的解釈がまったく相反するものだからである。デリダは、ソシュールの徹底的解釈によって、語りに対する書かれたもの（エクリチュール）の優位を、パロールに対するラングの優位を、指示対象〔シニフィエ〕に対する象徴〔シニフィアン〕の優位を確立した[10] (Kepnes, 62)。研究者たちは、このデリダの強調によって忘れ去られたものを、昨今になって、まさにブーバーを通して主張しているわけである。このようなポストモダン的視座を経過した今日では、神の言葉は極めて稀なものとなっている。その理由は、語られる言葉それ自体が、概して稀だからである。いわゆる「言語論的転回」の文化のなかで、逆説的にではあるが、もはや語られる言葉の占める場所はなくなった。デリダの、書かれた言葉は音韻中心主義に対抗するものとして断言される、という視座は、少なくとも発話における音声や音素の側面というリアリティにほとんど対応しない (Poma, 173f.)。すなわち語られる言葉はもはや鳴り響かないのである。音の調子・音の激しさ・音の大きさ・リズム・アクセント・ダイナミックさ・緩急・そして音の休止さえも、事実上全てが忘れられている。ポストモダン文化は記述 (writing) の優位と、口頭性 (orality) の失墜に向けての長い過程の絶頂を構成したと言えよう。しかしただ語られる言葉の音声のなかでのみ、切望する叙情的な調子を聴くことが可能である。

10　ジェイは、「ロラン・バルトやジャック・デリダのような最近のフランスの批評家に先んじるかたちで、彼（ブーバー）は語り言葉とエクリチュール〔書き言葉〕とを暗黙のうちに区別し、その乖離を小説が物語り (storytelling) に取って代わった時代にまで遡及して考えた」(Jay, 212) と述べ、ブーバーはこれらポストモダンの批評家による二分法を先取りしており、記述言語になる以前の口頭言語への遡及、という視点を評価している。

そのような状況で、ポーマはむしろ聖書における声や語りかけを評価するのであるが、その理由は次の点にある。

> 言葉を鳴り響かせること、言葉を新たに鳴らすこと、それはたとえ音声が無く、聞こえない状況であっても、私たちにとって不在の関係性を存在させるよう生きる唯一の方法である。（*op.cit.*, 174）

つまりポーマは、私たちに対して「不在となっている関係性を存在せしめる」点に、ブーバー／ローゼンツヴァイク訳聖書の意義を見ている。なぜなら記述言語としての聖書とは、私たちにとってそれ（モノ）である。それは議論や分析の対象であり、黙読によって目を通して読まれる。一方、音声や語りかけの言葉として聖書に向き合うならば、私たちは言葉を聴かねばならない。聖書言語は、常に神的メッセージが発せられる点で、その他諸々の書物とは異なる言語性を持っている。つまり聖書言語は、汝として関わらぬ限り、そこで語られる言葉を聞きとることは不可能である。ブーバーが今日の人間に求めるものは、聖書の感覚や感性との畏敬に満ちた親交（Vertrautheit）であり、それはつまるところ彼の思想で主題となっている我‐汝関係の回復である（MBW14, 188）。

5　翻訳の形式：非流暢さ

ブーバーにとって翻訳とは、読み手と神的な声との出会いを目指すものである。したがって、それは単にヘブライ語とドイツ語の間を往来する言語の転換作業ではない。書かれた言葉を通して、いかにして語られる言葉へと到達するか、これが翻訳者の使命であり、ブーバーが実践したヘブライ語聖書のドイツ語訳作業である。

　ドイツ語の音声形体は、受容する語られるものと合致すべきである。なぜなら当然それは無言で読むためではなく、完全な音価を引き出すよう

な正しい朗読のためである。また私たちの聖書ドイツ語訳は「叫ばれ」ねばならない。そしてドイツ語化された結果、そこでの非流暢さはただ奇異さへと陥る〔腑に落ちない〕であろう。（MBW14, 191）

　この「非流暢さ」それ自体が、ブーバーの翻訳にとって必要不可欠な要素である。それは流暢な翻訳による聖書への誤った精通やつき合い方を避けるためである。その点に関して、M・ジェイは、ブーバーとローゼンツヴァイクの目標は「彼らの読者を、日常生活のありふれた言説から遠ざけること」であると述べる（Jay, 10）。またL・バトニツキーは defamiliarization という表現を用いて、「脱－慣れ親しみ化」と説明している（MBW14, 14n15）。

　さらに、両者が非流暢な翻訳を望んだ理由は、ヘブライ語原語の持つオリジナリティを極力ドイツ語訳のなかでも再現しようと試みたからである。というのも原語の持つ文体や形式にこそ、告知される言葉の内実が密接に関連しているからである。

　　預言者の告知にふさわしいのは、その象徴や比喩ではなく、むしろ古ヘブライ的感性の底流、文章構成の引き締まった緊張感、古ヘブライ語的様式、語根の類似性や調和によって相互に関連する互いに近くにありながらも互いから離れた言葉、力強く、また全ての韻律法を停止させる動きを超克する古ヘブライ的リズムである。この告知を認識することは、翻訳者に対して、根本的に達成不可能な使命が割り当てられていることを意味する。（MBW14, 189）

　ブーバーは翻訳に取り組む時、「直訳」や「音声形体の保持」を大切にする。その理由は、神の使信（語られる言葉）を読み手に届けるために「音」や「声」を重視した彼なりの工夫であったと言えよう。なぜ直訳が求められるのか、それはヘブライ語原文が持つ、語呂合わせ、語頭韻や語尾韻、母韻と子韻らが、決定的役割を果たしており、それらシンタックスを引き

継いだドイツ語化に意義が見いだされたためである。それによって読み手は、なにも翻訳を読むのみならず、「オリジナルのヘブライ的な音」自体をも読むことができると考えられた（MBW14, 188）。したがってブーバー訳聖書は、内容の意味伝達を重視してないため、極めて理解しにくいものとなる。ところがブーバーにとって「理解しやすさ」や「流暢さ」は、最も避けるべき道であった。なぜならばそれは原語の持つ固有性をドイツ語らしさへと還元する作業であり、根源的な音声から離れてしまうからである。

結び　敬虔主義的ドイツ語訳との比較

　このようにブーバーが「非流暢さ」と「理解しにくさ」を翻訳の方針と据えた理由を、筆者なりに評してみたい。これはドイツ民衆が日常的に使っている言語へと翻訳したルターとは、正反対の方針である〔その一方で、ブーバーとルターは、神の言葉と読み手との直接性を主張する点で類似する〕。ただしブーバーと同じ原典に近い聖書翻訳は、これまでの翻訳史のなかで数多く見られる。例えばアクィラ、シュンマコス、テオドティオンらの古代ギリシア語訳[11]は、きわめて字義的な逐語訳である。さらに18世紀の敬虔主義は、ルター訳に対抗する翻訳上の方針を立てていた。その例として、1753年のベンゲル（Johann Albrecht Bengel, 1687-1752）訳新約聖書の翻訳理論を紹介したい。それはベンゲルが「翻訳は精確に点検されたオリジナルのテクストに基づかねばならない」と考え、次のように主張するためである。

　　翻訳の統一的な本質的特質は、オリジナルに類似していることであり、オリジナルに付け加え（dazu setzen）てはならず、冷遇し（zurücksetzen）てはならず、他のものにし（anders setzen）てはならず、翻訳し

11　147頁の脚注4を参照。

第 2 章　聖書言語論

(übersetzen) なくてはならない。(Steiner, 18)

このように動詞 setzen の語呂合わせを通して、いかにオリジナルに忠実な訳語が必要であるか、ここで言及されている。そのなかでも興味深いのは次の点である。

> 翻訳は、私たちにとって非ドイツ語であってはならないが、同じくあまりに良いドイツであっては絶対ならない。(*ibid.*)

翻訳とは、もちろん不明瞭であってはならないが、明瞭すぎるのも良くなく、また原典よりも優美であってはならない、とベンゲルは説いたのである。さらに、あまりに美文になりすぎないよう翻訳者は自制する必要があることを喚起させている。これらは全て翻訳者が、精確さを犠牲にしてまで、できる限り近代的なものにしようとすることが誤りであるという視座である。(*ibid.*)

　ベンゲル訳新約聖書は、18 世紀の敬虔主義的背景から生まれたものであり、その翻訳理論は、ブーバー / ローゼンツヴァイクのそれに近いものである。その理由は、どちらの翻訳もルター訳聖書を意識しながら、それとは異なるものを提示したいという意図があったからである。旧約学者コッホ (Klaus Koch, 1926 -) によれば、敬虔主義者たちがいわゆる「学問的な」聖書解釈の歴史に革命をもたらし、彼らの問題意識が 19 世紀以降の聖書学のロマン主義的潮流につながったことは間違いないと言及している (Koch, 4)。このような敬虔主義的ドイツ語訳と同じく、ブーバーとローゼンツヴァイクも徹底的にヘブライ語原典に近づけるドイツ語訳を心がけ、前節で M・ジェイが評価したように、極力読み手の言語に近づけないようにした。ヘブライ語を読み手が使い慣れているドイツ語に近づける

12　Cf. *Pietismus und Bibel*, Kurt Aland (Hg.), Arbeiten zur Geschichte des Pietismus; Bd. 9 (Witten: Luther-Verlag, 1970).
13　Cf. 勝村弘也『京都ユダヤ思想』4、「聖書学は、『教義』から自由か？」、35。

ことは、いわば他なる言語を自己に還元する営みなのである。反対に、他なる言語を自己化することなく、オリジナルに近い原形式を残すことは、他者中心的であり、読み手の側が他なるものへ順応させる姿勢である。このようにブーバーの翻訳方針は、他なる聖書言語を、利用の対象であるそれではなく、呼びかけの相手である汝と捉えており、まさにここに彼の思想が反映されていると、筆者は評価する。

第3章　聖書翻訳の方法論

1　ライトヴォルト様式とは

　ここからはブーバーとローゼンツヴァイクによる具体的な聖書翻訳の手法、本第2編第1章3節で紹介したライトヴォルト様式、つまり本編第1章5節で紹介した三次元構造における水平的原典忠実性について検討していきたい。彼らは聖書の「形式的」構成に着目する。聖書が朗読される時、同じ言葉であったり、その言葉に近いものであったり、その言葉に類似している箇所に遭遇すると、私たちには何らかの注意が喚起されるものである。特に音声が同じであったり音声が似通っている言葉、もしくは語根が同じであったり語根が似通った言葉に、読者はより耳を傾けやすくなるものである。この「同じ音声、同じ語根」の繰り返しが、聖書の一段落のなか、一つの書のなか、また聖書全体のなかで頻繁に登場する。読者は、このような特徴を持つ書物に遭遇する時、これらを記憶し、それらを互いに一つのまとまった意味へと統合させる。こうして読者は、その都度、それぞれの言葉の関連性だけではなく、複数の言葉が関わり絡み合ったものを記憶しながら聖書を読むことになる。聖書を通して告知される言葉は、ただ一つの箇所から、その意味の広がりと深さを明かすのではない。むしろ複数の箇所が関連し合い、まさに真の統一性へと生成された全体こそ重要である（MBW14, 194）。

　ヘブライ語聖書のなかで見られるこの特徴を、ブーバーは「ライトヴォルト様式」（Leitwortstil）と名付ける。ライトヴォルトとは「導きとなる語、主導的な語」という意味であり、一つのテクスト、テクストの連なり、テクスト同士の連関の内で、意義深く「繰り返される語や語根」を指

している。聖書テクストは、ライトヴォルトの反復作用によって、音声的な動きが生じ、幾度もダイナミックな全体作用が促進される。すなわち音声的な波長が、複数の箇所で響き合うことによって、読者はそれら相互の関連性を、体感的に覚えることが可能になる[1]。特に、韻を踏む繰り返しは、テクストの内的リズムから流れ出て、最も強い意味を知らせるものである（MBW14, 196）。それは一つのシンタックス連関の内で出現する語呂合わせ（Paronomasie）や、子音による頭韻（Alliteration）や母音による押韻（Assonanz）を意味する。

それでは果たして、テクストにおけるこのような働きは、美的な価値[2]以外の何かを暗示してはいないだろうか。繰り返されるライトヴォルトの芸術的な形式を追っていくと、それと同時にテクストの意味が開かれ、明らかにされることはなかろうか。すなわち聖書の「内容」は、そこに見られる厳密な「形式」的構成に負っていることが、ブーバー / ローゼンツヴァイク訳の基礎論理になっていると、筆者は理解する。ブーバーが「使信は、ライトヴォルトを通してリズミカルになることによって、物語のイメージを損なうことなく、意義深くなる」（*op.cit.*, 197）と述べる時、聖書の言葉は形式的なリズムを架け橋として、神的使信を表出することができるようである。

2　語根の統一

ブーバーとローゼンツヴァイクは、このような聖書の特徴を、原語のヘブライ語と同じく翻訳言語のなかでも再現するよう試みた。同じ音声と同

1　ライトヴォルト様式は、詩篇のなかで多く作用するものである。詩篇のなかで、幾度も繰り返される語句は、その都度本質的なものを指し示している。例えば一つの詩文のなかで、既出していた特定の語が、再び反復されることは珍しくない。ライトヴォルトは、一方から他方へと架かる橋を見つけるためのいわば目印である。

2　私たちはそれをエッダ（北欧ゲルマン神話）の頭韻（Stabreim）から知ることができる（MBW14, 194）。

第 3 章　聖書翻訳の方法論

じ語根への彼らの洞察は、聖書テクストには言語的な連関が多く見られることから生じたものと言えよう。それは一つの語を複数の語によって、また複数の語を一つの語によって再現することではない。彼らは、一つのヘブライ語の語根をただ一つのドイツ語によって再現するように努めたのである（MBW14, 195）。それはライトヴォルトが、同義語によってではなく、むしろ「同じ語根」から派生した言葉によって反復される特徴を持つからである。同義語は、同じ内容のものを異なった言葉によって表現する語であり、これは彼らの翻訳手法とは異なる。むしろ同じ起源を持つ語根を用いれば、その語根が持っている音声と意味を損なうことなく、再現が可能となる。したがって共通する語根は、さまざまな変化形をとるため、その統一性を黙読で見いだすことは困難である。むしろテクストを音読することによって、語根の反復作用や、音声上のリズミカルな流れに気づくことが可能となる。したがってライトヴォルトを浮き彫りにし、語根の類似性を際立たせる聖書翻訳が要求されるのである。

　その特徴が際立っている箇所は、例えば創世記 16 章における「ハガルの追放」[3]である。ここでは「虐げ」をクローズアップさせるために、その周辺には存在しない語根 'a-n-h（アーナー）が、3 度（6 節、9 節、11 節）反復される。物語のなかで、この語根は、動詞ピエル系では「苦しめる」、動詞ヒトパエル系では「身を任せる」（苦しめられる）、名詞では「苦しみ」と変化することによって、複数の意味を有している。この語根の統一性を保持するために、彼らは原型のドイツ語 drücken を語根 'a-n-h の訳語に充て、これら 3 つの変化系を、それぞれ drückten（動詞：ピエル形ワウ継続法）、drücken sich（動詞：ヒトパエル形）、Druck（名詞）と訳している。

3　イサクの誕生物語（21：5—P 資料）に続く最初のものは、イシュマエルの追放物語（E 資料）である。アブラハムとロトとの別れは、ソドムと姻戚関係になった者との離別であったが、イシュマエルとの別れは、その手が全ての人に逆らうことになる者（16：12「彼は人の野ロバとなる。彼の手は全てに、全ての手は彼に、彼は全ての兄弟の向こうで〔顔を合わせて〕生活することになる」）との離別として起こった。（AS, 891）

【例1】創世記16章6、9、11節

16:6 Sarai drückte sie. 　サライは彼女（ハガル）を苦しめた。

16:9 Drücke dich unter ihre Hände! 　彼女に身を任せよ（彼女の手中で苦しめられよ）。

16:11 denn erhört hat ER deinen Druck. 　というのも彼〔ヤハウェ〕は、あなたの苦しみを聞いた。

3　音韻構造とリズミカルな配置

　それではヘブライ語聖書の特徴である語の選択、文の構造、リズミカルな語の配列を、どのようにして保持することが可能であろうか。ローゼンツヴァイクは、翻訳にあたってルター訳の錆を落とし、よりヘブライ語原典に近いドイツ語訳を目指すことに価値があると考えた。例1の創世記16章では、それが顕著に分かる一文が、5節のなかで発見可能である。5節で語られるサライの言葉から一箇所を直訳すると、ブーバー/ローゼンツヴァイク訳による「あなたの上に、私の〔受けた〕酷い仕打ちあれ！」（Über dich meine Unbill!）となり、サライのアブラムに対する呪いの言葉が正確に伝えられる。ところがルターは「あなたは私に不当な扱いをしました」（Du tust unrecht an mir）と訳していた。ルターはヘブライ語の語順を変えて訳したため、結果的に内容も不適切になってしまったのである（MBW14, 213）。したがって彼らの翻訳は、語順やシンタックスという「形

4　ブーバー/ローゼンツヴァイク訳は、アクィラ、シュンマコス、テオドティオンら古代の翻訳家たちのスタイルと似た字義的な訳である。彼らは2世紀に、ヘブライ語聖書をギリシア語に翻訳した。アクィラ訳は、極めてヘブライ語に字義的、逐語的であり、しばしギリシア語文法が無視されることがある。タルムードのなかで引用されるヘブライ語聖書のギリシア語訳はアクィラ訳である。シュンマコスは、マルクス・アウレリウスと同時期の翻訳家であり、原語に忠実なギリシア語訳を試み、ヒエロニムスはしばしばこの訳に従っている。テオドティオンも可能な限りマソラ本文に密着し、セプチュアギンタを改訂訳した。翻訳の特色は、ヘブライ語の特殊な単語や表現がギリシア文

式」を変更することなく、直訳による正確な「内容」を表現する可能性を示している。さらに創世記から3つ例を挙げ、彼らの特徴的な翻訳作業[5]を紹介したい。

【例2】創世記1章2節a（混沌と混乱）
そして地は、混雑した荒涼状態で、闇が深淵の上を覆っていた。
- Buber-Rosenzweig (1925, 1. Aufl.) : Und die Erde war Wirrnis und Wüste. Finsternis allüber Abgrund.
- Luther (1545 [1. Aufl. 1523]): Vnd die Erde war wüst und leer / vnd es war finster auff der Tieffe /

この節で「混沌と混乱」を意味するヘブライ語トーフー・ヴァー・ボーフー（*tohu wa bohu*）は、韻が踏まれており、読者にリズミカルな音を印象づけている。音韻は語の意味と同じくらい重要である、と考えたローゼンツヴァイクは、ルター訳ではwüst und leer（荒涼として空虚だった）と表記されていた（MBW14, 307）箇所を工夫してWirrnis und Wüsteと語頭のWで韻を作り、且つ原文に忠実に名詞によって表現した（Rosenzweig IV/2, 3）。けれどもこの箇所はヘブライ語では語尾で韻を踏んでいるため、ブーバーはローゼンツヴァイクの死後、この箇所をIrrsal und Wirrsal（混沌とした混乱状態）と修正することによって、ドイツ語訳でも同じく語尾韻を形成した（Rosenzweig IV/2, 6）。

次に「闇が深淵の上を覆っていた」箇所では、余分な接続詞Undと動

字で音訳されていることである。ブーバーとローゼンツヴァイクが、ヘブライ語の構成や語感を損なわぬよう、存在しないドイツ語を新造する点などはアクィラと似ており、原語の持つ音声構造を重視する点などはテオドティオンと似ている。またヒエロニムスは、ヘブライ語聖書の語順も神秘であるため、直訳すべきだと考えていた。

5　彼らが翻訳する上で書き記したメモと、両者のディスカッションを記録したものは、ローゼンツヴァイク全集の第4/2巻（*Arbeitspapiere zur Verdeutshcung der Schrift*, Rosenzweig IV/2）に掲載されている。

詞 war を割愛することが、リズミカルな朗読のために効果的である。したがってルター訳の vnd[und] es war finster[Finsternis] auff[auf] der Tieffe[Tiefe] では、ヘブライ語原文には存在しない war と、リズムを崩してしまう最初の und と冠詞 der をとり去った。最後に、ヘブライ語「の上に」はアル・ペネーと二音節で表記されるため、それを一音節の auf に転写すれば原語のリズムが崩れてしまう。よって allüber と、二音節の語を作って補った（Rosenzweig IV/2, 3）。その結果 Finsternis allüber Abgrund という表現がローゼンツヴァイクによって推薦され、1925 年初版の訳語として確定したのである。ローゼンツヴァイクの死後に刊行されたローゲン版（1930）で、ブーバーは大幅に訳語を改訂し、そこでヘブライ語ペネーの訳語である Antlitz（面）という表現が追加される。このような手順を経た翻訳の最終形態（1954）は次のようになった。

Buber-Rosenzweig (1954): Die Erde aber war Irrsal und Wirrsal. Finsternis über Urwirbels Antlitz.
地は混沌とした混乱状態で、闇が始源的渦の面を覆っていた。

【例3】創世記 11 章 1-9 節「バベルの塔」

Buber-Rosenzweig (1954)
11: 1 Über die Erde allhin war eine Mundart und einerlei Rede.
全地で存在したものは、ただ一つの話し方と一つの言葉だった。
11: 4b sonst werden wir zerstreut übers Antlitz aller Erde!
さもなければ私たちは全地の面へと拡散されるであろう！
11: 8a ER zerstreute sie von dort übers Antlitz aller Erde,
彼〔ヤハウェ〕は、彼らをそこから全地へと拡散させた、
11: 9 Darum ruft man ihren Namen Babel, Gemenge,
それゆえ人はこの町の名をバベル[6]、混じり合った地と呼んだ、

6　バベルの塔の名称となった「バベル」（Babel）は、B が二重になるその語

第 3 章　聖書翻訳の方法論　　149

denn vermengt hat ER dort die Mundart aller Erde,
というのも彼〔ヤハウェ〕がそこで全地の話し方を混乱させ、
und zerstreut von dort hat ER sie übers Antlitz aller Erde.
そこから彼らを全地へと拡散させたからである。

　バベルの塔に関する叙述は「全地」という表現をもって 1 節が始まり、前半の結びに相当する 4 節はこの「全地」で終わる。そして物語全体は 8-9 節で「全地」の 3 度にわたる繰り返しによって締められる。同様に、物語の冒頭 1 節で用いられた主語「話し方：Mundart」(本来は唇〔言語〕を意味する) は、物語の結びである 9 節で「全地」と合わせて、また動詞「拡散する」も 4、8、9 節で「全地へ」と合わせて用いられる。このように短い物語のなかで「全地、話し方、拡散する」[7]が頻出し、これらの語の繰り返しによって物語が展開している。これら 3 つの語はどれもバベルの塔物語の内容的核心を表現する語である。なぜならこの物語は、全地で統一されていた人類の言語 (話し方) が混乱し、最終的に人類が拡散することが主題だからである。物語冒頭の「話し方」と、結びの「拡散する」が、共に「全地」と併せて同様の表現形式によって記述されたことは、一つの物語の始まりと終わりをキーワードによって表現するための工夫である (MBW14, 198)。つまりライトヴォルト「全地」を軸にして「話し方」と「拡散する」という語が結びつき、物語の統一性が明らかにされていると言えよう。
　さらにこの物語では、人間とそれに対応する神との応答関係が、語の配

感を大切にするため、彼らは初版で W を重ねた訳語「Wirrwarr」(混乱したもの) を用いていた。これは「混乱する」意味を持つヘブライ語動詞「バーラル」(b-l-l) から派生したものである。同じ意図によって訳された例として、フォックスによる英訳では babble (Fox 1997, 49) と、Mechanic による仏訳では embabeler という造語が充てられ (Krochmalnik: 50BB, 316)、原語の語感を残すよう工夫されている。

7　初版 (1925) では、ganze Erde (全地)、Sprache (言語)、zerstieben (拡散する) らの異なる訳語が充てられていた。

置を通してリズミカルに表現される。

11: 4a Heran! bauen wir uns eine Stadt und einen Turm……und machen wir uns einen Namen.
〔人間：〕さあ、街と塔を建てよう……そして名を上げよう。
11: 7a Heran! fahren wir nieder und vermengen wir dort ihre Mundart,
〔神：〕さあ、下へ降りよう、そこで彼らの話し方を混ぜ合わそう。

　4節では人間の行為が「さあ！」（Heran!）という呼びかけによって始まり、名詞と動詞の組み合わせによって「街と塔を建てよう」「名を上げよう」と続く。そして7節でも同様の形式で「さあ！」という神の呼びかけをもって始まり、「下へ降りよう」「話し方を混ぜ合わそう」と、神の行為が4節と同じ表現形式によって語られる。こういった統一的な「語の配置」を通して、物語における「神と人間との間のアクションとリアクションが、読者に対してダイナミックに伝わってくる」（ibid.）のである。
　また彼らの訳文は、テクストを一息の長さのユニット（Atemzug-Einheit）やコロンで区切り、アレンジされている（Schaeder, 345）。それはヘブライ語聖書が語られるものであるという根源的特徴に適って、朗誦する時に必要な息つぎを意識した配列である（MBW14, 145/182/199）。この配列は、詩文に限ることはなく、散文のなかでも適用されている。[8]

【例4】創世記40章　監獄におけるヨセフの夢分析
　最後に、ある「一文の繰り返し」によっても同様に、テクストの意味が深まる可能性もあることを、E・フォックスが取り上げた、創世記40章におけるヨセフの夢分析を例に検討してみたい（Fox 1997, xviii）。ヨセフはファラオによって投獄された二人の廷臣に対して、彼らの拘置がどのよ

8　ブーバーはそれを「ヒエロニムスが発見したもの」（MBW14, 199）と言っている。確かにウルガータでは、散文であっても多くの改行が見られる。

うな形で終わるか、その対比を明白にするよう、次のようなフレーズを繰り返す。

40: 13a drei Tage noch, dann erhöht Pharaos dein Haupt......
三日以内に、ファラオはあなた〔献酌長〕の頭を上げます、
40: 19a drei Tage noch, dann erhöht Pharaos dein Haupt *über dich hinweg*......
三日以内に、ファラオはあなた〔パン焼き職人長〕の頭を上げます、あなたから切り離すかたちで。

初めに、献酌長が彼のかつての地位へと復帰する運命を予言したヨセフは、彼に「ファラオはあなたの頭を上げます」（創40：13）と述べた。その一方で、パン焼き職人長が処刑される運命を予言したヨセフは、彼に「ファラオはあなたの頭を上げます、あなたから切り離すかたちで」（創40：19）と述べる。すなわち両方とも、始まりは同じ表現を用いて繰り返されながらも、後者で語り手は「あなたから切り離すかたちで」という発言を付加しているのだが、彼らの翻訳でもそのインパクトを強調する文体が取られている、と筆者は考える。聖書テクストではこのような言葉遊びを交えたフレーズが繰り返されることで、対比が浮き彫りになり、説得力が出るよう強調されているのである（Fox 1997, xviii）。

4　構造的な音声変化

次に、聖書における構造的な形式と意義深いリズムによって、神的使信が明瞭に認識できることを、彼らの訳文から検討したい。ブーバーは「大祭司が着用する裁定の胸当て」（出28：13-28）「毎日の献げもの」（出29：38-46）「供犠に添えるべき穀物の献げものと灌奠」（民15：14-16）を例に挙げているため、後者2つを例に、律法における諸々の「掟」や「規定」における構造を分析したい。（邦訳語の選定は山我哲雄／木幡藤子による岩波訳も参照）

【例5】出エジプト記29章38-46節「毎日の献げものに関する規定」

(下線強調は筆者による)

・前半（出29：38-42a）

これが、あなたが屠殺場〔祭壇〕の上で準備すべきものである。

二歳の子羊をその日に、欠かさず。（38節）

一匹の子羊を、朝、準備し、

もう一匹の子羊を、夕暮れの間に準備せよ。（39節）

10分の1エファの上質の小麦粉に、砕いて取られた油4分の1ヒンを混ぜたものと、4分の1ヒンのワインの灌奠（かんてん）（Guß）を、一匹の子羊に添えよ。（40節）

また夕暮れの間にもう一匹の子羊を準備せよ。そこへ導く供物（Hinleitspende/*minchah*：穀物の献げもの）と同じように、またあなたがそのために準備する灌奠（かんてん）と同じように。

憩いの芳香に、

彼（ヤハウェ）に対する火に焚く供物（Feuerspende）に〔なる〕。（41節）

〔それは〕常にあなたたちの世代に渡って続く、高く上げること（Darhöhung/*'olah*：全焼の供犠）である。（42節a）

・後半（出29：42b-46）

彼〔ヤハウェ〕を前にした出会いの天幕の入り口で、

私〔ヤハウェ〕があなたと出会う所で、

そこであなたに対して語るために。（42節b）

そこで私は出会う、

イスラエルの子らに、

それは聖化される、

私の出現によって。（43節）

私は聖化する。

出会いの天幕を、

屠殺場〔祭壇〕を、

アロンと彼の子らを私は聖化し、

第 3 章　聖書翻訳の方法論　　　　　　　　　　　　　　　　　　153

彼らは私の祭司となる。（44 節）
私は宿ろう（will einwohnen）。
イスラエルの子らの真ん中に、
私は彼らにとっての神となろう。（45 節）
彼らは知るにちがいない。
私〔ヤハウェ〕が彼らにとって神であることを。
私が、彼らを導き出した
エジプトの地から、
彼らの真ん中に、私が、宿るために、
私〔ヤハウェ〕は、彼らにとって神である。（46 節）

　この「毎日の献げもの」に関する規定の前半では、即物的な精確さによって献げものの規定が列挙されている。ところが「出会いの天幕の入り口」によって始まる後半では、「神」や「ヤハウェ」という語が頻出し、それが一人称で語られるようになり、文体や語の調子が変化する（MBW14, 66）。そして神から「あなた」「イスラエルの民」に対するメッセージが語り始められる。ブーバーはこの文体や語調の形式的変化のなかにこそ、ある内容的変遷が見られると考えた。それは前半と後半の関連性と構成上の統一が妨害されることなく、前半における「規定」から、後半における「究極的教示」への変遷である（*op.cit.*, 199）。つまりまさに「精確で即物的な規定」が、「より高次な使信による〔人格的な〕語りかけ」へと移行したのである。

【例 6】民数記 15 章 14 - 16 節（献げものの規定と寄留者の応対）
　次に、民数記 15 章の前半では、無機質な調子で諸規定が列挙されているのだが、その只中で突如その調子を打破する一語が登場する（MBW14, 199）。それは一つのキーワードが「合図」となり、メッセージの内容が変化したことを知らせている。
　　13 : Jeder Sproß bereite diese also,

子孫達はみな、このように準備せねばならない。
Darzunahen Feuerspende, Ruch des Geruhens IHM.
彼〔ヤハウェ〕へ火に焚く供物、憩いの芳香を、近づけ〔献げ〕るために。

14 : Und wenn bei euch ein Gastsasse gastet
もしあなたたちの下に、寄留者が留まり、

Oder wer in eurer Mitte sei, für eure Geschlechter,
もしくはあなたたちの代々にわたって、あなたたちの只中にいて、

und bereitet Feuerspende, Ruch des Geruhens IHM,
彼〔ヤハウェ〕へ火に焚く供物、憩いの芳香を準備する者は、

wie ihrs bereitet, so soll ers bereiten.
あなたたちが準備するように、彼らも準備するよう定められている。

15 : Versammlung!（qahal）
会衆よ！（聞け、皆の者！）

Einerlei Satzung sei für euch und für den Gastsassen, der gastet,
〔これは〕あなたたちと寄留している寄留者のための一つの掟であり、

Weltzeit-Satzung für eure Geschlechter :
あなたたちの世代へと続くとこしえの掟である。

Gleich ihr, gleich sei der Gastsasse vor IHM,
あなたたちと同じく、彼〔ヤハウェ〕の前では、寄留者も同等である。

16 : einerlei Weisung und einerlei Recht
〔これは〕一つの教示（torah）且つ、一つの法規である、

sei für euch und für den Gastsassen, der bei euch gastet.
あなたたちとあなたたちの下に寄留する寄留者にとって。

9　寄留者（Gastasse）: この語は、ブーバーによるシオニズム関連の文献で、頻繁に引用されている。イスラエルはかつてエジプトで寄留者であり、その事実を忘れてはならない。「寄留者を肯定するユダヤ性が、生きた宗教を目覚めさせることが可能か否か」が問題であり、「未来における真のユダヤ性」は「寄留者への従属」を実践するものである（JuJ, 607f.）。

第 3 章　聖書翻訳の方法論

参照 :Luther (1534、古い表記は 1912 年版に倣って改訂) *Num*.15:15
Der ganzen Gemeinde sei eine Satzung, beide euch und den Fremdlingen; Eine ewige Satzung soll das sein euren Nachkommen, dass für dem HERRN der Fremdling sei wie ihr.

テクストの序盤では、献げものに関する「規定」が即物的に続いているが、それは 1 - 13 節までであり、その後の 14 - 16 節ではそれまでの調子が途切れ、その後頻繁に登場する「あなたたち」（ihr, euch）という関係概念の登場によって、テクストの調子は変化する。これをブーバーは究極的教示、すなわち神の民に対する使信への移行、と考えた。確かに 14 節から、献げものの規定は無くなり、寄留者に対する振る舞い方へと話が転換する。この規定から究極的教示への変化を明確にするため、ブーバーは 14 - 16 節の中間に位置する「会衆」という一語に注目した。この一語は、不自然な場所に組み込まれているため、ペシッタやウルガタでは欠落しており、またセプチュアギンタでは前の 14 節に掛かる主語として訳されている。またルター訳と山我哲雄訳（『民数記』岩波書店）では、「全ての会衆にとっての一つの掟である」と、これを与格として処理している。しかしブーバーとローゼンツヴァイクは語順通りに訳し、これを叫びの一語と考えた（*ibid.*）。そして彼らは、「一つの語」を訳すために「一行」を充てる独自の手法を用いる。それが「会衆よ！」（聞け、皆の者！）という叫びによる注意の喚起である。つまりこの一語こそが、当該箇所におけるライトヴォルトと言えよう。この一語は、「その土地に住む寄留者に対して同等の権利をもって接しよ」という神の教示（Weisung）が強調されるためのレトリックだったのである（Schaeder, 347）。それをブーバーは、「すなわち規定が本質的なものを指し示すことによって終わる場所や、規定された物が神的な意味へと完全に移行する場所の只中で、時折リズムが変化する」（MBW14, 199）と論じている。このようにライトヴォルトは、聖書テクストを朗誦する時の「流れ、流暢さ」を突如中断させ、何らかの変化を読者に気づかせる役割を担っているのである。

【例7】サムエル記上9章13節（ラマへ来たサウル）

　以上、特定の語句「私、あなた、出会いの天幕」「あなたたち、会衆よ！」などをライトヴォルトとする事例を検討してきた。ここで筆者は、ブーバーのこの理論が、なにも特定の語句に限定されるものではないことを示したい。そのために、聖書にはたった「一つの文字」や「一つのアルファベット」がライトヴォルトとして機能する可能性を検討したい。それはヘブライ語原典のなかで、特定のアルフベート一文字が頻出することによって、一定のリズムが産み出される様式である。ここではブーバーが『油注がれたもの』（1939）のなかで言及した「サウルとサムエルの出会い」を例として取り上げたい。

　サウルが初めて登場するサムエル記上9章で、彼は見者サムエルを訪ね、彼との出会いによって、イスラエルの初代国王に任命されるようになる。そして13節は、サウルが、従者と共に、失った雌ロバを探している途中、見者を訪れるため、町の娘たちに「この町に見者はいるか」と尋ねた時、彼女たちが応答した言葉である。

　　サム上9：13
　　町に入ってすぐに、そう、彼（見者サムエル）を見つけるでしょう。
　　彼が食事をするために〔聖なる〕高台に上るより前に。
　　というのも民は、彼が来るまで食事をしません。
　　というのも彼はいけにえを祝福せねばならず、その後で招かれた人たち
　　　は食事をします。
　　さあ、上って行きなさい。というのも彼を、あなたたちは彼をその日の
　　　うちに見つけるでしょう。

　Buber-Rosenzweig (1955):

　[Wenn] kommt ihr sogleich in die Stadt, gewiß, ihr findet ihn noch,

　　eh er zum Essen die Koppe hinansteigt,

　denn das Volk ißt nicht, bis er gekommen ist,

　denn segnen muß das Schlachtmahl er, danach erst essen die Geladnen

第3章　聖書翻訳の方法論　　　　　　　　　　　　　　　　　　　　157

　　(Berufnen; 1. Aufl. 1928),
　jetzt also steigt hinauf, denn ihn - zu der Tageszeit findet ihr ihn.

　この 13 節は、複数の町娘が互いの会話に割り混み合いながら重層的に語られる、いわばお喋りのような興奮した返事である。したがってこの箇所に格別重要なメッセージは存在しない。ところがブーバーは「彼女たちは、互いに語り合っているように錯綜しながら、繰り返しを好んで語り、興奮して破格の構文で語る」(MBW15, 307) と考え、リズミカルな調子で町娘のお喋りが生じている理由を「ある事態が始まっている (etwas los) ため」(*ibid*.) だからと解釈する。確かにこの箇所の構文を分析すると、たった一節のなかに実に 7 回もアレフベート「カフ」(*k*) で始まる語句が登場し、カフ一文字が繰り返されることによって、文章にリズミカルな流れが生じ、彼女たちの興奮状態が生き生きと読者に伝わってくる。邦訳の傍点箇所、ドイツ語訳の下線部が、原語のカフ一文字に相当する。このテクストを朗誦する時、このカフの繰り返しが印象深くなり、頭から離れないであろう。
　すなわちこの一節は、リズミカルな音韻を作り出すことによって聞き手に注意を喚起させ、「その次に」現れるイベントに備えさせる働きを為しているのではないか、と筆者は考える。それに対してブーバーは「このようにして彼女たちは、事態を先へと突き動かしている」(*ibid*.) と述べ、リズミカルなお喋りが、ある重要な事態を先へと促す役割を果たすことを示唆している。それではこの 13 節の次に位置する 14 節では、いったい何が起きるのだろうか。

　　サム上 9:14
　　　そこで彼ら（サウルと若者）は町へ上っていった。町のなかに入ると、ちょうどサムエルが高き所に上ろうとして、彼らの方に向かって出てきたところであった。

　この 14 節は、まさに預言者サムエルが、ちょうどサウルに向かって出て

くる場面である。この両者の出会いは、サウルにとっては自らの人生の転機となり、サムエルにとっては神から告げられていた12部族をまとめる指導者の発見であり、イスラエルにとって念願であった指導者の誕生につながる重大イベントである。

　一見すると無意味とも思えるほどライトヴォルト「カフ」が頻出した理由は、それを構成している文章そのものではなく、むしろその次に来る重要な箇所を「前もって」知らせる機能を果たしていたのではなかろうか。このような「一文字」によって形成されたライトヴォルトを、翻訳のなかで再現することは非常に困難である。ブーバーとローゼンツヴァイクは、7回登場するカフの語頭韻を、それぞれ「Wenn, gewiß, denn, denn, danach, denn, zu」と訳すことによって、少しでも音韻を引き継ぐよう工夫されていたことが分かる。

5　翻訳における語義

　これまで検討したヘブライ語聖書における語の配置や音韻構造は、聖書テクストにおける美的・詩的な側面である。ところが音韻構造を重視する翻訳手法は、形式面を重視するあまり、文意が取りづらくなる短所がある。美的なリズム感は伝えられたとしても、その意味内容は理解し難くなるだろう。例えば上で検討した創世記1章2節における「混沌と混乱」の一節では、トーフー・ヴァー・ボーフーという語尾韻を継続させるために Irrsal und Wirrsal[10] という訳語が充てられた。この音韻を残すために用いられた sal は、グリム辞書によれば「いたるところ〜状態」という意味で

10　この訳語は、かつてブーバーが『ラビ・ナフマンの物語』(1906) を、彼の言葉で語り直したとき、「Irrlehrer und Wirrkopf」(誤った教師と定見がない人) と表現したことを彷彿させる (cf. Buber: *Die Geschichten des Rabbi Nachman*, 25)。またグリム辞書によれば、現在使われていない語 Wirrsal は、伝統的に Irrsal と併用されていた (vg.l. Jacob Grimm / Wilhelm Grimm: "WIRRSAL," *Deutsches Wörterbuch 14/2*, 617)。

第3章　聖書翻訳の方法論　　　　　　　　　　　　　　　　　　　　　　159

あり（Grimm, "SAL," in *Deutsches Wörterbuch 8*, 1978）、現在では廃語となった伝統的なドイツ語である。美的な音韻を維持するためであったとしても、現在では使われていない語彙が用いられると、テクストと読者の距離が遠くなり、読みにくい文章を創作することになる。

　その一方で彼らは、ヘブライ語が本来持っている語義を損なわぬ訳をも視野に入れていた。特に彼らはヘブライ語の「語根」から派生した諸単語を精確にドイツ語に訳すよう工夫している。それはヘブライ語の類似した諸単語が一つの語根に起因しており、語根を再現することはそれによって意味の類似性をも再現することにつながるためである。このように語根の意味を精確に翻訳する試みは、イディッシュ語訳聖書のなかに見られる様式である。[11]他方イディッシュ語訳では、美的・詩的な訳語の工夫は見られない。

　ここから特定の訳語に対するブーバーとローゼンツヴァイクの工夫を紹介したい。まず「全焼の供犠」の意味を持つオーラー（'olah）は、「焼き尽くす献げもの、燔祭」（Brandopfer）と訳されることが常である。ただしこの語の語根である 'o-l-h は、焼くことではなく、戦場などで狼煙を「上げる」ことを意味する。かくして全焼の供犠は、犠牲となるものが焼かれ、煙となって神のもとへと空高く「立ち上ること」（Aufsteigende）である。そこから彼らはその意味を持つ Darhöhung[12] という訳語が充てられている（MBW14, 73/200）。また「穀物の献げもの、素祭」（Speiseopfer）と訳

---

[11] イディッシュ語訳聖書とブーバー／ローゼンツヴァイク訳聖書における「語根を精確に再現する」類似性に関しては、ハイデルベルク大学ユダヤ学研究所でイディッシュ文学を担当しているグルシュカ（Gruschka: 50BB, 231-258）の研究を参照。グルシュカによれば、ブーバーはイディッシュ語訳聖書を参照した上で自らの翻訳手法を展開した、と直接的に言ってはいない。しかし両訳語を比較すると、極めて類似した対照関係が見られる。したがってブーバーとローゼンツヴァイクは、その根底にイディッシュ語訳聖書の影響を受けているのではないかと、示唆される。

[12] 全焼の供犠：初版（1926年）では「高く献げるもの」（Hochgabe）と訳されていた。

されるのが常であるミンハー（*minchah*）は、単純に「献げもの」（Gabe）という意味としても用いられるが、この語を構成する語根 n-ch-h が「導く」（*nachah*）という意味を持つため、Hinleite（そこへの導き）と訳された。というのも、供儀とは、人間と神との出来事であり、この行為を通して神へと導かれるその「方向付け」としての「～へ」（dar, hin）が大切だからである（*op.cit.*, 73）。また供儀では、煙を高く上げることによって、良き匂いをヤハウェへと献げることが意図されている。その「宥めの香り」（*reach nichoach*）は、その語根である n-w-ch（ノアッハ）が「安息する、落ち着く」ことを意味することから「憩いの芳香」（Ruch des Geruhens）と訳された（*op.cit.*, 73/253）。

次に、通常 Opfer と訳される「犠牲」を表すコルバン（*qorban*）の語根は q-r-b であり、それは神が人間に「接近する」（nähern）「近づく」（nahen）という意味を持つ。つまり犠牲とは本来、両者が離れている時に、他方を近づけ、自らそちらへ近づく関係概念である。そこからこの語は、その語義を含んだ「接近すること」（Darnahung, Nahung）と訳された。（*op.cit.*, 72f./99/120/200）

またこれと似た「いけにえ」の意味を持つゼバアッハは、語根 z-b-ch から派生した語である。この語根ザーバアッハは、人が動物を「屠殺する」（schlachten）という意味である。したがってゼバアッハは「屠殺された献げもの」（Schlachtspende）、「屠殺されたものの会食」（Schlachtmahls）と訳し分けられた。例えば「和解の献げもの」や「酬恩祭の犠牲」を意味するシュラミーム（*schlamim*）は、このゼバアッハと併せて用いられるため「和解のために屠殺された物の会食」（Friedmahlschlachtung）と訳された。ここで「会食」という語が含まれる理由は、いけにえには本来、屠殺された動物の一部を神に献げ、その残りを共同体で一緒に食べる習慣があったためである。この会食を通して、共同体は神と共に、人間たちのもとで一つになるのである。そこからこれらのいけにえは、共同体における食事も含んでいる。また同じ語根 z-b-h から派生した語ミズベアッハ（*mizbeach*）は Altar と訳されることが常である「祭壇」を意味する。だがヘブライ語が

持つ祭壇の語意は「屠殺する場所」である。そこからこの意味を精確に転写した Schlachtstatt という訳語が充てられた (*op.cit.*, 73/124/200/279)。

最後に「会見の幕屋」を意味するオヘル・モエド (*'ohel mo'ed*) は、荒野を放浪する時に、持ち運ぶことができる神の聖所である。この語は、セプチュアギンタでは証言の天幕 (Zelt des Zeugnisses)、ヒエロニムスでは契約の天幕[13] (Zelt des Bundes)、ルターでは幕屋 (Hütte des Stifts：宗教的小屋)、カウチュ/ベルトレートでは啓示の天幕[14] (Offenbarungszelt) と訳されていたが、どれも原語の意味を適切に表現しているとは言い難い (*op.cit.*, 76)[15]。この会見 (*mo'ed*) を構成している語根の *ja'ad* は、カル系で「会議を手配する」「誰かとどこかで合う約束をする」という意味があり、正しくは「あらかじめ定められた場所で、出会うべくして現れる」ことを指している。つまりこの天幕は、神の現臨をはっきりと目の前に思い浮かべ、神に謁見できる場である。そこからこの語は「出会いの天幕」[16] (Zelt der Begegnung) と訳された。(*op.cit.*, 75-77/98f./201)

ところで、預言者においては、神の領域から人間へ、ルーアッハとダーバールが降りてくる。これらは厳密に区別できるものではないが、人は先ずルーアッハを経験することで衝撃を感じ (ショックを受け)、次にダーバールを受け入れることで内容を得る (*Propheten*, 303)。他方、祭司においては、彼と対立する魔術師や祈祷師と同じく、決定的な動きが人間的人格

13　ブーバーによるヒエロニムス訳の説明であり、ウルガータでは「証言の幕屋」(tabernaculum testimonii) と訳されている。
14　カトリック/プロテスタント「共同訳」のドイツ語訳聖書も同じく「啓示の天幕」と訳されている。Cf. *Neue Jerusalemer Bibel*. Einheitsübersetzung, 3. Aufl. der Sonderausgabe (Freiburg/Basel/Wien: Herder, 2007).
15　ヒルシュ訳では「会見を定める天幕」(Zusammenkunftsbestimmungszelt) という興味深い訳語が充てられている (Samson Raphael Hirsch: *Der Pentateuch - Zweiter Teil: Exodus*, 435)。
16　出会いの天幕：初版 (1926) では「現臨の天幕」(Zelt der Gegenwart) と訳されていた。

から神（もしくは霊や神々）の領域へと向かうものである（ibid.）。祭司は、犠牲や供物を神へと献げることを通して、祭儀を司る職能を持つ。預言者が、言葉を媒介として神の使信を預かり、民へと告知する仲介者であるならば、祭司は具体的な供犠や祭儀を司ることによって、神―民関係の形成を担う仲介者である。それぞれの祭儀規定を形成しているヘブライ語を語根まで辿ると、それは神と民との関係を示す概念が使われていることが判明する。ブーバーとローゼンツヴァイクは、ヘブライ語聖書をドイツ語に翻訳する時、特にヘブライ語が持つその本来の「語義」を際立たせ、馴れ親しんだドイツ語を用いず、原語が示している内容を残した訳語を考案したのである。

結び　ライトヴォルト様式の特徴

　本章では、ブーバー/ローゼンツヴァイクによるドイツ語訳ヘブライ語聖書の諸特徴を、彼ら独自の翻訳理論であるライトヴォルト様式を紹介すると同時に、その方法を通して筆者による聖書テクストの分析が試みられた。ライトヴォルトとは、聖書「テクスト内」で、主導的に繰り返されるキーワードであり、同義語ではなく、同じ語根から派生した言葉である。彼らは、特定の語が繰り返される場合や、文の流暢なリズムが断絶される点に着目し、ヘブライ語聖書のマソラ本文における語の配置や音韻構造という形式を、ドイツ語訳のなかでも同様に引き継いでいる。

　また彼らは、翻訳にあたって、特にヘブライ語が持つその本来の語義を際立たせ、馴れ親しんだ日常のドイツ語を用いるのではなく、むしろ原語が持っている語義に忠実な訳語を考えた。彼らがどのようなドイツ語訳を選出したのか、全焼の供犠、憩いの芳香、犠牲、祭壇、出会いの天幕らの例から具体的に紹介した。特に彼らはヘブライ語の語根から派生した諸単語を、精確にドイツ語に訳すよう試みている。同じ語根が統一的に用いられる特徴をドイツ語のなかでも再現した一例として、アブラハム物語のハガル追放を取り上げ、またリズミカルな音韻構造を持つ聖書テクストの例

として、創世以前の混沌状況とバベルの塔を取り上げた。さらにライトヴォルトとは、なにも単語に限られたものではなく、アレフベート一文字や一センテンスの繰り返しでもありえることを、サムエルとサウルの出会い、ヨセフの夢分析をそれぞれ例にして、筆者によって検証された。

　最後にライトヴォルトは、聖書テクストを朗誦する時に気づかされるリズムの変化を示唆している。その特徴を紹介するため、出エジプト記と民数記における諸規定が、例として取り上げられた。律法のなかでは、即物的な規定から本質的なものを明かす神的な究極的教示へと移行する箇所で、リズムが変化する。その特徴を浮き彫りにするため、変化を発信するキーワードが「私、あなた」という関係概念の頻出や、「会衆よ！」という文法的に不自然な一語であった。これは口頭伝承のなかで、メッセージの質的変化を表現する技法であり、聴覚的に判断できるものである。

　このようにブーバー / ローゼンツヴァイクの翻訳では、聖書テクストの語順、シンタックス、音韻構造という「形式」を変更することなく、ドイツ語のなかでも再現することによって、より精確な「内容」を表現できることを示唆している。それは聖書の言葉が、ライトヴォルトを通して、リズミカルな音の流れを生みだし、リズムが変化する場所で初めて、神的使信が読者に対して語りかけてくるからである。

第4章　ブーバー方法論の聖書学的位置づけ

　次章から始まる具体的な聖書箇所の検討を前に、本章では聖書学の視点からブーバーの方法論を評価してみたい。ただしそれが可能かどうかは定かではない。その理由は、ブーバーを直接知るロベルト・ヴェルチュが「方法論的にブーバーは学問の厳密な法則を尊重していたが、彼の基本理解はいわゆる近代聖書学の歩みとは根本的に異なっている」（Weltsch, 427）と評価するとおりである。さらにヴェルチュの考察によれば、ブーバーにとって、聖書を理解するための鍵となるものは、他のなによりも対話的原理であり、近代的学問が習熟している通例のテクスト批評や文学批評は、ブーバーのなかでは二次的な役割を果たすものである（ibid.）。

　ただし筆者は、ブーバーの方法論が、対話・文学・歴史の三方向性を備えるものと理解している。確かにブーバーは、自らを「非類型的人間」（Sch/Fr, 589）と称したように、ブーバーの解釈が旧約学的方法論の一部に還元すること自体、本人の望むことではないようにも思える。それを肯定的に表現するならば、ブーバーは広範囲にわたる方法論を取り入れた解釈を試みている。ただし否定的にいうならば、ブーバーはそれぞれの資料や文書が持つ歴史性や考古学的事実を軽視し、聖書をある種の現象学的直観に基づいて読解していると思える時もある。ブーバーの聖書解釈法を類型化できない理由は、彼がプロテスタンティズムの旧約学やユダヤ学といったアカデミズムの教育を受けておらず、そもそも学問的土俵に立っていないからである。このような断りを入れたうえで、本論考ではあえてブー

1　第2編第1章5節「三次元構造」を参照。
2　それは小野文生が表現するように、ブーバーは「卓越した意味において専門家を凌駕する素人だった」（『京都ユダヤ思想』7、88）と言えるかもしれない。

バーを学問的方法論のもとに位置づけることを試みたい。

近代プロテスタンティズムの聖書学は17世紀に始まり、19世紀にその円熟期に達した。アラン・レヴェンソンによれば、近代聖書学は、単に資料を年代順に選定するクロノロジカルな方法だけではない。そこではいわゆる伝統的釈義の方法論が、継続的に繁栄している。他方、ユダヤ学研究は、資料批判、考古学、比較言語学の発見を無視し、ジェンダー学や宗教的人間学のようなトレイフな学問分野にまったく言及しないものである。ユダヤ世界のなかでは反対に、イェシヴァー学の成果であるArtscroll社やJudaica Classicsの人気が基本的に高く、重要である（A. Levenson, 164）。これは近代聖書学とユダヤ学双方の聖書解釈における力点の違いを概略的に説明したものである。管見によれば、ブーバーの聖書解釈方法論は、ユダヤ学のなかでミドラシュの研究方法を参考にしながらも、20世紀初頭のドイツプロテスタンティズムにおける旧約学者との対話を通して、彼らの方法論に近い手法を取り入れていた。したがって最初に旧約学者におけるブーバーの評価を紹介し、それによってブーバー聖書解釈がどの方法論に類型することができるのか、それぞれの方法論を単元ごとに解釈していきたい。

1　歴史批評的方法

a) 旧約学者による評価

ブーバーのヘブライ語聖書解釈という主題は、これまでドイツの旧約学研究のなかで中心的主題ではなかった。同世代の旧約学者フォン＝ラート、M・ノート、モーヴィンケル、アウエルバッハなどは皆ブーバーの聖書解釈を読み、ブーバーの聖書研究を意識していながらも、ブーバーの非学問

3　トレイフ（Treyf、Treif）とは、イディッシュ語で、コシェル（食べることができるもの）ではない、戒律上不浄とされる食べ物を意味する。著者A・レヴェンソンはこの語を通して、イェシヴァーにおけるコシェルでない学問分野を列挙している。

的スタイルゆえに、突き放した印象がある[4]。その理由は、おそらくブーバーはユダヤ教神学者であり、彼の聖書解釈法はミドラシュに見られるような思弁的哲学的分析であるため、それが学術の作法に乗らない恣意的な論究であると映ったからに違いない。ところが、その次の世代の旧約学者は、自分たちに先行する研究としてブーバーを評価するようになる。それらが歴史批評的方法をとった代表的研究者クラウス、ヴェスターマン、ヴォルフの3者である。

歴史批評的方法の研究史を執筆したH・J・クラウス[5]（1918-2000）は、「ブーバーとの対話」という題名で、研究誌『プロテスタント神学』第12巻（1952/53）のなかで、特にブーバーの『神の王権』『預言者の信仰』『モーセ』に絞った評価を試みている[6]。クラウスは、まずブーバーの言葉を引用する。

> 私は「教え」を持たない。私はただ現実を指し示す役割を持つだけである。……私たちの時代に重要なことは確固たる教えを備えることではなく、永遠の現実を知ることであり、その力から現存する現実に耐えることである。（MBW19, 279）

そしてクラウスは、ブーバーの意図する「教え」を別の言葉で喩えるなら

---

[4] これらの旧約学者は、1932年にベルリンのショッケン社から出版されたブーバーの『来たる者：メシア的信仰の生成史についての論究Ｉ―神の王権』を読み、それぞれが直接ブーバーの議論を批判的に評価した。それに対してブーバーは、『神の王権』第2版（1936年ベルリンのショッケン社）と第3版（1956年ハイデルベルクのラムベルト・シュナイダー社）の序言のなかで、応答している（cf. MBW15, 242-276）。

[5] H・J・クラウスによる旧約学研究史に関する代表的著作は『旧約聖書の歴史批評的研究史』（初版1956）である。

[6] クラウスに限らずティリッヒやユングがブーバーを評価する時も同じく、これら研究者は共通して"プロテスタント神学に対するユダヤ思想研究者ブーバー"と紹介する。

ば甲冑であり、それは「永遠の現実」という啓示を、予測不可能な攻撃的教えの力で、いつもはねつけようとするもの（Kraus 1952/53, 60）と解し、次のように言う。

> ブーバーはドグマや体系化された教えを過小評価しそれを棄却したのだが、その代わりに旧約聖書釈義の隠された前理解に関する重要な情報を提示した。(*ibid.*)

クラウスは、ブーバーが用いた永遠の現実という概念を「旧約聖書釈義の隠された前理解」と表現したのである。そして彼は、「ブーバーは、永遠の現実を、告知する文字の神秘のなかに見ている」（*op.cit.*, 62）と、聖書の文字に、永遠の現実を見ようとするブーバーの姿勢を指摘した。このクラウスの論文を読み、他の二人の旧約学者がブーバーを評価する。

まずH・W・ヴォルフ（Hans Walter Wolff, 1911-1993）はクラウスの解釈を引用し、「そのように不可避的に人格的に告知されるヤハウェとは、どこにいるのか」（Westermann 1963, 152）と述べる。旧約聖書を文献学的に研究するヴォルフからすれば、ブーバーの「文字の神秘に現実が宿る」といった曖昧で神秘的な表現は不明瞭に映ったことであろう。次にC・ヴェスターマン（Claus Westermann, 1909-2000）は、ブーバーの『預言者の信仰』の序言から「聖書のなかではイスラエルの信仰の歴史が語られている」（*Propheten*, 237）を引用し、次のように評した。

> 歴史における神の行為が、「信仰の歴史」という人間的側面の背後に押しやられてしまう。……しかしそれにもかかわらず、全体的に見てブーバーも旧約のなかに一つの歴史、すなわち神とその民との歴史に関する告知を見ていると言われねばならない。（Westermann 1963, 23f.）

ヴェスターマンによる評価は、聖書を歴史における神の行為として取り上げるのか、もしくはイスラエルの信仰史としてか、それが焦点となってい

る。彼は、ブーバーが聖書史を人間的側面に移行させた、と批評するわけであるが、その是非は分からない。確かにブーバーは、聖書のなかで語られたイスラエルの信仰を読者が追体験することを求めたように読める[7]。しかしそれは神の行為の人間化を要求することになるのか。むしろ筆者には、ブーバーは聖書におけるイスラエルの信仰史を通して、現代の私たちが神の言葉と出会うことを目標とするのであり、聖書物語で描写される信仰形態こそ、その目標に到達するための媒介と捉えているように思える。

クラウス自身は、ヴェスターマンとは異なる仕方で、ブーバーにおけるイスラエルの信仰を、次のように評価している。

> 「聖なる民」〔イスラエル〕の信仰が表出される言葉のなかで、ブーバーがどのようにヘブライ語のテクストを読み、解釈し、黙考したかのみならず、むしろブーバーがどのように呼吸し生きたのか、いやどのように共に呼吸し、共に生きたのか。(Kraus 1952/53, 61)

クラウスは、聖書の読解、解釈、熟考を通してブーバー自身がどのようにテクストと共に呼吸し、共に生きたのかを捉えることが有意義だと主張する。この考えは、いまひとつ分かりにくいので、次節で参照するハロルド・ブルーム[8]の主張を参考にしたい。

> マルティン・ブーバーの聖書に関する作品は、学問とりわけ文学的批評としてはなく、むしろ宗教的証言として意図されたものである。(Bloom, ix)

ブルームによれば、ブーバーの聖書解釈は学問ではなく、ある種の「宗教的証言」だというものである。ただブーバーが聖書を解釈していることは

7　本章5節「傾向史分析的方法」を参照。
8　英語圏のヤハウィスト研究者であるブルームは、ブーバー聖書著作集の英訳が収録されている論文集 *On the Bible* の序論を執筆した人物である。

第 4 章　ブーバー方法論の聖書学的位置づけ　　　　　　　　　　　　　169

確実なので、さすがにそれを宗教的証言と呼ぶことには疑問が残る。ただしブルームがそう感じるほど、ブーバーの聖書解釈は、なにか実存的な証言と思えるくらい学問的客観性から離れているということはできるだろう。そしてそれがブーバーの聖書解釈を方法論的に分類しづらくしている要因のように思える。

　以上、これら旧約学者によるブーバーの聖書解釈への姿勢は、次のようなものであろう。ブーバーは旧約学というアカデミズムの土壌に立っているとは言いがたく、むしろヘブライ語聖書のなかで呼吸していたイスラエルの民の生を取り出し、そこからヘブライズムの共通理解や前理解といった永遠の現実を際立たせたかった。筆者は、クラウスの言う「隠された前理解」が、後に第 4 節で紹介するブーバーの「原聖書的雰囲気」に相応し、これが彼の聖書理解に見られる独自性になると推定する。

b)　ブーバーと歴史批評的方法

　これまで旧約学者によるブーバー評を紹介してきたが、ここからはブーバーによる歴史批評的方法の受容の是非とその程度について言及したい。ブーバーは『神の王権』第 2 版の序言のなかで、20 世紀前半までの旧約学の方法論と聖書学者の解釈に応答する形で、自らの聖書解釈法を紹介している（MBW15, 242-265）。この著書のなかで、ヴェルハウゼンが『イスラエル史序説』（1883）のなかで展開した文書仮説の問題点がブーバーによって指摘される。ヴェルハウゼンの文書仮説に対して、ブーバー自身は、次のように一定の理解を示している。

　　私〔ブーバー〕はやはり、J と E を分けることによって表現されるにいたった伝承編集の 2 つの大きな基本類型の区別は、失われることのない発見であったと考えている。（MBW15, 96f.）

ブーバーの聖書解釈が、歴史批評的研究の成果を受け入れていることは確かである。それはブーバーの手元にある「聖書」というものが、すでに近

代聖書学の成果によって校訂されたものであり、ブーバー自身もその成果を暗黙のうちに認めている。というのも彼のなかでは、写本から校訂されるまでの過程を疑うような「はたして何が聖書なのか」という本文批評的な問いが立てられることはなく、むしろ手元にある最終形態の聖書を出発点として、根源的な神の語る言葉に遡及することが目指されるからである。つまりブーバーは、近代聖書学の潮流を受け入れながら、幼少時代を共に過ごしたミドラシュ学者である祖父の影響による洞察力をもって聖書に向き合った、と筆者は理解する。その評価に関して、ブーバー／ローゼンツヴァイクによる『聖書とそのドイツ語訳』(1936) の英訳を 1994 年に刊行し、序論でそれを解説したエバレット・フォックスと、新版ブーバー著作集 MBW の第 14 巻『聖書翻訳論文集』(2012) を編集したラン・ハコーヘンの解釈を紹介したい。

ブーバーとローゼンツヴァイクは、聖書原文の重層性やその歴史的変化の可能性をまったく否認していたわけではない（Fox 1994, xviii-xix）。フォックスは次のように述べる。

> ローゼンツヴァイクは当時支配的であった資料批判（もしくは高等批判）に対して不信感を抱いており、またブーバーは分離した資料を一つに貼り合わすことよりも、積み重ねられてきた付加を強調する聖書の構成モデルを選んだ（*op.cit.*, xix）

ローゼンツヴァイクが文書仮説に対してより否定的な立場を取っていたことは、彼本人が「たとえヴェルハウゼンの理論が正しいとしても、……私たちの信念が揺らぐことは決してないだろう」（Rosenzweig III, 831）と述べたことからも明らかである。その一方で、ブーバーは当時の趨勢であった文書仮説（もしくは資料仮説）の手法を拒絶することはなかった。むしろフォックスによるこの指摘は、次の点にある。ブーバーは聖書を、それぞれ異なる伝承によって貼り合わされたある種の断片的な資料集として捉えていたのではなく、時代を経るにしたがってさまざまな伝承をそれぞれの

資料として受け入れながらも、それらを付加する時〔次章で述べるような〕ある統一的な見解に従うことによって、最終形態としての聖書が完成した。この「積み重ねられてきた付加」に注目する視点は、19世紀の旧約学説であるデ・ヴェッテ（Wilhelm Martin Leberecht De Wette, 1780-1849）の「補足説」と非常に類似する。デ・ヴェッテは1809年にドイツ語訳聖書を刊行した[9]。彼は、まず主要なエロヒーム物語文書が根幹となり、それに多くの断片資料、特にヤハウェ断片資料が解説や補足のために付け加えられてモーセ五書は完成した[10]、と考えた。このように19世紀中頃には、「断片説」「補足説」そしてヴェルハウゼン学派の「文書仮説」が共存していたのであるが、19世紀末には最終的に第3の学説が勝利したわけである。この補足説は、敬虔主義、ロマン主義と続く聖書解釈の流れの一貫として生じたものである[11]。以上、フォックスは、ブーバーを19世紀末に敗れ去ったこの学説に近い立場として評価しているようである。その理由は、補足説が、分離した文書の貼り合わせではなく、徐々に積み重ねられてきた伝承の付加として聖書を扱っている点が、ブーバーの立場と非常に近いからである。

またフォックスは、高等聖書批評のヴェルハウゼンとその学派のモデル

9 　最初は1809年に3巻本で旧約を、1814年に新約をJ. C. W. Augustiと共訳で、ハイデルベルクのモーア社から刊行した。その後、彼は第2版から第4版まで単独訳を出している。M. L. De Wette: *Die Heilige Schrift des Alten und Neuen Testaments*, 4. Aufl. (Heidelberg: Akademische Verlagsbuchhandlung von J.C.B. Mohr, 1858). 2. Aulf. 1831, 3. Aufl. 1838.

10 　野本真也「第3章　モーセ五書」『総説旧約聖書』日本基督教団出版局、1984、91。

11 　その点を、勝村弘也は『京都ユダヤ思想』4号のなかで、詳細に論じている。デ・ヴェッテの生涯や聖書解釈法の特徴については、当学会誌の60-66頁を参照せよ。

が信用できないと考えるベンノ・ヤコブ[12]やウンベルト・カッスート[13]など当時のユダヤ系聖書学者の間にあった一般的趨勢の一部として、ブーバーとローゼンツヴァイクは明らかになった（Fox 1994, xix）とも評価する。ベンノ・ヤコブとカッスートは共に、キリスト教学者の方法、つまりプロテスタント神学で支配的な資料仮説的方法論を論駁するために、ユダヤ宗教的・非正統派的なアンチテーゼ[14]を追求した研究者である（Uffenheimer,

---

12　Benno Jacob（1862-1945）は、リベラル派ラビの聖書学者であり、1916年に『モーセ五書の資料区分と解釈』（*Quellenscheiden und Exegese im Pentateuch*）を著している。ベンノ・ヤコブは聖書の口碑の脱神話化を試みた。彼の狙いは、自らに先行する世代の資料批判や様式批判の立場を過度に強調していたと彼が感じた点を修正することだった。彼の哲学的観察は、ヴェルハウゼンの仮説とその文書批判を基に構築されたグンケルの釈義的視座に対する彼〔ベンノ・ヤコブ〕の見解と密接に関連している。ヤコブはその他多くのユダヤ起源を持つ近代の聖書解釈者に類似している。彼らは、科学的方法に基づき、古代中近東の比較研究に精通していた一方で、資料批判の覇権、もしくはグンケルの様式批判を含んだ資料中心的（source-oriented）な批判の覇権に挑戦し、それを緩和し、それに重きをおかぬよう試みたのである。（Rosenberg, 7f.）

13　Umberto Cassuto（1883-1951）は、イタリアのラビで聖書学者であり、彼は『文書仮説とモーセ五書の構成』（1941 in Hebrew; 1961 in English）のなかで、4つの資料がBC950-550年に作られ、最後の編集がBC450年に完成したと考えるヴェルハウゼンの年代設定に異を唱えた。カッスートによれば、モーセ五書はBC10世紀に、単一のまったく首尾一貫した統一的テクストとして書かれ、その後、改変されることはなかった。またたとえば、文書仮説による神名の変更の扱い方は、正義の神としてのエロヒームと慈愛の神としてのヤハウェというミドラシュの区別に影響されたものであると、彼は文書仮説を退ける（cf. A. Levenson, 172）。しかしカッスートの文書仮説批判における不十分な要素は、モーセ五書が最終的にいつ書かれたのかという問いに答えていない点である。

14　その他、ゴシェン＝ゴットシュタイン（Goshen-Gottstein）によれば、カッスートは文書仮説に対して真っ向から攻撃し、シーガル（Moshe Siegal）は文書仮説を無視し、Y・カウフマン（Yehezkel Kaufmann）はこの方法を用いながらも、優勢であった結論をひっくり返した（A. Levenson, 170n19）。これらヘブライ大学の教授は、資料批判（source criticism）の主な結論を受け入れなかったと、A・レヴェンソンは述べている（A. Levenson, 170）。

164)。研究者ケプネス[15]によれば、ベンノ・ヤコブとカッスートは、彼らのヘブライ語聖書注解のなかでブーバーによるライトヴォルト様式の原理を大規模に用いて、文書仮説の信憑性を疑った。そしてライトヴォルトを用いることによって、テクストのなかで一貫して見られる統一性を描こうとした（Kepnes, 166n24）。しかしブーバー自身が、そのように言及していた根拠がないため、ブーバーがこれらユダヤ系聖書学者と同じ研究方法を採っていた、と断定することはできない。事実、ブーバーはキリスト教神学に対抗するユダヤ学という問いの立て方をすることはない。

次に、ハコーヘンは、ブーバー自身が、ユダヤ的思想家たちのゲゼルシャフトに自らを見いだし、資料を切り分ける方法とそこから生じた帰結に対抗するよう身を捧げていた（MBW14, 19）と、ヤコブとカッスートらの接点を認めながらも、こう主張する。

> もっともブーバーは歴史批評的方法が誤りであると指摘する意図はなかった。彼は決して、ユダヤ正統派のように、モーセ五書の統一的発生を要求したのではない。むしろ後からようやく、つまり何世代にも渡って続いてきた、意義深く、決して機械的ではない編集の過程を経たヘブライ語聖書全体の統一性を要求したのである。（MBW14, 19f.）

ハコーヘンの発言において焦点となる事柄は、「編集の過程を経た上で作られた統一性」である。これは後にブーバー自身によって説明される生成された統一性を意味していよう[16]。聖書は、何世代にも渡って伝承を編纂してきた者たちによる編集プロセスのなかで、それぞれの独自性を残し、ある種の原聖書的な統一的見解という「傾向性」を保持しながら、正典として誕生した。つまり聖書は受け継がれてきた多くの多数性にもかかわらず、一つの書として読まねばならないことを、ブーバーは聖書解釈の主眼

15　第2編第2章「聖書言語論」1・4節参照。
16　本章4・5節参照。

にしている。

2　文学批評的方法

　英語圏の研究者の間で、ヤハウィスト（J資料）研究を専門とするブルーム（Harold Bloom, 1930 - ）は、ブーバーの聖書解釈法を「美学的批評」（Bloom, xxi）と捉える。彼は「ブーバーの痛烈なレトリックとその効果を、聖書の文学的批評……と呼びたい」（Bloom, xxv）と、レトリック分析という自らのヤハウィスト研究の手法と重ねて、ブーバーを理解している。ブルームは、おそらくブーバー自身は学問、とりわけ文学的批評を意図してはいないだろう、と断りを入れたうえで、ただし「私の判断では……ブーバーの聖書関連の作品は、まさに真正の文学的批評による事例である」（Bloom, ix）と評価している。

　また元テルアビブ大学の聖書学者で直接ブーバーに学びを受けていたウッフェンハイマー（Benjamin Uffenheimer, 1902 - 1996）も、同じくブーバーの聖書解釈法を「文学的・美学的アプローチ」（Uffenheimer, 168）と名づけている。この文学・美学批評的解釈は、英語圏で1980 - 90年代に流布した手法で、聖書を文学作品として読み、テクストの最終形態における構造に注目してそれを分析する共時的な考察である（山我「旧約聖書研究史・文献紹介」、318）。この方法を用いた代表的研究者は、シカゴ大学のフィッシュベイン（Michael Fishbane, 1943 - ）であり、彼は自らの著書[17]のなかで、ブーバーの解釈法を受容して、自らも聖書テクストの文学批評的な構造分析を試みている。

　ウッフェンハイマーによれば、ブーバーは聖書言語やその文学的構造を研究するなかで真理を明らかにし、聖書の内的意味へと進入するために、新たな言語学的・文学的アプローチを発展させる必要性を感じていた

17　Cf. *The Garments of Torah. Essays in Biblical Hermeneutics* (1989) や *Biblical Text and Texture. A Literary Reading of Selected Texts* (1998).

第 4 章　ブーバー方法論の聖書学的位置づけ

（Uffenheimer, 166）。ブーバーの聖書解釈が文学的アプローチであると評価される理由は、ブーバーが聖書「内部」で、言語の使用法や文学的仕掛けを分析するために、テクストを相互参照する方法を採っているからだと思われる。

それをフォックスはこう表現する。

> ブーバーとローゼンツヴァイクのアプローチは、……ヘブライ語聖書は頻繁に相互参照（cross-reference）されるアンソロジー〔選集〕であり、用語や概念がそれらの相補的な使用によって異なるコンテクストのなかで説明されるアンソロジーだという認識に由来している。（Fox 1994, xix）

確かに、キーワード *lekh-lekha* をもって始まると同時にこれをもって終結する箇所（創世記 12 章から 22 章まで）を一つのユニットと捉える手法や[18]、同じ神名エヒイェが使われている出エジプト記 3 章とホセア書 1 章との内容的関連性を捉える手法[19]は、聖書を相互参照的に分析する文学批評的方法である[20]。またブーバーは、アブラハム物語分析のなかで、次のように言っている。

> これら〔アブラハムの〕契約記事〔創 15 章と創 17 章〕のあり方は、編集ではなく、むしろ極めて大がかりな仕方によって構成されたものであり、そのような構成は資料文書からの抜粋ではなく、物語の伝承という

18　この箇所は、ベルリンのラムベルト・シュナイダー社で 1925 年に刊行された初版から 1930 年の版までは「行きなさい」（Geh du）と、ブーバー/ローゼンツヴァイクによって訳されていた。ところがローゼンツヴァイクの死後、ブーバーは 1954 年ケルンのヤーコプ・ヘグナー社版で「あてもなく、とにかく行きなさい」という意味の「Geh vor dich hin!」に訳語を改めている。
19　第 2 編第 7 章 4 節「アケダー解釈」参照。
20　第 2 編第 5 章 6 節や、1 節「出エジプト記 3 章の構成と意味的一貫性」を参照。

非常に豊かで具象的な題材のなかでのみ執行される。(AS, 887)

彼自身のこの主張は、彼が文書仮説（資料仮説）や、編集や加筆の分析とは異なる方法を取っていることを示している。

また違った視点から、ローゼンバーグ（Joel Rosenberg, 1943 - ）は、ユダヤ系聖書学者とブーバーとの関連を次のように言及している。

聖書のアトム化に対抗する形で、ベンノ・ヤコブ、ブーバー、ローゼンツヴァイク、そして後にカッスートやセガル（Segal）など流行のユダヤ的聖書解釈者や翻訳者は、「テクスト中心的」な批評を強調し、「最終的」テクスト――個別のもしくは合成された産物と関わりのない、それ自身の権利と用語で扱われる一つの存在――を構成する資料・モティーフ・発話形体の総合的な横織りへと調和させた。(Rosenberg, 8)

ローゼンバーグは、これらのユダヤ系聖書学者を、聖書を構成する個別の資料ではなく、最終形態として手元にあるテクストに注目する聖書解釈学者として位置づけた。それを彼は資料中心的（source-oriented）ではなく、テクスト中心的（text-oriented）な批評と名付けたのである。ローゼンバーグによってリストアップされた彼らは、聖書における素材、スタイル、レトリックの並べ方、物語における繰り返しや均整、言葉や動機の隠喩らのより大きい統一性をないがしろにすることは誤りであると考えた点で、共通している（*ibid.*）。このような聖書を統一的に扱う姿勢は、文学的批評に見られる特徴的な手法である。

ただしブーバーの解釈法がこう名付けられ、特定のジャンルに分類されることを、当の本人は望まないであろう。その理由は、1954年の最終版ブーバー/ローゼンツヴァイク訳モーセ五書 *Die Fünf Bücher der Weisung* の付録として発表された「聖書の新ドイツ語訳について」の冒頭で、次のように言及されているからである。

第4章　ブーバー方法論の聖書学的位置づけ

> 今日の人間が、一般的に聖書に対してまだ「関心を持って」いるといっても、それは……「宗教史的」関心、「文化史的」関心、「美学的」関心などに過ぎないのであって、いずれにせよ、剥離し、自律した「領域」に分割された精神への関心に過ぎないのである。（MBW14, 186）

このようにブーバーは、諸学の領域に分けた聖書解釈法に警笛を鳴らしている。同様に、彼は本書で、聖書テクストが「根源的に持っている最初の筆使い、意味、言葉が、ある時は神学に、またある時は文学に由来する流暢な概念によって覆われてしまった」（MBW14, 188）と主張する。聖書テクストが内包している筆致、言葉使い、レトリック等を要素に分割することや、特定の学術的視点から切り出すことが、特に警戒されている。したがってブーバーの聖書解釈法は確かに昨今の文学・美学的批評につながる視座を提供したものと言えるが、それが特定の学問領域から解釈されるものと呼ぶことはできない。なぜならブーバーは、解釈における分割的試みの総合を意図しているからである。

3　正典批評的方法

　本章1節の最後173頁で問題になった「聖書の全体性と統一性」に関して、A・レヴェンソン[21]によれば聖書の全体観的（holistic）で総合的な見地を擁護する試みは、ユダヤ学的に特別発見されたものではなく、プロテスタント学者に限った資料批判でもない。チャイルズ（Brevard S. Childs, 1923-2007）やサンダース（James A. Sanders, 1927- ）、また他のプロテスタント学者によって創始された聖書に対する「正典的アプローチ」も同様

21　レヴェンソンは、「アウエルバッハの『ミメーシス』（1953）は、聖書を、ある補足された文学的・世俗的正典の中心として提供した」（A. Levenson, 177）とE・アウエルバッハ（Erich Auerbach, 1892-1957）を例に挙げ、次節で説明するブーバーのR的方法の受諾は文学批評の隆盛によって支持されてきていると主張する。

に、編集された全体的・統一的テクストへと読者を向けるものである（A. Levenson, 176）。

　旧約学のなかでブーバーの聖書解釈法を探求している研究者北博[22]（1954-）は、ブーバーの言葉「私たちが『ヤハウェの僕』をモーセに見いだすことと……匿名の預言者〔第2イザヤ〕の『ヤハウェの僕』の詩との関係は、畳まれた紙と広げられた紙の関係に等しい」（MBW15, 147）を取り上げ、第2イザヤという紙が広げられると、以前覆われていたモーセが新たに開示されるというブーバーの発想を引用する。これは後の時代（第2イザヤ）で「ヤハウェの僕」が議論される時、前の時代では問われることのなかった人物（モーセ）が、再解釈の可能性として開示されることを示唆している。それは第2イザヤの時代という「現在」で、覆われていたかつての人物モーセが再びリアリティを持って現れてくるのである。そこから北は、ブーバーの解釈法を次のように説明している。

　　ブーバーにとって、ある時代の文書は、単にその時代の歴史状況や政治状況を反映する資料であるにとどまらず、継承された伝承のなかに秘められた意味をその都度新たに発見しながら、継承された伝承に含まれる精神的傾向性を新たな形で次に伝えている。（北 2012、34）

　これはプロテスタント聖書学における正典批評（canonical criticism）的方法に近い。[23]サンダースによれば、正典の本質は、現在化する（contemporize）

22　北博は、ブーバーの聖書解釈法である傾向史的分析を主題に、2つの論文を発表し、そのなかで「初めのうちは歴史批判的な聖書学に慣れた目からはブーバーの聖書解釈が何とも素朴で保守的に見えたものである。しかし徐々に聖書文書に対するその驚異的な注意力と粘り強い思索力に引きつけられ、単なる学問性を超えて、聖書を読むということの根本的意味を問う姿勢に目を向けさせられることになった」（北 2012、31）と感想を述べている。

23　この方法は、聖書を考古学者によって発見された古文書ではなく、また数多く存在する文学作品の一つでもなく、聖なる権威ある書物として信仰共同体によって連綿と受け継がれ、解釈されてきたものとして扱う（中野、280）。

ことにある。正典はそもそもイスラエルや初期ユダヤ教、あるいはキリストや初代教会の歴史ではない。むしろ正典は信仰共同体のアイデンティティのための鏡である。それはいつの時代にも、現代でさえも、自分たちは誰であり何をすべきであるかを求めてそこへ帰るものである（Sanders 1972, xv）。このように正典とは、聖なる伝承、物語、テクストが新しい状況下で受容され、そこで解釈されることによって、信仰共同体のみならず、聖書読者のアイデンティティを常に新しく形成し続けるものである。このように正典化のプロセスは動的なものであり、それをサンダースは「比較研究的ミドラシュ」（comparative midrash）と呼ぶ。それは聖書テクストをつなぎ合わせながら、日常生活に適用し、新たな意味を形成していく解釈法である。[24]

　ブーバーが、聖書を今日の人間一般に向けて翻訳した理由は、このような「現在化」という意図を持っていたからでもある。彼の翻訳の目的は、手元にある聖書というそれを通して、一般の読み手が、汝という形なき聖書の言葉と出会うことである。聖書という窓口を通して、現代人が形なき言葉を受け入れることは、現代に蔓延したそれ化を脱するための手段でもあり、このような意図からも、現在化は彼にとって重要課題であった。ブーバーは聖書に取り組みながら、自分自身もそのなかに居る一つの精神的傾向性のなかで継承された伝承を理解し、さらにその理解した伝承を次の世代へと伝え続けていく作業を試みていた（北 2012、34）。このような姿勢は、正典の現在化に近いものである。

4　R（*Rabbenu*）的方法──生成された統一性

　ブーバーの聖書解釈は、上記のような旧約学の諸方法と極めて近い手法を用いながらも、決してどれか一つに納めることはできない。したがって

---

[24] したがってサンダースによれば、聖なる伝承、テクストは、ダイナミックな正典化プロセスのなかで、常に新しく語り直され、それを通して信仰共同体に対する一つのパラダイムとして機能するようになる（中野、296）。

ここからはブーバー自身が「R的方法」(本4節)と「傾向史分析的方法」(第5節)と名づける方法論を検討したい。ブーバーが聖書を解釈する時に頻出するキーワード、聖書の統一性[25](Einheit der Bibel)とは、歴史的な伝承とその編纂を踏まえた上で、聖書を有機的な全体性として読み進める視座である。これはブーバーの一貫した立場であり、それと関連して、彼は次のような理由から、自らの立場を「R」と名づけた。

〔私たちは〕近代聖書学の略号を使うならば、JやEなどではなく、編集を意味するR、すなわち書物の統一的意識（Einheitsbewußtsein）を用いる。(MBW14, 145)

ブーバーの解釈が、編集を経た最終段階の統一的聖書に重点を置いたと理解される理由は、この主張にある。ただし彼はこの後で、次のように言い直している。

私たち〔自身とローゼンツヴァイク〕は、この省略記号を「編集者」のRではなく「私たちの師（ラビ）」(Rabbenu)の頭文字Rとして解明した。(ibid.)

『神の王権』や『聖書の新たなドイツ語訳について』のなかで、ローゼンツヴァイクがRを「編集者」ではなく冗談まじりに「私たちの師」と解読していたことを、ブーバーは注釈している (MBW15, 204n8; MBW14, 190n1)。そこで彼は、「伝承をそのように選抜し配列するよう心得ていた

---

25 これはローゼンツヴァイクが、1927年4月21日にラビ・ローゼンハイム (Jacob Rosenheim) に宛てた手紙のなかで書かれたものであり (Der Morgen の1928年10月号に掲載。Rosenzweig III, 831)、タルモンは「それ〔聖書の統一性〕は、ブーバーのなかでも同じく見られる視座である」(Talmon 1976, 199) と言及している。聖書の統一性とは、ブーバー/ローゼンツヴァイクに共通する聖書解釈の立場を表現したものと言えるだろう。

人物は、一人の偉大な教師であった」（MBW15, 110）と述べ、ある人物の統一的意識の下で、さまざまな伝承が選抜され、配列されてきたという自らの考えを表明している。私たちの師（*Rabbenu*）とは、長い歴史のなかで一貫してモーセとして理解されてきた（Meir, 105; Fox 1994, 23n4）。その理由は、モーセが創世記から申命記に至るその全体を執筆した人物であると、かつて考えられていたからである。ただしローゼンツヴァイクは、彼とブーバーがモーセ五書を一人の筆者モーセによる統一的書物とは考えないことを、『聖書の統一性』（1927）のなかで表明している。

> また私たちはモーセ五書を一つの書として翻訳する。また私たちにとってそれは一つ（一人）の精神による作品でもある。ただしその一人が誰であったのか、それを私たちは知るすべはない。なぜなら私たちは、それがモーセであったと信じることができないからである。（Rosenzweig III, 831）

ローゼンツヴァイクの言葉どおり、彼らは、聖書が「一つ（一人）の精神に基づく作品」であると捉えた。筆者には、その一つの精神こそ、後述の「共通の精神的雰囲気」を指しているように思われる。したがって彼らが呼んだ聖書解釈の立場「R」（*Rabbenu*）とは、伝承の形成と保存に携わった全ての先人達を意味し、その結果、伝承のなかにはさまざまな層があることを認めた上で、彼らが共通の精神によって感化されながら伝承を統一的に受け継いできたことに敬意を払う立場である。

確かに、文書仮説的方法のパラダイムが崩れるのは1970年代末であるが、1920-30年代の時点で人は文書仮説の問題点にすでに気づいていたことが、次のブーバーの指摘から判明する。[26]

---

[26] 旧約学の分野で、長い間定説視されてきた文書仮説そのものの再検討が始まり、五書伝承の発展がもっと複雑な経緯を持つものであり、従来考えられていた一続きの文脈をなす文書資料の存在が疑問視されるようになるのは、くしくも1970年代後半である（山我「旧約聖書研究史・文献紹介」、317）。

聖書物語から統一的な見解を取り出すことなどできないと、人は異議を唱えるかもしれない。なぜならそれは周知のごとくさまざまな文書、いわゆる「資料」の多くの部分から、異なる時代に成立し、異なる傾向によって規定され、組み合わされたと言われているからだ。しかし 18-19 世紀には価値のあったこの理論もまた、私たち〔ブーバー〕の時代には激しい動揺を経験している。つまり創世記のような一つの書は、ハサミと糊の助けを借りた粗悪な新聞のように制作されたものではないことに、人は気づき始めている。(AS, 874)

特に創世記のような物語は統一的な見解をもって解釈されるべきであると、ここで説かれている。その理由は、それぞれの資料に見られる言語上の違いが特徴的な多くの表現や言い回しは、整然とした全体性の内部で、それらの意味と意図を、ますますはっきりと表すためである（AS, 874f.）。ただしブーバーは上記のように、この全体性が一人の筆者によって完結されたものとは考えていない。彼は、預言者と宮内官、また宮廷で雇われた預言者とフリーの預言者や祭司との間で、描写する素材や形式が互いに異なっていることを認めている[27]。むしろブーバーは聖書の統一性が、根源的に存在していたのではなく、生成し、作られていったものであることを、次のように主張する。

しかしそれにもかかわらず物語は驚くべき統一的特徴を持っており、その統一性は根源的なものではなく、生成されたものである。全ての語り手、すなわち全ての伝承編纂者は、一人一人に特有の傾向性や独自性はあるにせよ、それとは関わりなく、ここで共通の精神的雰囲気に立っているのであり、私はそれを原聖書的つまり聖書以前の聖書的雰囲気と呼

---

[27] その多様性に関して、ブーバーは次のように言及している。「この物語のコーラスから私の耳に、さまざまな語り手の声が響いている。すでに最古の記憶が、さまざまな意図のなかで保持され、それに応じてさまざまな語調のなかで語られている」（AS, 875）。

びたい。(AS, 875)

　聖書とは、多くの語り手がさまざまな伝承を編纂するなかで、漸次的に完成態へと形成されたものである。その時、異なる時代や共同体（例えば祭司集団や申命記史家）固有の傾向性が反映されながらも、彼らは何らかの「共通の精神的雰囲気」を損なうことなくそれを共有していたのではないか。これが聖書解釈を通してブーバーが最も大切にしている視点と筆者は考える。そしてその共通性を、彼は「聖書以前の聖書的な雰囲気」もしくは「原聖書的な雰囲気」と名づけるのである。彼が確信していることは、「ソロモン王朝の晩年より前に、創世記のために語り手のサークルのなかから編集者と呼ばれていた人々がおそらく登場した」(AS, 875)ことである。その彼らは、原聖書的な統一的見解によって感化され（begeistert：霊感を受け）、受け継がれてきた物語の多様性のなかで、ある種の統一性をはっきりと形作って作品へと向かっていった。「共通なるものの存在は決定的であり、個々人はこの共通なるものに、すなわちこの原聖書的なものに関与するよう欲した」(ibid.)とブーバーは述べ、このような原聖書的な統一的見解を持った伝承編集者[28]の存在を信じ、それに適った解釈を彼自身も同様に試みようとする。

5　傾向史分析的方法

　ブーバーは、本章1節bで検討したとおり、ヴェルハウゼンの文書仮説を承認し一定の評価を与えた上で、それを更に乗り越える必要性を説いている。その点に関して、彼は『神の王権』と『預言者の信仰』のなかで、自らの関心が「本文および本文の構造の傾向史的分析（die tendenzgeschichtliche Analyse）」(MBW15, 97)であると主張する。

28　A・レヴェンソンは、ブーバーとローゼンツヴァイクは、律法、預言、歴史、詩編のなかでも同じく神の言葉を再現可能にするために、分離されたテクストよりも編集されたテクストを特別視した（A. Levenson, 176）と述べている。

> 私たちの課題は、まずさまざまに加筆された伝承の層と伝承の特別な傾向性の層の下へできるかぎり迫ることであり、それはすなわち「資料批評」ではなく伝承批評の作業を果たすことである。もちろん私たちが共通に見いだすものが、伝承自体の統一性であると混同されてはならない。（*Propheten*, 242）

まずブーバーは、形ある資料を批評するのでなく、長い時間を経て受け継がれてきた伝承を批評することに言及する。彼のなかでは、時間が経ってもなお維持されてきた、いわば意図されたような統一的な傾向性が、目に見えぬ作用として働いていたことが重視される。

> なぜなら特別の傾向性を超えて、何度も何度も（おそらく預言者的導きの下で）ある種の宗教的な構成的傾向性、統一的傾向性、特別な「聖書的」傾向性が作用しているのである。その傾向性は、信仰的展開のより遅い段階から統一的な根源的意味を形づくり、それどころか意図にしたがって元の状態に戻そうと試みるものであり、最終的編集のなかでこそ頂点に達するものである。（*ibid.*）

ここでブーバーが意図していることは、旧約学で1960年代から流行し始め、1990年代以降主流になった編集史的方法にある程度近いものである。編集史的手法によれば、後代の加筆が重要視され、どのように伝承が編集され、最終段階にいたったか、いわば目に見えるプロセスが研究される。ところが、ブーバーは資料における加筆や編集を整理することはないため、この発言は編集史的方法を採らないことの表明のように思える。

　むしろ彼の説明は、前節の「生成された統一性」と同じ内容を違う概念で説明しているように思われる。ブーバーによれば、イスラエル信仰史には統一的な傾向性が働いており、それが統一的根源的意味を形成してきた、というものである。それを彼は「構成的・統一的・聖書的な傾向性」と言うが、それは字義どおりの統一性ではなく、「聖書的な」統一化（*Propheten*,

243）である。この否定された前者は、歴史的洞察がなく通時性を無視して産物としての最終的編集「のみを」大切にする共時的な方法である。そうではなく、動的に統一化してきた歴史性を、ブーバーは傾向性と呼んでいるようである。

ただし上記引用の最後で言及される通り、その傾向性が頂点に達するのは、最終的編集である完成態の聖書である。

> さまざまな加筆の傾向性を顧慮することなく、維持されてきた根源的統一性があり、それは伝承が発生した時、すでに、たびたび効果のあった傾向性である。（*ibid.*）

このように加筆を経ながらも、なおある種の根源的統一性が維持されてきた傾向性を、ブーバーは大切にするのである。この統一化する傾向が、根源的統一性によって、影響されてきたと言えるのか、またどの程度影響されてきたのか、それについてなるべく逐一検討し、明白にするべきと彼は考えている。以上、この動的な統一化を継続してきた「傾向性」とは、文書の最終形態へ至るまでの伝承の過程を大切にする視点であり、文書の最終形態として眼前に在る聖書は、傾向性を捕まえるための出発点になる。つまり聖書テクストの中に見られるライトヴォルト様式の分析は、この最終形態を表したものである。前者の視点は聖書解釈における通時性、後者は共時性に基づいており、この傾向史的方法は、ブーバーなりの歴史的批評であったと筆者は捉えている。

ここからは傾向史分析的方法に対する評価を検討したい。旧約学者の木田献一（1930-2013）は、北博と共同で『神の王国』を邦訳し[29]、「ブーバーの旧約聖書研究の方法は、ヴェルハウゼンの文献批判、グンケルに始まり

---

[29] 日本語訳のタイトルは『神の王国』であるが、ドイツ語の原題は *Königtum Gottes*、英訳は *Kingship of God* であるため、筆者は「神の王権」と訳した。なぜなら本著では、イスラエルの王権が人間ではなく神に帰せられることが、士師記のギデオンの言葉（士 8:23）をもとに解釈されているからである。

フォン＝ラートにいたる様式史的・伝承史的方法を批判的に継承しながら……」（『マルティン・ブーバー聖書著作集』2、訳者あとがき、311）と述べ、ブーバーが旧約学の方法論を受け継いでいることを認めている。ただブーバーが、それらを批判的に継承しながらも、それとは異なる手法を取っていることを説明する。

> ブーバーの方法と立場はむしろ、そのような諸伝承をモーセをはじめとする預言者的指導者を頂点とする人々の神の直接的支配に対する信仰の立場から出る社会的・政治的批判の傾向から分析し捉え直すという「傾向史的方法」であった。（*ibid.*）

木田によって紹介されたことは、民の信仰から生じるある種の傾向というものにブーバーが着目していた点である。この信仰に根差した傾向性が『神の王権』で展開されているのだが、これはヴェスターマンが批判していた点である[30]。また共訳者の北博は、次のように傾向史的分析を積極的に評価している。

> なおも生成途上にある――伝承の研究、あるいはむしろ伝承の諸改訂とそれを決定づけている傾向性の形成の研究との相互作用無しには、資料批判は錯誤を生み、また誤解に導くことにならざるを得ない。（北、47）

最後に「形なきものの形態化」という切り口で、ドイツロマン主義思想の流れのなかで傾向史概念を分析した小野文生（1974-）の解釈を紹介したい。

> 傾向史的分析というのはあまり聞きなれない概念だが、ブーバーによれば、もろもろの伝統の編集を決定づける傾向が文書には存在し、その傾

---

[30] 本第4章1節a参照。

向がどのように形成されたのかという観点から聖書テクストを読み解く方法だとされる。それは生活の座において使用された語りや口碑の類型や編集の様式に着目する様式史、あるいはその伝承の過程に着目する伝承史の方法に、ある程度まで沿うものであるといえる。(小野 *Jismor* 6, 14)

ここで小野は「様式史あるいは伝承史的方法にある程度まで沿う」と、旧約学の歴史批評的方法との類似性を指摘する。その理由は、ブーバーが、イスラエル民族共同体による共通の記憶や信仰史に重点を置き、それを通して彼らが伝承を統一的に受け入れることが語られるためである。

筆者は、この手法を旧約学のなかで語るのであれば、おそらく伝承史的方法になると考える。というのも伝承史研究は、伝承が生成された過程を大切にし、伝承の最古の形態を目指すからである。ただし伝承史研究は、完成態の聖書から、資料を伝承ごとに分け、最終的に資料の起源に遡及する手法を採るため、考古学的アプローチによる実証研究に根差している。その理由は旧約学が、歴史的に形あるものとしての伝承資料を対象としているからである。この点においてはブーバーの手法とは異なっている。聖書の傾向史的分析という表現でブーバーが意図したことは、口伝で語られてきた聖書の歴史にはある傾向が存在し、彼が「『原編集』と呼びたい事態」(MBW15, 121) の痕跡が伝承されてきた点である。この原編集をブーバー自身はこう説明する。

〔原〕編集とは、書かれたものという意味の書物となる以前を指しており、すでに初期の様式生成のなかで一つのまとまりとなった伝承の編集である。(*ibid.*)

これは前節で、ブーバー自身が「原聖書的な雰囲気を共有した編集者による統一的見解によって聖書は完成した」と説明した内容を、傾向史的分析という名で言い直したものに過ぎない。

このブーバーにおける原編集を、小野は、かたちないしはゲシュタルトとも理解することができると考え、こう説明する。

　　書かれたものという意味の書物になる以前の、いわばより根源的な伝承への「意志」のことであり、……テクストのかたちをかたちづくってきた伝承への意志の連鎖であり、完成態としてのかたち自体ではなくかたちをかたちにしている「何か」なのである。（小野 *Jismor* 6, 15）

小野は、文書の最終形態という結果そのものではなくて、そうした結果を含めその「結果へ至る過程全体」を、「形なきかたち」と表現し、ブーバー思想で重視されるものがそれとしての形ではなく、この複雑な事態を表していることを指摘した。
　ところで、ブーバーのハシディズム解釈のなかで、世界に内在する神の火花（シェキナー）に関する理解は、あらゆる被造物に汝と語りかけるというコンセプトにつながるのだが、それは屑や抜け殻となったモノ（それ）のなかに聖なる火花が宿っており、それに向かって汝と語ることによって火花が解放される論旨で語られる。これはいわば、文書の最終形態のなかに伝承の歴史や信仰史を見いだすアイデアに読み替えられる。それによって今手元にあるそれとしての聖書のテクストが、生き生きとした神の言葉、つまり汝として蘇るのである。小野はこのようにブーバーが聖書解釈のなかで「形なきもの」を大切にする視座が、ブーバー思想の我‐汝やハシディズム解釈と結びついていることを指摘する。
　ショーレムは、ブーバーのハシディズム解釈は歴史批評的感受性に欠け、かつ学術の科学的基準を損なっている、[31]という内容でブーバーの恣意性を批判した。ただしブーバーにおけるハシディズム解釈の主眼は、聖人た

31　具体的にショーレムは次のようにブーバーを評価した。「ブーバーは、彼の目的に合うよう、事実と引用を結びつけている。つまり彼は、ハシディズムを歴史的現象でなくスピリチュアルな現象として紹介している。彼はしばしば、歴史に関心が無い、と言っていた」（Scholem: *Judaica*, 170）。

ちの伝説を抽出し、そこに見られる最も固有で根本的な真理を発見することである。それゆえショーレムに言わせれば、ブーバーは、ハシディズムの倫理を要約的に述べており、膨大な歴史的素材をあえて省くことがあった（Scholem: *Judaica*, 170）。このブーバーの研究上の姿勢は、ヘブライ語聖書解釈のなかでも同様に見受けられる。それはヘブライズムというヘブライ語聖書のなかにある傾向性を抽出する姿勢が、ブーバーによる聖書の読み方であり、彼の独自性なのである。

結び　通時性と共時性

昨今の聖書学では、聖書に対する進歩的アプローチ〔伝承の発生から形態化に至るまでのプロセス〕と「最後の作品」としてのアプローチは、互いに反目し合って生存する必要はなく、むしろテクストの相互補完的な視座として機能することが可能である、と専門研究者によって提案されている[32]。いわゆる共時的な聖書分析の専門家は、歴史的要因の妥当性を認めているように思われ、同じく通時的精神を持った批評家は、以前よりも全体観的（holistic）な視座にさらなる関心を持っていることは明らかである（Fox 1994, xixf.）。フォックスがこう主張するように、どれか特定の方法論にのみ依拠する聖書解釈は生産的ではない。むしろ相互補完的にそれぞれの方法論を採用する試みが、今日における聖書解釈の主流となるに違いない。それがブーバーの聖書解釈を研究する者にとっての理解であり、筆者もその立場を支持したいと考える。

旧約学者の勝村弘也（1946-）は、1982年の時点で、歴史批評的方法に対して、言語芸術作品としての聖書という共時的な視点を紹介し、次のよ

32　Cf. David Damrosch: *The Narrative Covenant* (San Francisco: Harper&Row, 1987). James W. Flanagan: *David's Social Drama* (Sheffield: Almonds Press, 1988). David Jobling, Peggy L. Day, and Gerald T. Sheppard, eds., "New Constructs in Social World Studies," *The Bible and the Politics of Exegesis*, (Cleveland: Pilgrim Press, 1991) 209-223. (Cf. Fox 1994, xix-n20)

うな比喩をもって表現した。

> 聖書テクストは、澄みきった秋の夜空にたとえることが許されよう。……私の頭上には、今現実に星空がある。そして「話すことなく、語ることなく、その声も聞こえないのに」神の栄光を物語っている。星空が**ひとつの全体**として、神の作品として私にたち現れる時、その無限の美しさが甘受されるのである。[33]

ここで言及されているように、読み手が聖書に向き合う時、最初に目に入るものは物語の全体像であり、それを比喩的に夜空に散らばる星々の輝きと表現することができる。それは決して一つ一つの星の輝きの総体などではなく、ひとつの全体性もしくは統一性であり、まずそれが読み手に受けとられる。ここで読み手は、一つ一つの星の輝きを分析するより前に、全体としてひとつの作品が持つ美しさに魅せられるに違いない。この比喩が、聖書解釈の共時的視点である。それは第2編第1章5節で紹介した三次元構造における「水平的原典忠実性」を表す文学批評的な視点である。ただしブーバーは、この共時的な芸術文学的批評を翻訳理論の出発点としながら〔当の本人は、美学や文学といった細分化された方法論を認めていないのではあるが〕、共時的分析にとどまるわけではない。

勝村は、聖書解釈の通時性を、次のような秋の夜空にたとえる。

> 一つ一つの星は、それを観測する私とそれぞれ非常に異なった距離的関係を持っている。私の見ている星は、今そこにはない。この星は何千年、あの星は何億年もの遠い昔からやってきた星なのである。今、ここで、

33　傍点は筆者による強調。この引用の省略した箇所を明記する。「幾万の星々がそれぞれの光の強さと色を持ち、星座を織りなすように集まりながら輝いている。しかし自然科学の教えるところによれば、星座などというものが客観的に存在するのではない」（勝村弘也「言語芸術作品としての旧約聖書物語テキスト――その共時論的研究序説――」、51）。

第 4 章　ブーバー方法論の聖書学的位置づけ

私の見ている星空は、そのような光の集合に過ぎないのだ。(*ibid.*)

ブーバーの聖書解釈法は、何千年にもわたって継続的に輝き続けてきた星それぞれの歴史性という過程（ブーバーの言う R：私たちの師）に敬意を払い、互いの星の輝きを打ち消すことなく、全体としてひとつの美しい星空を形成させてきた歴史的「傾向」を捕まえようとするものである。その傾向性こそ、完成態としての聖書テクストを成り立たしめている前テクスト的な作用、もしくは彼が表現した原聖書的雰囲気である。これは本章の冒頭で、旧約学の研究史を執筆した H・J・クラウスが評価したとおり、ブーバーの聖書解釈は「隠された前理解を明らかにするもの」である。また第 2 編第 1 章 5 節で紹介した三次元構造における「垂直的原典忠実性」を表す「テクストの背後」で積み重ねられてきた歴史的視点である。

そして究極的にブーバーが目指すものは、共時的・通時的な方法を通した語られる言葉との出会い[34]である。この点に関してタルモンは、こう評価する。

> ブーバーの対話的方法は、聖書理解の焦点として、文学類型〔共時性〕と通時〔歴史批評〕的な層との差異を最小化する（Talmon 1996, 46）〔役割を果たす〕。

「文学と歴史」を「対話」によって統合する方法については、メイールも同じように言及していたことである[35]。私たちがこれまで検討したとおり、ブーバーの方法論は文学批評 / 歴史批評という共時 / 通時的アプローチ、テクスト内 / テクスト背後という両側面があり、それを踏まえた上でテクスト外の読者との対話が目指されている。ブーバーは聖書の翻訳や解釈を通して、これら 3 つの方向性を備えた手法を採っていた。ただ彼自身

34　第 2 編第 2 章 4 節「聖書翻訳の意図とポストモダン」参照。
35　「ブーバーは文学的釈義と歴史批評的釈義とを、彼の聖書釈義のなかで対話的解釈と結びつけた」(Meir: 50BB, 91)、第 2 編第 1 章 4 節を参照。

は、自身の聖書に対する取り組みが、どれか特定の方法に限定されることを避けたかったに違いない。なぜなら学問や方法論が細分化され、解釈が類型化される事態こそ、彼が注意を喚起し続けてきた近代における分離・分節化であり、それを彼の述語で表現するならばそれ化なのである。

　ブーバー自身は、聖書の統一的・包括的読解に身を捧げ、汝としての聖書に出会うよう読み進めた人物であるため、方法論においても、どれか一つの手法という枠に限定されないと考えてしかるべきである。だからこそブルームは、次のように評価する。

>　ブーバーの聖書批評としての比喩的で双曲線的な言語は、私たちが持っている聖書に対する固定観念的反応を打破する作用をなし、聖書がもつ未知のものを復元するものである。（Bloom, xxv）

　以上、ブーバーの聖書解釈は、本章で取り上げたような細分化された方法論の硬直化を打破し、未知のものを復元する可能性を示唆するものではなかろうか。これらの研究者によるブーバー評価から、筆者はこう考える。

第5章　神名の翻訳における我-汝

　ここからブーバーによる具体的聖書テクストの翻訳を紹介するなかで、彼が試みる聖書翻訳/解釈の方法や、そこから導き出される思想を検討していきたい。本章では、ブーバー/ローゼンツヴァイク訳ヘブライ語聖書における「神の名前」の訳語に焦点を当てる。[1] 彼らは、神名の訳語を選出する際、それが本来持っている意味を損なわないように試みた。その神名の数は、ヘブライ語聖書全体で120あまりに及ぶが、本稿では主に出エジプト記3章14節で問題となるエヒイェ・アシェル・エヒイェ（*ehje 'ascher ehje*）と、神聖四文字（テトラグラマトン）であるヤハウェ（JHWH）を取り上げたい。

1　出エジプト記3章の構成と意味的一貫性

　ブーバーは2つの理由から、神名を解釈する必要があった。一つには、彼がローゼンツヴァイクと共に聖書を翻訳する時、ヘブライ語の表記を何とかドイツ語に転写する必要があったためである。特に彼らは、既存のルター訳とM・メンデルスゾーン訳とは異なる聖書翻訳を目指していた。2つ目は、ブーバーが、ヘブライズムにおける名前の意味を哲学的に考察し、

1　本主題は、ブーバー研究の中でも、頻繁に取り上げられるものである。例えば、下記の2つの論文は、神名に関して、ブーバー/ローゼンツヴァイクのみならず、複数の訳語を比較検討した研究である。Daniel Krochmalnik: JHWH. Im Spannungsfeld der jüdischen Theologie (2010). Hanna Liss: Entkontextualisierung als Programm: Die Bedeutung des Göttlichen Namens bei Frans Rosenzweig und die pronominale 'Er-Setzung' des Tetragramms, in: *Jewish Studies Between the Disciplines*, Papers in Honor of Peter Schäfer on the Occasion of his 60th Birthday (Leiden/Boston: Brill, 2003).

それによって神名を明らかにするためである。出エジプト記の燃える柴の出来事を通して、モーセは神にその名前を尋ね、それに応答した神は自らの名を明かすことになる。ただモーセが神の名を問うた意図は、エジプトでの隷属状態に苦しむ民という物語の文脈と、ヘブライズムが持つ「名前」の理解なくして解明されることはない。つまり彼らによる神名のドイツ語訳とその思想的解釈とは、それらの相互連関のなかで判明するものである。

　ブーバーは、多くの論文のなかで、神名について議論している[2]。ヘブライ語聖書における神名の解釈は、たいていの場合、出エジプト物語の3章14節が属するエロヒストに帰せられる。出エジプト記3章は、3つ4つもしくはそれ以上の資料（文書）から出たものとされているが、2つ3つの補足部分を除くと、それは一つの鋳造から産み出された一大作品である。それを複数の異なる資料によって分割するのであれば、物語の文脈と一貫性が分断されてしまう[3]（*Propheten*, 264）。ブーバーはこのように主張し、それは一つの決定的に重要な例によって示すことが可能であると、その一貫性を強調する。

　その例は、3章の7節から10節にかけて、神がモーセに語りかけるなかで、使信の理由（7節）と意図（10節）が表明される箇所である。この部分は全体としてまとまった巧みな構造を持っており、その初めである7節と終わりの10節には、互いに対応する語句「私の民」という主題語（Motivwort）と「エジプト」という地名が、次のように繰り返されている〔傍点は筆者による強調〕。

2　例えば『ユダヤ的魂の焦点』『神の王権』『聖書とそのドイツ語訳』『預言者の信仰』『モーセ』などである。

3　出エジプト記3章におけるヤハウィスト資料は、1節から4節前半、7節から8節、16節から18節、エロヒスト資料は4節後半、5節から6節前半、9節から14節、編集者による加筆が6節後半と15節である（『出エジプト記』山我哲雄/木幡藤子訳、9n16）。

私は、エジプトに居る私の民の苦しみを、つぶさに見た。(出 3:7)
　　私の民イスラエルの人々を、エジプトから導き出せ。(出 3:10)

　この箇所の資料を分析すると、前者7節はヤハウィストによるもので、後者10節はエロヒストによる資料である。したがってこれらは異なる時代と異なる共同体のなかで生まれた資料を組み合わせたものである。しかしこの箇所は、神のモーセに対するメッセージが表明される一貫性が不可欠であるため、このような資料仮説では物語の構成と意味を解釈することはできない(*Propheten*, 256)。ブーバーはこのように考え、この箇所を一貫した一つの作品として解釈する。なぜなら初めと終わりに「私の民」という語が繰り返されている事実は、まさに神がモーセを遣わす時に語った言葉の導入と締めに相当し、神の語りかけが複数の資料によって分断されないことを示している。

2　M・メンデルスゾーンによる神名のドイツ語訳：永遠なる者

　ブーバーとローゼンツヴァイクより前のヘブライ語聖書ドイツ語訳者のなかで、神名に独特の訳語を充てた人物が、メンデルスゾーン（Moses Mendelssohn, 1729-1786）である。彼はモーセ五書を、ヘブライ文字で音写されたドイツ語に翻訳し（1780-83）、同時にモーセ五書をヘブライ語で注釈した。M・メンデルスゾーンは、その注釈（Be'ur）のなかで、次のよ

4　聖書の語法として、繰り返しは強調を意味する（*Propheten*, 256）。
5　Cf. Rainer Wenzel: »Was soll ich ihnen sagen?« Moses Mendelssohn und Salomo Dubno über die Gottesnamen, 2 Teilen; in: *Kalonymos*, Beiträge zur deutsch-jüdischen Geschichte (Duisburg: Salomon Ludwig Steinheim-Institut, 2006).
6　後に、彼と同時代の者や後の文学史家たちによって、1815年にヘブライ文字から通常のドイツ語へと清書された。Cf. "Bible. Jewish Bibles in German;" in: *Encyclopedia Judaica 2nd ed.*, vol.3 (Keter Publishing House LTD, Thomson Gale, 2007), 631.
7　この注解の正式な題名は *Netivot ha-shalom* であるが、一般的に Be'ur もしく

うに書かれたミドラシュ・出エジプト記ラッバー（ExR 3:6）[8]を参照するなかで、神名の意味を考察する。

> 聖なる者（ああ、誉れあれ！）は、モーセに言った。彼らにこう言え「私は、かつて存在し、今も同一の者として存在し[9]、将来も同様に存在するであろう」と（Mendelssohn 9/3, 114）[10]。

ミドラシュ・ラッバーで、出エジプト記3章14節がこう解釈された理由は、神聖四文字JHWHが、be動詞の現在（hwh）過去（hjh）未来（$jhjh$）全ての時勢を含んだ語[11]として理解されたためである。これら3つの時勢を包括するヤハウェのもとでは、変化もなければ、特定の期間もない。いわば全ての時間が、一つの名によって呼ばれている。すなわち全ての過去と未来の時間が、創造主のなかで現臨するのである。このような時間を包

はBiurと呼ばれている。メンデルスゾーンは1783年に完成したモーセ五書の他に、1785-91年に詩篇、1770年にコヘレト、1788年に雅歌、デボラの歌なども翻訳した。

8 本書の3章6節では、エヒイェが3度登場する（Krochmalnik 2010, 12）が、これは英訳版のみに記載されたものである。Cf. *Midrash Rabbah. Exodus*, trans. Rabbi S. M. Lehman (London: Soncino Press, 1939), 64. ミドラシュ・出エジプト記ラッバーでは、神聖四文字JHWHが「永遠なる者」と訳されており、M・メンデルスゾーンはこれに倣った（*Der Midrasch Schemot Rabba*, Par. III. Cap. III, V. 14, 41f.）。

9 Cf. 申32:39。

10 Cf. タルムード：ベラホット9B（Buber/Rosenzweig: *Scripture and Translation*, 102）。

11 15世紀以降、ユダヤ教の安息日などの典礼で歌われたアドン・オーラーム（*'adon 'olam*）には、興味深い詩がある。そこにはHe was, he is, and he will be in glory. (*hajah, howeh, jehje*) と韻律を効かせたフレーズがあり、神が過去・現在・未来を通して現臨することをうたっている。現在形の存在を意味する語が*howeh*と、ヘイ・ヴァウ・ヘイで表記されている点は興味深い。be動詞の現在形は存在しないが、*hawah* (hwh) は*hajah*と同じで、より古いヘブライ語層に属するだけである（*Moses*, 64）。

括する存在は、必然的な存在者であり、その聖なる名前は「永遠で、必然的で、予知的なる存在者」(das ewige notwendige, vorsehende Wesen) を表現していると M・メンデルスゾーンは考えた (*op.cit.*, 115)。以上のような理由から、彼はモーセ五書における全ての神聖四文字 JHWH に「永遠なる者」(der Ewige) というドイツ語を充てたのである (Rosenzweig III, 804)。

こうして M・メンデルスゾーンは、出エジプト記 3 章 14 節を次のように訳した。

> 3:14 Gott sprach zu Moscheh: ich bin das Wesen, welches ewig ist. Er sprach nämlich: So sollst du zu den Kindern Jisraels sprechen: »Das ewige Wesen, welches sich nennt: ich bin ewig, hat mich zu euch gesendet.« (Mendelssohn 9/1, 219)
> 神はモーセに言った「私は永遠の存在者である」。すなわち彼〔神〕が言ったことは「だから汝はイスラエルの子らに次のように語れば良いでしょう『私は永遠だと称する永遠の存在者が、私〔モーセ〕を汝たちの下へと遣わした』と」。

このようにメンデルスゾーンは、エヒィエに対しても「永遠の存在者」(das ewige Wesen) という訳語を充て、神聖四文字のみならず同じ意味を持つ神名と捉えた。彼はミドラシュ・ラッバーのなかで表現された神の特性である永遠性を取り入れ、神名を再現したのである。

3 エヒィエ・アシェル・エヒィエのドイツ語訳

ブーバーとローゼンツヴァイクは、この M・メンデルスゾーンの訳語には強い不満を持っており、それが彼らの訳語選定に大きな影響を与えている。1925 年 5 月から創世記のドイツ語訳に取りかかった彼らは、早くも翌年に出エジプト記 (*Das Buch Namen*, 1926) を単行本として刊行して

いる。ブーバーは出エジプト記をドイツ語化する最初の手書き草稿で[12]、3章の当該箇所を当初左のように訳していた。この左側の訳語はルター訳とほぼ同じである。だがブーバーは書簡によって、ローゼンツヴァイクから訳語を修正するよう示唆を受ける。

　　3:12 Ich werde mit dir sein. → Ich werde dasein bei dir
　　私は汝と共に存在するであろう→私は汝の側に居るであろう
　　3:14a Ich Werde-Sein der ich sein werde. → Ich werde dasein als ich dasein werde.[13]
　　存在する（sein） →　居る（dasein）
　　3:14b Ich-Werde-Sein → Ich-bin-da → ICH BIN DA
　　私は－存在する－であろう　→　私－は－居る　→　私は居る

その結果「存在する」から、右のように「居る」という語へと訂正された。ローゼンツヴァイクが左の訳語に対して異を唱えた理由は、彼が『永遠なる者』(1929)のなかで主張するとおり、M・メンデルスゾーン訳との差異化である。後者のように神を「永遠不変なる存在者」として規定することを避け、代わりに「生成変化する人格者」として表現することを、ローゼンツヴァイクは望んだのである（Rosenzweig III, 806）。

　他方ブーバーは、自らの著作の複数箇所で、ヘブライ語の be 動詞ハーヤーは「生成する / 起こる / 現前化する / 現臨する / 居る[14]」等の意味を含んでいると述べており、その be 動詞の特徴を損なわない訳語を求めた。

12　ブーバーによる聖書翻訳の手書き草稿とタイプ原稿は、エルサレムのユダヤ国立図書館のなかに設置されている「ブーバー・アーカイブ」で閲覧可能である。そこで確認可能な出エジプト記 3 章の原稿は、ブーバーの手書きによる訂正が施されている。

13　1923 年の『我と汝』では「啓示の言葉は、私は居る者として居る（Ich bin da als der ich da bin）である」（ID, 154）と、出エジプト記 3 章 14 節と思われる当該箇所が異なる訳によって表現されている。

14　生成する（werden）、起こる（geschehen）、現前化する（gegenwärtig werden）、現臨する（gegenwärtig sein）、居る（dasein）(MBW14, 207; MBW15, 145).

第 5 章　神名の翻訳における我 — 汝　　　　　　　　　　　　　　　199

最終的にブーバーとローゼンツヴァイクは、ルター訳の「存在する sein」を採用せず、「居る dasein」という訳語でエヒイェ（ehje）を再現することになった。内容的に解釈された「現臨する gegenwärtig sein」などを充てるのではなく、be 動詞 sein に似た表記でありながら、その内容をも的確に含む dasein を用いたのである。

4　神聖四文字 JHWH のドイツ語訳

　神聖四文字 JHWH（ヤハウェ）は、四文字の子音が組み合わされたものであり、マソラ本文のなかで付けられている母音は慣習的なものであって、本来は母音を付けて発音することが禁じられている。したがって聖書テキストにこの語が出てくる時、慣習的に人々は「主」[15]を意味するアドナイ、もしくは「名前」を意味するハ・シェムと読んでいた。だが、なぜ神は発音できぬ名を示したのであろうか。
　神の名を発音することが禁じられた背景には、エジプトにおける魔術主義に染まった人々に対する抗議がある。エジプトの魔術的行為には、神の名前を唱える事によって、神を召喚するという伝統があった。つまり十戒の第 3 戒で、神の名を空虚に[16]唱える事が禁じられている理由は、「民が名を知ることによって、神を意のままに召喚できる」という当時エジプトで信じられていた魔術崇拝を戒めるものである。それは十戒の第 2 戒で、偶像崇拝が禁止されることと同じ理由である。第 2 戒では神の形象化が禁じられ、第 3 戒では神の名称化が禁じられたのであり、それらは共に「神の対象化」という危険性を警告するものであった。それをブーバーの術語を用いて表現するならば、神のそれ化である。もしも民に神の名を与えてし

15　神聖四文字を「主」と訳した 70 人訳聖書に倣って、ヒエロニムスとルターも同様の訳語を充てている。
16　空虚に（zum Wahnhaften）: 虚構的／妄想的／無意味に唱えることである（*Propheten*, 260f.）。Cf.「自身の魂を『空しいこと』へと高揚させない者」（詩 24：4）。

まえば、人間は自分の都合の良い時に、その名を唱えて呼び出すことが可能となろう。それは最も避けるべき偶像崇拝の一形態なのである。

〔エジプトでの奴隷生活に〕苦しんだ者たちは、神がすぐに現れて自分たちを助けるために、いかにすれば神を強力な魔術で召喚できるのか、知りたがるだろう（彼らはそれをエジプトで知っているので）。彼〔神〕の使信は彼らを満足させることなく、彼らは神を奪いたがるであろう。(MBW15, 145)

したがって神は、呪文によって唱えにくい文章表現としての「私は居るであろう」や、発音することができぬタブー語（*Propheten*, 266）として、神名を開示したのである。まず神がエヒイェ（私は居るであろう）と明かした理由は、「私は呪文で呼び出されるには及ばない。なぜなら私は常にあなたたちのもとに居るのだから」（*Moses*, 63）と、いわば召喚魔術によって名を唱える必要性がないことを告げるためである。

　次に、神聖四文字 JHWH は、その発音できないという特徴が大切なのであり、この語を翻訳するためは、その特徴を損なってはならない。そこからブーバーは、M・メンデルスゾーンのように神聖四文字を be 動詞か[17]ら派生した語とは考えず、「ヌーメン的な原始的発声音」（*Propheten*, 266）として捉えた。それは「純粋なる絶叫」を意味するヤー（*ja*）という感嘆詞と、「彼」を意味するフー（*huh*）という人称代名詞が組み合わされて形成された子音四文字としての JHWH、という解釈である（*ibid.*）。したがってこの四文字に特別な内容はなく、それは「おお！彼よ」という「黙音の呼称」(MBW14, 206f.) という意味である。そこから神聖四文字に含まれる人称代名詞を活かしたドイツ語訳を、ブーバーとローゼンツヴァイクは考案した。彼らは JHWH の訳語として、それが主格で用いられる時は

17　古ヘブライ語は、ユッド（J）がヴァウ（W）になるケースが多く見られ、神聖四文字を be 動詞の三人称未完了系と見なす解釈もありえるのだが、ブーバーはそのように考えてはいないようである。

ER（彼が）と、属格ではSEIN（彼の）と、与格ではIHM（彼に）と、対格ではIHN（彼を）と定めた。そして神が話している時にはICH（私）と、神が呼びかけられる時はDU（汝）と、神について語る時にはER（彼）と、詩文と散文に応じて訳語を使い分けたのである。[18]

5 人格の本質を表明する名前

　確かにモーセは、出エジプト記3章13節で、神にその名を問うている。ただ果たしてモーセは、本当に神にその名前を問いたかったのであろうか。なぜならここでのモーセの問い方は、次のような理由から、非常に不自然だからである。

> 聖書ヘブライ語で、ある人の名前を尋ねたい時には、ここ（3:13）でのように「彼の名前は何（マー）ですか」あるいは「あなたの名前は何（マー）ですか」と言われることは決してなく、「あなたは誰（ミー）ですか」や「彼は誰（ミー）ですか」と問うことが常である。（Moses, 58）[19]

ヘブライ語で相手の名を問う時は、「誰（wer）ですか」や「あなたはどのような（welch）名前ですか」（士13:17）と問うのが常である。そこで使われる疑問詞は、「誰」や「どのように」であって、決して「何」（was）ではない。したがってモーセが「あなたの名前は何ですか」と神に問うたことは、「なにも名を問うたのではなく、むしろ名前のなかに現されている事柄、あるいは隠れている事柄が問題だ」（Moses, 58）とブーバーは考える。

18　例えば、ハレルヤー（Hallelu-jah）のヤーは神聖四文字の一部であるので、Preiset oh Ihn!（さあ彼を賛美せよ！）と訳出された。
19　現代ヘブライ語でも、相手の名を尋ねる時は「あなたはどう呼ばれていますか」（eikh qorim lekha）と表現するのであって、英語のようにWhat is your name? と尋ねることは決してない。それはドイツ語でWie heißen Sie? と表現されることと同様である。

それゆえ、この箇所と同様に、語句レベルで「名」と「何」が結びついている聖書の用例を、他の箇所から探さねばならない。それは聖書全体のなかで、箴言 30 章 4 節と創世記 32 章 28 節においてのみ見られる。前者は一つの奥義を示す箇所である。そこで語りかけられている者は、世界を創造した者の名前を知らないのではなく、その者の本質を知らないことが重要である。そして後者は、次章で検討するヤコブと神がヤボクの浅瀬近くで格闘する箇所である。

　ヤコブ物語 32 章で、神／ある人はヤコブに対して「汝の名前は何か」と尋ねる。つまりヤコブは、出エジプト記 3 章 13 節とまったく同じ表現によって名を問われたのである。ここで神（ないしはある人、もしくは使者）はヤコブに祝福を授けると同時に、新しい名前を付与する。このヤコブからイスラエルへの改名は、その名が持つ意味の変化であり、具体的には欺く者から神と闘う者への人格的変化である。つまりここでヤコブは、神に名を尋ねられることを通して自らの人格が問われていたのである。聖書における登場人物の名前は、皆それぞれ出生の理由と結びついて付けられている。その人物の名前と人格的本質とは、切り離すことができない。

　したがってモーセの問いは、単に神の名称を尋ねたわけではなく、「民との関係における神の有り様」を尋ねたものであり、それに対して神は「私は汝たちと共に居るだろう」と応えたのである。そこからブーバーは「エヒイェは名前ではない。神は決してそのように名付けられることはできない」（*Moses*, 64）とも言っている。ただこの一回限り、神の言葉を民へと伝達するこの一瞬限りで、モーセは神の自己理解をエヒイェという名前として口に出すことが許されたのである。

6　出エジプト記 3 章 14 節の前後におけるエヒイェの使用例

　この名前理解を踏まえ、ブーバーは、聖書におけるエヒイェの使用例と、出エジプト記 3 章という文脈から、神の本性を開示するところの神名を再解釈する。モーセ五書全体のなかで、エヒイェはたった 6 回しか使われて

第 5 章　神名の翻訳における我―汝

おらず、2 度現れる当該の出 3:14 の前後では、3 度登場する[20]。そこでは以下のように使われている。

　　私はあなたと共にエヒイェするであろう。（出 3:12）
　　私はあなたの口と共にエヒイェするであろう。（出 4:12）
　　私はあなたの口と共にエヒイェするであろう。（出 4:15）

このように 14 節以外では、全て「あなたと共に」「あなたの口と共に」という表現をもってエヒイェが使用されている。聖書の最終編集者の意図は、この一つの段落でエヒイェを 5 度繰り返させることで「一貫した同じ意味の統一性」を持たせた、と筆者は理解する。エヒイェが用いられる時、必ず神が主格として語りかけていることが特徴的であり、また「あなたと共に」という語と併せて登場することが常である。したがって 14 節も内容的にそう考えることが妥当であろう。またモーセ五書に限らず、聖書のなかでエヒイェが登場する時は、神が「民と共に居る」という文脈のなかで語られている。それは具体的に、ヨシュア記 1 章 5 節と 3 章 7 節で神がヨシュアに、また士師記 6 章 16 節で神がギデオンに、共に居ることを約束する使信のなかで見られる。

　特にホセア書 1 章 9 節では、エヒイェがこれらの箇所のように動詞としてではなく、固有名詞的に使われている。そのような使用法は、当該の出 3:14 以外では、唯一である[21]。ここで神は産まれたばかりのホセアの息子にロ・アンミ（lo-'ammiy：非・私の民）と名づけるよう指示し、ホセアにこう語りかける「あなたたちは私の民ではない。私はあなたたちにとって

20　6 回目は、申命記 31 章 23 節の「私はあなたと共に居るであろう」である。
21　有賀は「それ〔私は有って有る者〕は聖書自体を通じてただ一回しか現れない表現であるが、ただ一回だからとて重要なものは重要なのであり……」（有賀鐵太郎『キリスト教思想における存在論の問題』創文社、1981、183）と述べているが、エヒイェが固有名詞の神名として用いられている箇所は、出 3:14 とホセ 1:9 とで 2 つある。

のエヒイェではない」。神がこのように語った理由は、この直前に産まれたホセアの二人の子どもの名前と関連している。神はこの二人の子どもの命名を通して、イスラエルの王位を終わらせ、イスラエルの弓を折り、イスラエルの家を決して憐れまず、決して赦さない（ホセ 1:4-6）と言っていた。預言者研究を専門とする旧約学者 H・W・ヴォルフは、ホセア書1章9節で描写された「民に対するエヒイェの否定」とは、「ヤハウェがイスラエルにとって現臨する者だという確証性が否定された」（Wolff 1990, 24）事態であると注解している。これは民が不誠実であるがゆえに、「あなた達にとって、私が共に居る（エヒイェ）ことは、もはやない」と、神自らの現前性が喪失されることを告げた使信である。すなわちこのホセア預言は、かつてモーセとの契約時に民に打ち明けられた名前が、その民の振る舞いによって再び閉ざされたことを意味している（*Moses*, 64）。

7　奴隷状況という文脈における神名

　次に、出エジプト記3章という物語の文脈から、神の語りかけの意図を解釈してみたい。当該箇所は、神が「エジプトで奴隷として虐げられていた民を、連れ出し、導く」という使命を、モーセに対して授ける場面である。ところが民はモーセのように神自らの口を通して言葉を聴くことができない。なぜなら民と神との直接対話は閉ざされており、預言者を媒介する必要があるためである。このような状況下で、民は一体どのような精神状態にあり、何を強く望んでいたのだろうか。ローゼンツヴァイクは、次のように解釈する。

> 弱気になっている不運な人々〔イスラエルの民〕にとって、神の必然的な実存についての講義など、いかなる意味があるであろうか。彼らが必要としたことは、まさに臆病な指導者〔モーセ〕と同じく、神が自分たちの側にいることの確証であり、それを指導者を通してではなく、神自身の口から聞きたかったのである。（Rosenzweig III, 806）

第 5 章　神名の翻訳における我―汝　　205

民は、これまでの古き曖昧な名前である神聖四文字 JHWH に光が差し、神の由来が確証されるような確実な形式を望んでいた。それに対して、神はエヒイェ・アシェル・エヒイェと応答し、今まで三人称 JHWH で隠蔽していた自らの本性を、一人称 *ehje* によって開示したのである。

　ローゼンツヴァイクの言う「神の必然的な実存についての講義」とは、神の永遠性やその独立自存の存在（MBW14, 207）がこのエヒイェを通して明かされたという伝統的解釈を指している。これまでカルヴァンと M・メンデルスゾーンはそれぞれ永遠なる者（der Ewige）や永遠の存在者（das ewige Wesen）と、またヒエロニムスは在りて在る者（Ego sum qui sum）と訳出していた。そこから神は、永遠的存在者もしくはその存在を不変的に確保する者（*Moses*, 62）と理解される傾向にあった。しかし上述したとおり、ローゼンツヴァイクはこの解釈を受け入れない。ここは神が「自らの民に解放を告知する」場面であり、それは差し迫った文脈における神の言葉である。

　そこからブーバーは「はたしてこのような重要な時に、距離のみを確保して近さを保証しないという事態が、語り手の見解なのだろうか」（*ibid.*）と問いかける。むしろこの場面では、形なく、名もなき神が民族を導くという不安状態のなかで、これから将来的に「神は常に私の側に居るでしょう」という安心感を得させることが必要であった。だからこそ神は、「民と共に居まし、共に歩み、民を導くことを望む」という自身の意志を示したのである。それは父祖ヤコブの物語で「私はあなたと共に居る」（創 31:3）と、ヤコブに援助と保護を与え、共に歩むことを約束した言葉と同じである（*Propheten*, 267）。すなわち神が「自らの名によって示すように、自らの本質にしたがって、常にあなたたちのことを心にかけている」（*Moses*, 63）という応答が、エヒイェという表現を通して語られたのである。

8　人格神：アブラハムの神、イサクの神、ヤコブの神

　ヤハウェは、学問的には[22]、元来シナイ山の神であって、シナイ山付近に住んで家畜を飼っていたケニ人の神、山の神であって、モーセはシナイ山で神ヤハウェを発見したという考えが、流布している。確かにヤハウェはエジプトではモーセに現れず、シナイ山で現れ、しかもその山は古くからケニ人の礼拝所であり、モーセがこのケニ人の間に住んでいた時のことであった[23]。しかしケニ人が信じた山の神については、聖書以外の文献には何も書かれておらず、彼らの宗教のなかに、ヤハウェの特質や働きに似ているものは何もない（Propheten, 263）。

　またヤハウェは決してシナイ山に住む神ではなく、その都度そこに仮宿（Einwohnung）をとる（shakan：シャーカン）だけであって、固定した住処（Wohnsitz）に座っている（yashab：ヤーシャブ）わけではない（ibid.）。例えば父祖（族長）物語のなかで、神はヤコブとその家族と共にエジプトに行く（創46：4）。そこで神は、物語の人物が行動する間は、エジプトで彼らと共に居る。ただし他の機会では、神は時々「天から降りて来て」（出3：8）、その民と共に旅を続ける。そして神は、その導きを見える形のものにして欲しいという民の願いを受け入れ、顔を向けて民の先頭に立つのである（出33：14）。

　したがって「アブラハムの神、イサクの神、ヤコブの神」という神名は、神が父祖に対してパーソナルに現れたことを表現しており、それは彼ら同様に民に対しても「汝として現れる人格神」であることを意味している。

22　ブーバーが1945年に *Moses* を執筆した時点で、彼は下記の研究書を参照していた（cf. *Propheten*, 262n14）。Budde, *Die altisraelitische Religion* (1912); Grecian, *Mose und seine Zeit* (1913); Galling, *Die Erwählungstraditionen Israels* (1923); Alt, *Der Gott der Väter* (1929).

23　したがって神が父祖の神としてモーセに自らを知らせた理由は、古い伝承によるからでは無く、エロヒストの文学的操作によるものという（*Propheten*, 262）。

したがって神との交わりに入り、父祖たちと同様に人格として神との交わりを持つ民族イスラエルは、この出エジプト記3章で誕生した、とブーバーは理解する（*Propheten*, 264）。

そこで出エジプト記6章の文書記者が[24]、次のように記していることは、一見奇妙に思える。

> 私（神）は、アブラハム、イサク、ヤコブに全能の神[25]として自らを見せた、
> しかし私の名〔NAMEN：ヤハウェ〕[26]で、私は自らを彼らに知らせなかった。（出6：3, 1.Aufl., 1926）

この一節が奇妙に思える理由は、すでに創世記の父祖物語のなかで、神名ヤハウェが用いられているからである[27]。実は民にとって、神聖四文字としてのヤハウェは、父祖たちの頃からずっと周知のものであった。なぜならカナンへやってきたアブラハムはあちこちでヤハウェの名を告知しており、彼の氏族はその名前をすでに熟知していたからである。しかし父祖た

24　6章3節は、最も後の資料文書に属する祭司文書による箇所と思われる（*Propheten*, 262）。

25　全能の神（エル・シャダイ）とは、この名前が父祖物語のなかで現れる文脈から（この名前が書かれている創世記の6箇所中、5箇所がそれを示している）、氏族を増やし、それによって部族を基礎づける力としての神を意味している（*Moses*, 59）。

26　ブーバー／ローゼンツヴァイクは、初版の共同訳（1926）で、この箇所のJHWH（ヤハウェ）を、NAMEN（名前）と、名前の箇所を大文字にして訳す工夫を試みている。ところがブーバーは1954年にNamenに改訳し、あえてJHWHを訳さないことを選んだ。それはアブラハム・ヤコブの父祖時代には、まだ神名が明かされていなかったというブーバーの解釈によるものだと筆者は考える。

27　ヤハウィストでは、すでに創世記28章13節で「私はヤハウェである」と、神自身が自己をヤハウェと紹介している（『出エジプト記』山我哲雄／木幡藤子訳、22n6）。

ちがヤハウェという"名前"を知らなかったとは、ここでまったく言われていない。むしろ彼らは「神をこの名として認めていなかった」、つまりこの名前が示す特性のなかで認知していなかった訳である。したがって父祖の時代にすでにヤハウェという名それ自体は知られていたが、モーセの時代になって初めてヤハウェの特性（人格的本質）が明かされたのである（*Moses*, 59）。

結び　我−汝の神名

　ヘブライ語聖書で神の名を問うことは、神の本性を問うことである。というのもある人格の真の名前とは、単にその人格の印、記号、名称ではなく、その人格の本質を示すものだからである。いわばその人格は、その名前のなかで存立すると言えよう。だからこそ自らが相手に向き合うなかで「名を呼ぶ」行為は、相手を単なる名称としてではなく、一人の人格として接する行為なのである。そのような時に初めて、相手は汝となり、語りかける者と語りかけられる者の間には、互いに汝と呼び合う関係が築かれる。

　したがってモーセに自らの名を与えた神の行為は、これからもずっと「私はあなたと共に居るであろう」という自らの本性を表明する約束であった。ヤハウェは「ある時やある場所のみならず、全ての今・全てのここで現臨する者」（*Moses*, 64）である。神名が未完了系であるエヒィェとして伝えられた理由は、ヤハウェが過去・現在・将来を通して、民と共に居ることを表明するためである。つまりそれは単に時折「あなたのもとに、あなたの口のもとに」居るのではなく、徹頭徹尾「私は居るであろう」と、現前し、現臨するようとどまることの約束であった（*op.cit.*, 63）。

　ただしそれは決して永遠かつ必然的な存在者としてそれ化される対象（Gegenstand）としてではなく、自身との我−汝の関わりを通してのみあなたと共に現臨（Gegenwart）することの表明である。したがってその神名は、名詞によって日本語に訳すことは不可能な「居るであろう者 der dasein wird」もしくは「居る者 der da ist」である。名詞化することを避け、神的本性の内容的説明によって啓示された理由は、人間が召喚魔術によって神名を唱えることを避けるがためである。

　すなわち曖昧だった神聖四文字は、燃える柴の啓示を通してエヒイェと説明され、今までただ JHWH という「人称代名詞がついた感嘆詞」としてのみ表明されていた原始的発声音の意味が、ここで初めて民に明かされたのである。それは父祖の代から民を見守り続けてきた神が、苦しい状況下でも共に居て、自分たちを導くという確証性を与えた行為である。したがってヤハウェという神名は「その現前性が、どのような時でも現実になる」(Losch: 50BB, 183) ところのエヒイェ、すなわち「私は居る ICH BIN DA」である。

　以上、本章の神名翻訳を通して、次の点が判明した。1) ブーバーは、ヘブライ語原語の意味（語義）を適切に伝えるべく神名の訳語を考案した。2) 出 3:14 という当該箇所の文献学的分析のみならず、出 3:12 やホセ 1:9 などが間テクスト的に参照され、ブーバーは聖書物語をひとつの統一体として扱っていた。3) 我－汝の対話的原理が神名を形成しており、神の人格的本質が対話的であったことが当該箇所から解釈された。

　すなわち本章で見られたブーバーの聖書翻訳／解釈の手法は、1) と 2) がテクスト内の文学的分析である。そして 3) は、神が「共に居る」特性を備えているという根源的・原聖書的信仰が、その名がヤハウェであろうとエヒイェであろうと統一的に維持されてきたのであり、それはテクスト背後の歴史的傾向性を表している。

第6章　ヤコブ物語の対面における我‐汝

　本章では、ヘブライ語聖書創世記のヤコブ物語を、32章から33章にかけてヤコブが体験した二者（神的存在/兄エサウ）との対面に焦点を当てて分析する。そこではブーバー自身によって探求されたライトヴォルトの形式的使用法に着目し、その語を追跡するなかでヤコブ物語が含意している意義を明白にすることが目的である。最終節では、当該箇所に関して歴史的になされてきた多くの解釈を紹介するなかで、この物語から導き出されるヘブライ語聖書思想を明らかにする。

1　ヤコブ物語の構造

　ブーバーは、『聖書とそのドイツ語訳』に収録された「モーセ五書におけるライトヴォルト様式」（1927年1月の講義「語り手としての聖書」より）のなかで、ヤコブ物語を一例として取り上げ（MBW14, 101 - 103）、物語の鍵となるライトヴォルトを追跡している。それはヤコブ物語における特定の語の使用法という形式的構造が、物語の意義を思想的に解釈するための大きな手掛かりとなるためである。このような手法によって、ブーバーはヤコブ物語におけるライトヴォルトを抽出する。すると次のように物語が推移するなかで、「長子権、祝福、顔」というライトヴォルトが散在していることが判明する。

　物語の展開に応じたライトヴォルト（長子権・祝福→長子→顔・祝福）の変遷
　A：ヤコブの罪1：兄から長子権を奪う（25章）
　B：ヤコブの罪2：父をだまして祝福を奪う（27章）

C：ベテルの誓約：「私（神）はあなたと共に居て、決して見捨てない」
（28章）

ヤコブの罰：長子レアを次女ラケルの代わりにめとる（29章）

C´：ペニエルの格闘：神と顔を合わせ、祝福を授かり、人と神との和解
（32章）

B´：エサウと再会：兄と顔を合わせ、奪った祝福を返還し、兄と弟の和解（33章）

A´：ベテルの誓約：神からの祝福（35章）

フィッシュベインとウォルシュ（Jerome T. Walsh, 1942 -）の分析によれば、ヤコブ物語はこのように特定のキーワードが対応するキアスムス構造を基に構成されている（Fishbane 1998, 42; Walsh, 32）。例えばAで兄から長子権（b-kh-r-h）を奪ったヤコブは、A´で神から祝福（b-r-kh-h）を授かることになる。次にBで兄の祝福を再びだまし取ったヤコブは、B´で祝福の献げものを兄に手渡すことになる。そしてCで兄の下から逃亡したヤコブと、C´で兄の下への帰還を決意したヤコブは、神的存在と出会う点において等しい。前者は、天と地の間を平和的に交流する夢を通した出会いである。反対に後者は、夜の暗がりで暴力的に、天上というよりは地上的な属性を持つミステリアスな存在者との格闘を通した出会いであり、ヤコブは力を尽くして彼から祝福を勝ち取っている。[1] このようにヤコブ物語には明確なキアスムス構造が存在する。その構造のなかで、特定のライトヴォルトが鍵となり、対照関係が築かれているのである。ブーバー研究におけるヤコブ物語解釈は、主にこのライトヴォルト分析を通して展開されている。したがって本研究では、この先行研究者が試みた手法を辿りながら

---

[1] ここで挙げたABCの例以外にも、ウォルシュはキアスムス構造における対応箇所を詳細に紹介している。それらはリベカの出産時の奮闘によるヤコブとエサウの誕生（25:19-26）とラケルの出産時の奮闘によるベンヤミンの誕生（35:16-18）、ヤコブの妻の繁栄（29:31-30:24）とヤコブの家畜の繁殖（30:25-43）、ヤコブのハラン到着時におけるだましと報復（29:1-30）とヤコブのハラン出立時のだましと報復（31:1-55）などである。

も、さらにブーバーの対話思想を、彼のヤコブ物語解釈から読み取っていきたい。

2　ヤコブの魂

　ここで特にヤコブ物語を取り上げる理由は、このライトヴォルト分析の一例に加え、『ユダヤ的魂の焦点』（1930）のなかで、ブーバーが次のような興味深い示唆をしているからである。

　　ユダヤ的な教えは、シナイの教えであり、モーセの教えである。しかしユダヤ的な「魂」はシナイ以前にあり、その魂はシナイに「迫りゆき」、自らが受けとるものをシナイで受けとるのである。それはモーセより古く、原初の父祖時代におけるアブラハムの魂、いや適切に言うならば（というのも太古の時代の所産こそが重要なのだから）、それはヤコブの魂である（MBW9, 128）

ブーバーによれば、ユダヤ的な「教え」がモーセに由来する一方で、その「魂」は、それ以前から形成されたものであり、それはヤコブの魂に由来する。教えがモーセに由来する理由は、律法がモーセを通して、授けられたからである。その一方で魂が、最初の父祖アブラハムではなくヤコブに由来するという見解は、検討を要するものである。
　ブーバーは、こう主張する根拠として、次のヤコブが体験したヤハウェからの直接的語りかけを挙げている。

　　父祖ヤコブの伝説のなかで、ヤハウェは共に歩むという自らの援助と保護を「私（神）は、あなた（ヤコブ）の側に居よう」（創 31:3）という言葉をもって語った。(*Propheten*, 267)

この主張のなかでブーバーが挙げた聖書箇所は、ヤハウェがヤコブに対

第6章　ヤコブ物語の対面における我―汝　　213

して、叔父ラバンの下から父祖や親族のいるカナンの地へと帰るよう指示した時の言葉であり、それはヤハウェが民族の援助と保護を約束した語りかけである。つまりエヒイェ・アシェル・エヒイェ（私は居るであろう）という始原語（Urwort）がモーセに宣言される前、同じエヒイェという表現を通して、すでにヤコブに約束されていた点にブーバーは注目する（MBW9, 129）。特にヤコブに対する神のエヒイェには、「あなたと共に」という表現が加えられている。つまり前章で検討した「彼（ヤハウェ）は民と共に居る」というエヒイェが初めて明かされたのは、モーセではなく、実にヤコブだったのである。そこからヤハウェ自身による「民の側にとどまり、民と共に歩み、民を導こうと欲する」（*Propheten*, 267）約束が、まさにユダヤ性（Judentum）の魂を形成する礎となる、とブーバーは考えた。

　ヤコブは、このように神が共に居るという告知を受けとった最初の父祖である。またさらにヤコブの魂は、次のように神の語りかけに向き合う信仰、つまり神を信頼するエムナーを通して、自身を神の現前性に委ねることである。

> 信仰とは「神が存在することを信ずること」（ヘブ 11 : 6）のように理解されてはならない。ヤコブの魂にとってそれは疑わしいものでは決してなかった。ヤコブの魂がその信仰、そのエムナーを告白し、いやただそれをもってのみ告白し、存在している神を「信頼する」のであれば、神は、部族の父祖がかつて経験したように、[2]「あなたたちの側に居る」であろう。そして神に、あなたたちの側に居る者に身を委ねるであろう。（MBW9, 129）

かつて「神が共に居る」ことを経験した父祖として、ブーバーはヤコブ

---

[2] 「もしも神が、私の側に居て、私が今歩む道で私を見守り、私にパンを与えて食べさせ、衣を着せてくれるのならば……」（創 28 : 20b）「私（ヤコブ）の苦難の日に私に答え、私が歩んだ道で私の側に居た神的な者に、私は屠殺場〔祭壇〕を建てよう」（創 35 : 3）。

における二度にわたるベテルの神体験（28:20。35:3）を取り上げている。そこで神は「導く神」として、ヤコブに放浪することを強く勧め、次のように彼に語りかけた（*Moses*, 69）。

> 私〔ヤハウェ〕はあなた（ヤコブ）の側に居り、
> 私はあなたがどこへ行っても、あなたを守るであろう、
> そしてあなたをこの地へと帰郷させよう、（創 28:15）

このようにヤコブは、ベテルで神が自身と共に居ることの確証性を得ることができ、それによって彼は神を信頼し、自らの生を神へと委ねるようになったのである。共に居る神と信頼関係を形成することが、まさに信仰である。このイスラエルの信仰関係の深みを、ドイツ語の深みから正当に評価するならば、それは「誓約としての信仰、つまり結びつき、結婚、〔契約関係の〕締結としての信仰」[3]と説明できよう（MBW9, 129）。

そこからブーバーは「誓約的存在が、その魂の実質である」（*ibid.*）と考える。なぜなら創世記28章20節のなかで、ヤコブが神に対して誓約したその姿勢こそが、魂の礎となったためである。したがってヤコブ物語の解釈とは、信仰の模範であるヤコブの魂を模索することである。

3 ヤコブの罪と罰——ライトヴォルト：長子権

なぜ神は、兄のエサウではなく弟のヤコブを選んだのか。詩篇135:4には「神は自らのために、また自らの財産であるがゆえに、ヤコブを選んだ」と記されている。しかしたといかなる理由があったとして、家督を継ぐ長子権は、最初に生まれた者に与えられねばならない。それはトーラーのなかで（申 21:15-17）、[4]明白に教示されている。

---

3 ブーバーは、この箇所が Franz Baader からの引用であることを明記している。ただしテクストに該当する頁は記載されていない。
4 「彼〔初子〕こそが、その人〔父〕の強さの始まりであり、長子権は彼〔初

ヤコブは、その名前の由来になっているように「足を引っ張る、企む、欺く、騙す」者であり、それはヤコブ物語で描写されている彼の打算的な性格から明らかである。また詩篇や複数の預言書は、彼の行いが罪に値すると言及している。ヤコブ物語は、ベテル、ギルアド、シケムそしてペニエルと、北の伝承に由来する[5]（ヨセフも同様）。そこから北イスラエル王国の預言者ホセアとその影響下にあるエレミヤは、ヤコブの罪と罰について、次のように隠すことなく言及している（MBW14, 198）。

　　エレ 9 : 3
　　　汝ら、用心せねばならない、
　　　どの人も、同志を前にして、
　　　決しておのれが安全だと思い込むな
　　　どの者も兄弟のもとで、
　　　なぜならどの兄弟も
　　　かかとをつかむ者として忍び足で歩き（'*aqob jaqob*）[6]、
　　　どの同志も
　　　中傷して歩くからだ。

　　エレ 9 : 8a
　　　これらのことで私（ヤハウェ）が彼らを分類（zuordnen）しない〔罰しない〕ことがあろうか、

　　ホセ 12 : 3b-5a

―――――――――――――
　　子〕に属する」（申 21 : 17）。
5　一方、アブラハムとイサクの伝承は、ベエル＝シェバ（創 21 : 31［七頭の子羊］、創 26 : 33［誓いの井戸］）を中心とする「南」に由来する。
6　この「ヤーコブ」をブーバーとローゼンツヴァイクは、Fersenschleicher（かかとをつかんで歩む者）と訳している。「かかと」は、アキレスのかかとが喩えているように、相手の弱点を暗示していよう。

彼（ヤハウェ）は、ヤコブを彼の道に従って分類し〔罰し〕、
　　彼（ヤコブ）の振るまいに従って、彼（ヤハウェ）は精算しよう。
　　母胎のなかで、彼（ヤコブ）は兄のかかとをつかんだ（'aqab）：
　　彼（ヤコブ）の人間の力で、彼は神的なものと格闘した、
　　彼（ヤコブ）は使者と闘い、勝った。
　　彼（ヤコブ）は泣き、彼（使者）に好意を請うた——、[7]

　預言者エレミヤとホセアのヤコブ解釈を通して、ヤコブがその名前の語源（出生時に兄の「かかとをつかんで」誕生）通り、兄を押しのけ、祝福をだまし取ったことに対して、神は必ずや報いるであろう（MBW14, 198）とブーバーは考えた。

　それではこのヤコブの罪に対して、神の罰はどのように下ったのか。ブーバーは、それが「最初に生まれた」者に関係があることを、この語がライトヴォルトになっている点から判断する（op.cit., 102）。ヤコブは、長子権を持つ彼の長女レアを先に嫁がせるという、ラバンの偽装に遭ってしまう。そこでヤコブが彼に対して「どうしてあなたは私をだましたのですか」（29:25）と言った後、伯父ラバンは次のように答えた。

　　私たちの所では、二番目に生まれた者（Zweitgeborne）を、最初に生まれた者（Erstgeborne）より先に与えることはない。[8]（29:26, 1.Aufl., 1925）

すなわちヤコブは、長子（b'khorah：ベコラー）の権利を奪う「罪」によって（27:36）、同じように長女（b'khirah：ベキラー）レアを次女ラケルの代

---

[7]　ブーバーとローゼンツヴァイクが共同で訳した箇所はイザヤ書53章までなので、当該箇所のエレミヤ書とホセア書は、ブーバーによる1958年の単独訳である。またこの改行箇所は、ブーバー訳原典に倣っている。

[8]　これは初版のブーバー/ローゼンツヴァイク訳による。後に「二番目に生まれた者」は「年下の者」（Jüngere）と、「最初に生まれた者」は「最初の者」（Ersten）と、ブーバーによって改訂（Logenausgabe, 1930）される。

第6章　ヤコブ物語の対面における我―汝　　217

わりにめとる（29 : 26）という身に堪えるような「罰」を受けたのである。長子権を奪ったヤコブは、同じように長子レアを妻として与えられることとなった。それはまさにエレミヤが9章8節のなかで言及しているように、ヤコブ自身のかつての行いに応じた報いであった。(MBW14, 102)

　ヤコブはこのように自らの罪に応じ報いを受けたのだが、それで彼の償いが完済したわけではない。ヤコブ物語は、他の類似したライトヴォルトへと移行するなかで、さらに進んで行く。その手がかりとなるものが、この「長子権」（ベコラー）と同じく、ヤコブ物語で繰り返されるライトヴォルト「祝福する segnen」(*b-r-kh*：バーラク)と「祝福 Segen」(*berakhah*：ベラカー) の使用法である。[9] この長子権と祝福という2つの語は、内容面では共にヤコブが兄と父からだまし取ったものであり、ヘブル語の形式面では実に類似した語調を構成している。これらが掛詞／語呂合わせ（Paronomasie）になっていることは、父イサクの言葉「おまえの弟〔ヤコブ〕がだましにやって来て、おまえの祝福を取ってしまった」[10] (創 27 : 35)に対するエサウの応答から推察することができる。エサウは次のような、激しく痛々しい叫びを上げた。

　　だから彼の名はヤコブ、かかとをつかむ者と呼ばれるのか。すでに彼は二度も私に忍びよった：

9　ヤコブ物語のなかで「祝福」の語根は、イサクのエサウへの祝福27 : 4、7。イサクのヤコブへの祝福27 : 10、12、19、23、25、27で二度、29で二度、30、33で二度、41で二度。エサウの祝福要求27 : 31、34、35、36で二度、38節で二度と、合計23回繰り返されている（MBW14, 198）。ヤコブ物語に限らず、父祖物語では一貫して「祝福」を意味する *b-r-kh* が頻出し、このライトヴォルトを軸にストーリーが展開している。

10　この父イサクの答えは、祝福についての古く、また、粗野な理解を表現する。すなわちこの理解によれば、祝福とは、他人が盗賊のように奪い取ることのできるものである（Westermann: *Am Anfang* 2, 283）。同様に、父イサクが弟ヤコブに「全てをすっかり与えてしまった」（27 : 37）と言った答えは、「祝福とは全てか無かのどちらかである」（*ibid.*）という古い理解である。

かつては私の長子権（b'khorati：ベコラーティ）を、そして今度はなんと私の祝福（birkhati：ビルカーティ）を奪い取るとは！（創27：36）

エサウの叫びは「私の長子権」と「私の祝福」という似た音声を、語呂合わせとして発している。これらの語が掛詞として結びついたヤコブ物語は、今後ライトヴォルトである祝福がどのような文脈で登場し、この物語を展開させていくのか、という謎を残したままペニエルでの格闘場面へと入っていく。

4　創32章の出会い——ライトヴォルト：顔

　ヤコブは、自身が父の祝福をだまし取ったことにより、兄の怒りをかったことを気にかけ、兄の顔から逃げるかたちで、ハランに住む伯父ラバンの下に身を寄せていた。その後、神によって、父イサクや兄の住むカナン地方のベエル＝シェバへ戻るよう使信が下り、彼は出立を決心する。かつてあざむいた兄のもとへと帰郷する時、ヤコブは創世記32章の前半で、次のような計画を考えていた。（創32：21b-22a）

　　そこで彼（ヤコブ）は自らに言った：
　　私は彼の顔を覆い〔償い〕たい、私の顔より先に届く贈り物をもって、
　　その後で私は彼の顔を見るつもりだ、
　　おそらく彼は私の顔を上げる〔赦す〕だろう。
　　贈り物は、彼の顔より先に出立した、（下線部は筆者の強調）

11　ヤコブが「ベテル」と呼び、祭壇を築いた場所の描写より明らかである。「彼が、彼の兄の顔から逃げてきた時、そこ〔ベテル〕で神が彼に顕現した」（創35：7）。

12　ヨム・キプールは「罪を清算する日」であり、それは罪を「覆う」（k-p-r）という語根に由来する。なおこの動詞が、人間同士の間で用いられるのは、ここ以外では箴16：14だけである（Westermann: *Am Anfang 2*, 329）。

この2つの節で「彼の顔、私の顔」という表現が、併せて5回繰り返されているが、ここはとりわけ顔という語がなくても内容的に通じる文章である。あえて5回も顔が登場する理由は、まさにこの直後に来るペニエルの対面を暗示しているとしか考えられない。また言及されている「贈り物」とは、30章でラバンとの駆け引きを経て獲得した、ヤコブの財産である山羊、羊、らくだ、牛、ロバら合計550頭もの家畜群のことである。すなわちこれらは、兄エサウに対する賄賂といえよう。ヤコブは、再会する前に、モノを贈ることによって、あらかじめ兄をなだめ、彼の怒りを緩和したかったのである。だからこそ彼は贈り物や自身の家族と従者らを複数の陣営に分け、それらを順々に、距離を空け、時間差をつけ、送っていった。それは怒りの収まらないエサウが、一方の家畜や家族を撃ったとしても、もう片方は助かるだろうという見込みゆえである (32:9)。32章の前半 (4-22節) で描写されたこの謀略は、ヤコブの打算的な性格を表現したものである。[13]

ところが贈り物を用意した直後、エサウと再会するより先に、ヤコブが「神と顔と顔を合わせる」ペニエルの場面が、23節から32章の終わりまで展開される。なにもここで神と格闘しなくても、物語は、贈り物の用意→贈り物の贈呈→兄エサウとの和解とつながっているのだが、なぜ、あえてここでペニエルの場面が挿入されたのであろうか。それは次節で参照するような思想的解釈なくして分かり得ない。

両者の格闘になかなか決着がつかず、夜が明けそうになったため、神/ある男 (ホセアによれば神の使者)[14]はヤコブの腿の関節をはずし、そこ

---

13 エサウに対して食事の代わりに長子権を譲るよう持ちかける様 (創27章) や、ラバンの下で斑点の付いた家畜のみを繁殖させる様 (創30章) など、ヤコブはその「謀る」(かかとをつかむ) という名のとおり、計略深き策士として描かれている。

14 「彼 (ヤコブ) は、使者と争い、勝った」(ホセ12:5)。創世記のなかで「ある男」であり「神」であった者 (創32:25) は、ホセア書では「神」(4節) と表現され、その後「使者」(5節) という新たな語彙が登場する。H・W・ヴォルフによれば、ホセアは創32章とは異なる伝承からホセ12:4bの

から立ち去ろうとする。ところがヤコブは、彼をつかんで放さなかった。まさに出生時にエサウのかかとをつかんで放さなかったように。それをブーバーは、「この神的存在との夜の闘い（創 32：29）のなかで、祝福されるまで『その男』をつかんで放さないことによって、ヤコブは試練に合格する」（Moses, 69）と解し、また預言者ホセアは、ヤコブは「泣いて恵みを請うた」（ホセ 12：5）ことによって神との格闘に勝利する、と解釈した。この後ヤコブは、新たにイスラエル（神と闘う者）[15]という名を授かるかたちで祝福を受けとる。すなわち祝福という決定的な神の恩寵が彼に与えられる前に、放浪者（ヤコブ）は、このような危険な出会いに耐えねば[16]ならなかったのである（Moses, 69）。

　そしてこの場面は、最終的に、ヤコブの発した次の言葉によって集結する。

　　私は神を見た、

「神」を解明するために、注意を払って「使者」という注釈を付け加えた（Wolff 1974, 212; Wolff 1990, 275）と解釈する。

15　「神と闘う者」は、ブーバーとローゼンツヴァイクによって Streiter Gottes と訳され（1925）、後にブーバーによって Fechter Gottes と改訳（1954）された。

16　*Biblischer Kommentar* の創世記を注解したヴェスターマンによれば、この物語は「川」「浅瀬」など特定の場所と結びついた典型的な地方伝説である。この浅瀬を徒渉する危険性を、旅人を妨げようとする精霊ないし悪霊の姿に擬人化されたアニミズム的な事態が、「ある男」による強襲である。……この「ある男」は、次の3つの特徴から、世界中の多くの物語に登場する敵対的な悪霊に相応しい。1）それは二人の好敵手が自覚して挑み合う一騎打ちではなく、夜中に被害者が不意を突かれる強盗や通り魔殺人のようなものだからである。2）襲撃者は、夜にだけ強い力を発する悪霊のように、夜明けと共に力を失うことを恐れる。3）襲撃者は、自分の正体を隠さねばならない。ここからこのある男はおそらく夜か川の悪霊であり、こういったアニミズム的伝説は広く流布している。出 4：24-26 に見られるヤハウェのモーセへの奇襲も、突然の襲撃で、旅の途上であり、「彼（ヤハウェ）は彼（モーセ）から離れた」ことや、血の花婿という命名が行われ、そして危険に満ちたファラオとの会見に先立つ文脈という点でよく似ている。（Westermann: *Am Anfang 2*, 331f.）

顔と顔を合わせて、
そして私の魂は救われた。(創 32:31)

ここで救われた「ヤコブの魂」は、まさに本章 2 節で論じられた「神と共に生きる魂」が救われたことを示唆していよう。ブーバーとローゼンツヴァイクはこの魂を意味するヘブライ語ネフェシュを、1925 年の初版で「私の生 (Leben) は救われた」と訳していた。[17] A・マイヤーは、ネフェシュとは直訳すれば息や呼吸を指すものだが、そもそもこの語は「ある人格の生、自己自身、自我」を意味するため、[18] 彼らは次のような理由から「生」と訳した、と主張する。

> この箇所に関する唯一の正しい翻訳である。この格闘で本当に重要なことは、生と死の問題であり、ヤコブの実存のみならず、イスラエル民族の人生をもまたここで救われたことを意味している。(Mayer, 110)

A・マイヤーによれば、このペニエルの場面を通して問題となっていた事柄は、生と死である。この指摘は実に興味深い。なぜなら次節で紹介するように、神との対面は、死を意味するからである。しかもヤコブは対面したにもかかわらず、死ぬどころか逆にその生が救われたのである。

5　神との対面と我-汝

ヘブライ語聖書のなかで、神との対面が人間にとって死を意味することは、神がモーセに語った次の言葉に起因する。

17　1954 年のモーセ五書訳最終版 (Jakob Hegner 社) では、ブーバーはこの箇所を直訳調に改め、原語のネフェシュを「私の魂」(meine Seele) に改訂した。
18　当該箇所を、M・メンデルスゾーンは「私の人格 (Perßon) は救われた」(Menndelssohn 9/1, 169) と、ヒルシュは「私の存在 (Wesen) は無傷のままだった」(Hirsch: *Der Pentateuch - Erster Teil: Die Genesis*, 417) と訳している。

私（神）の顔を、あなた（モーセ）は見ることができない、
なぜなら私を見て、生きている人はいないからである。（出33：20）

だからこそ神がエリヤに「外に出て、山で、私の顔前に立て！」と告知し、風、地震、火が起こり、その後「か細い静寂の声」が聞こえた時、エリヤは外套で自らの顔を覆った（王上19：11-13）。それはまさに、神の顕現を察知したエリヤの対応であり、彼は瞬間的に死を予感したため、顔を覆ったのである。

ところがヤコブに限らず、モーセ（出33：11。出34：30）、ギデオン（士6：22）らは、顔と顔を合わせて神を見たにもかかわらず、死ぬことはなかった。[19] 例えばギデオンは、神の使者に不満をぶつけ、彼と対話をした後「なんということだ、主なる汝〔ヤハウェ〕よ、なんと私は汝〔ヤハウェ〕の使者を、顔と顔を合わせて見てしまったではないか」と言ったが、その直後に神は「あなたに平安あれ、恐れるな、あなたは死ぬことはない」（士6：23）と応えた。これらはどれも、神との対面というタブーをあえて通過したことによって初めて得られる何かを示唆している。実際にギデオンは、対面の後、神から士師として派遣され、イスラエルをミディアン人から救うという使命を担うことになる。

それでは「私は顔と顔を合わせて神を見た」（創32：31）というヤコブの言葉は、どのように解釈できようか。ヤコブは、死すべき体験を通過することによって、反対に神から祝福を受けることができた。つまりイスラエルという新たな名を授かることを通して、新たな人生を進むことになったのである。そのヤコブの体験を、一方でA・マイヤーはイスラエル民族の人生を象徴していると解釈し、他方ブーバーは「神的な領域と人間的な領域との和解という意図された連関」（MBW14, 198）と述べ、人類一般の象徴と捉えた。このブーバーの解釈は、ヤコブがエサウと和解する直前にペ

19　他の例として、サムソンの父親であるマノアが神の使者と対話した後「私たちは神を見てしまったので、きっと死んでしまう」（士13：22）と言ったが、彼らが死することはなかった。

第6章　ヤコブ物語の対面における我―汝　　223

ニエルの場面が登場する理由に関する一つの解釈を提示している。ヤコブは当初、贈り物というモノ（それ）に頼るかたちで、兄の機嫌を取ろうと我‐それ関係を通した和解方法を謀っていた。彼は兄に対して非常に恐れ、不安でいたため（創32：8）、彼と顔を合わせ、赦しを請うことなどできなかったのである。

　ところがここでヤコブ一人はヤボク川[20]の対岸にひとり残って〔これは偶然だったのか〕、ペニエルに宿営してしまう。それによって彼は神と顔を合わせるのであるが、物語はここであえてペニエルの場面を経由させているのではなかろうか。つまり顔と顔を合わせて相手に向き合う我‐汝の姿勢を身につけた（32章）ため、ヤコブは兄に対しても同様に向き合う（33章）ことが可能となった、という一解釈である。この「神との対面」を通過したことを通して「人間との対面」が成就する事態は、我‐汝思想の核心部分である。

　ブーバーの『我と汝』で、人と神との関わりが大切な理由は、これが決して我‐それの態度では成就しないからだと言及されている[21]。そして「一切のものを神のなかでとらえること、これが完全なる関係である」（ID, 131）と言われるように、ブーバーにとって完全なる関係とは、一切の出来事を神との出会いを通して捉えることである。いわば神との関わりは我‐汝関係の存在根拠であると同時に、あらゆる存在者との我‐汝関係は、神との関わりの認識根拠でもある[22]。したがって、先の「神的な領域と人

20　地名ヤボク（Jabbok）は、ヘブライ語聖書のなかで、この箇所（創32：25-26節）でのみ使われる動詞 'a-b-q（格闘するという意味）との語呂合わせである。そして創32：29の「闘う」は、イスラエル命名の基となる動詞 ś-r-h が使われている。（Westermann: *Am Anfang 2*, 333）

21　「永遠の汝は、その本質に従って、それになることができない」（ID, 154）。

22　「それぞれの個別の汝を通して、根元語我‐汝は永遠に語りかけるのである」（ID, 128）。「神が見いだされ得ない所など、どこにもないのである」（ID, 131）。「神との出会いが人間に生じるのは、彼が神に取り組むことではなく、むしろ彼が世界のなかでその意味を確証することに基づいている」（ID, 157）。存在根拠は、先行的決定根拠（神との関わり）であり、現実的に存在する偶然的

間的な領域との和解」というブーバーの言葉は、ヤコブがここで初めて完全なる関係を成就できたことの証明である。

すなわちヤコブはペニエルで、いわば我－それから我－汝へと関係性の転向を成し遂げ、自らの名前と共に背負ってきた今までの罪から解放された。だからこそヤコブは「神を見た。顔と顔を合わせて」と言った後、「そして私の魂は救われた」（創 32：31）と言ったのであろう。ブーバーが言及していたように、ヤコブの魂とは、神と誓約を結ぶなかで形成されるユダヤ的信仰の模範であった[23]。そうであるならば、彼の発言はこの出会いを通して、誓約的存在であった彼の魂が回復されたことを意図していよう。つまりヤコブは、神と「顔と顔を合わせて」対面したことによって初めて、これまでずっと負い目を感じていた兄エサウとも同様に顔を合わそうとする我－汝の姿勢が身についたのである。

したがってペニエルでの格闘という一場面が、一見唐突とも思える 32 章前半における贈り物の準備の「直後」に、そして 33 章前半における兄弟の和解の「直前」に挿入されている理由は、ブーバーの思想的解釈によって明らかになったのである。このヤコブの人格的変化は、次のようにヘブライズムにおける名前の変化をも根拠にした一解釈である。

6　名前の変更、人格の変化

ヤコブはヤボクの浅瀬近くの場所ペニエルで、ある男と表記される神（ホセアによれば使者）と格闘した時、「あなたの名前は何か」と尋ねられた。ただ果たして神は、本当にヤコブの名前を問いたかったのだろうか[24]。こ

な「個別の汝」と関わるための根拠である。一方、認識根拠は、生み出す根拠ではなく、それを後から説明するための根拠である。

23　本章の2節を参照。

24　この箇所と同じく「名」と「何」が結びつく用例は、聖書のなかで箴 30：4 と、出 3：13 のみである。後者は、モーセが燃える柴のなかから現れた神に対してその名を尋ね、神がエヒイェ・アシェル・エヒイェ（私はあなたと共に

こでブーバーは、ここで神が「あなたの名前は何ですか」とヤコブに問うたことは、「なにも名を問うたのではなく、むしろ名前のなかに現されている事柄、あるいは隠れている事柄が問題だ」(Moses, 58) と考える。

　ヤコブ物語における重要な点は、彼の名前には「足を引っ張る、欺く」という屈辱的解釈が付着していることである(創 27：36。ホセ 12：4)。ヤコブという名は、出生時に双子の兄のかかとをつかんで誕生したことを理由に命名されたものだが、その名はまさに策略とだましというヤコブの人生そのものを表現していた。[25] すなわちここでヤコブは、名を尋ねられることを通して自らの人格が問われていたのである。そして神はヤコブに祝福を授けると同時に、イスラエルという新しい名前を付与したのだが、これは古い名前からその恥辱を取り除くための祝福だった、とブーバーは理解する。したがってこの物語におけるヤコブのイスラエルへの改名は、欺く者から神と戦う者への変化であり、「足を引っ張る者というヤコブは、もはやあなたの名前として呼ばれてはならない」という人格的変化なのである (Moses, 58)。

　イツホーク・ウンターマン[26]によれば、ユダヤ的な生と思考のなかで、名前は重要な役割を担っている。名前とは、身分を証明しその人物を識別するために所有者が身につけるラベルなどではない。むしろ聖書のなかで、名前は深い意義を含んでいる。聖書時代における子供の名前の選び方は、

　居るであろう)と応えることになる場面である。(当該箇所の神名に対するブーバーの解釈については、第 2 編第 5 章を参照)
25　レンズ豆の煮物の代わりに、兄から長子権を奪う。羊の毛皮と兄の外套をまとい、兄になりすまして、父から世継ぎとなるための祝福をだまし取る。伯父ラバンとの駆け引きを経て、一財産を築く。
26　ウンターマン (1889-1984, Yitskhok [Isaac] Unterman) はワルシャワのハシッド派の家庭に生まれ、リトアニアのイェシヴァーで学び、ラビの叙聖式を受け、ヴィルナのロシア系ユダヤ人神学校で教鞭を執った。彼は 1911 年にアメリカのマイアミに移住し、ヘブライ語やドイツ語のユダヤ教文献の英訳、タルムード・ラビ文学におけるモーセ五書解釈を始め、多くの作品を英語で発表している。

決まって誕生に先んじて起こった出来事に基づくか、その時の両親の感情を反映させたものである（Unterman, 274）。

したがって聖書に登場する人物の名前は、各々がその由来を担っており、その人物の「名前」と「人格的本質」とは、切り離すことができない。つまり使者の問いは、単にラベルとしての名称を尋ねたのではなく、いわば「人格のリアリティから蒸留されたその人格のエッセンス」（*Moses*, 61）である名前を尋ねたものであった。

7　兄弟の和解——ライトヴォルト：贈り物／祝福

このペニエルにおける格闘に続く兄弟の和解（33章）の場面で、ヤコブは次のように兄エサウに語りかける〔下線部は筆者による強調〕。

創33：10
　ヤコブは〔エサウに〕語った：
　いや、どうか！
　私（ヤコブ）はあなたの目に、なお好意を見いだしたいのです、
　あなたが<u>私の贈り物</u>（*minchati*, Spende）を、私の手から受けとることを。
　というのも、私は、<u>神的なものの顔</u>をじっと見るかのように、今もう一度<u>あなたの顔</u>をじっと見たからです。
　そしてあなたは、私に情け深かったです、

創33：11
　さあ、どうぞ取って下さい、あなたにもたらされた<u>私の祝福</u>の献げもの（*birkhati*, Segensgabe[27]）を！
　神が、そう、私に恵み深かったので、私はもう全てを持っています。

27　祝福の献げもの：*Die Schrift und ihre Verdeutschung*（1936）では Segen（祝福）だった語が、著作集 *Werke II*（1964）に収集される時、Segensgabe に訂正された（MBW14, 263）。

まず10節におけるヤコブの発言「私は、神の顔をじっと見るかのように、今一度あなたの顔をじっと見たのです」には、顔というライトヴォルトによって、ペニエルのある男／神と同じく、兄もまた同じ顔をこの瞬間において備えていたことを示している。ただこれは直接的に述べられているわけでないため、いわば未解決の秘密としてとどまっているものである。この点に関してA・マイヤーは「物語の語り手はここでほとんど黙っているが、その沈黙は言葉の間に現前し、共鳴している。神との和解は、人間の相手との和解を通して確証されねばならない」(Mayer, 110) と主張する。[28]

次に、この場面で、内容的には贈り物を意味する語が、2度目（11節）に登場する時、聖書のなかで他では決して使われない不自然な文脈で、祝福という語が使われる（MBW14, 198）。この11節で言われている「祝福の献げもの」とは何であろうか。確かに贈り物を表す単語は、直前の創32章14節、21節、22節では全てミンハー語で統一されており、それが指すものは全てラバンの下で築いた家畜群である。しかしこの箇所だけ、創33章10節では「私の贈り物」(*minchati*) と、11節では「私の祝福」(*birkhati*) と、異なった語によって表現されている。つまり11節で表現されている贈り物としての祝福は、かつてヤコブがエサウからだまし取り、ペニエルで神から授かったことによって、初めて兄に返還することのできた「私の祝福」を意味していた。そこからブーバーは10節の贈り物をSpende（初版ではGabe）と、そして11節の祝福の献げものをSegengabe（初版ではGabensegen）と訳出したのである。[29] 後者の祝福の献げものは、

28　これに続いて、A・マイヤーは「これは今日まで続くユダヤ教の贖罪日（ヨム・キプール）に相当する」(Mayer, 110) と言及している。

29　同様に、ルター訳では33章10節がGeschenk、33章11節がSegen と、M・メンデルスゾーン訳では前者がGeschenk、後者がSegen と、ヒルシュ訳では前者がHuldigungsgeschenk、後者がSegen と、ツンツ訳では前者がGeschenk、後者がSegen と、KJVでは前者がpresent、後者がblessing と、新改訳では前者が贈り物、後者が祝いの品、と正確に訳し分けられている。ところがグンケルの『創世記』では10節がGeschenk、11節がGabe と、カウチュ訳第3版では前者がGabe、後者がBegrüßungs-Geschenk（歓迎の贈り物）と、岩波訳

まさにエサウに対するまことの償いの献げ物（Sühnegabe）だった（MBW14, 198）。ブーバーによるこの解釈に関して、A・マイヤーは次のように結論づけている。

> 最初に父の祝福の件で欺かれたエサウは、ヤコブの罪が神的に赦されたことを彼の方で認めたので、恵みを受けたヤコブからさらに渡された祝福の分け前をここで受け入れたのである。これをもって祝福の円環は終結した。(Mayer, 111)

すなわちヤコブ物語は、祝福の強奪（創27章）という罪をもって始まり、祝福の返還（創33章）という償いをもって終結する祝福の円環で構成されていた。これはブーバーによる思想的解釈であるが、その裏付けとして複数のライトヴォルトによって物語が構成され、その語の使われ方を丹念に辿る手法を、彼は聖書解釈にあたって採用したのである（MBW14, 103）。

以上、物語のなかで展開される主導的な語が、長子権／祝福→長女→顔→祝福と変化することによって、いわば波長が往来しながら波打つ（MBW14, 95）かのように、その語のインパクトが読者に与えられた。それと同時に、祝福という一つのライトヴォルトを軸として、物語の統一性が浮かび上がったと言えよう。ブーバーは、形式的なライトヴォルトが出現する箇所にこそ、内容的意義が開示されることを見いだし、この手法によってテクストを解釈したのである。

8　兄弟の和解についての更なる探求

ただし、ヤコブは祝福を兄に返還したものの、長子権を返すことはなかった。そうであるならば、ヤコブが兄へ差し出した祝福の理由も違ったものになりえる。祝福とは本来、父から子へ、神から人間へと、目上の者が

訳されており、後者がもっている祝福の意味が訳語に反映されていない。

施すものである。そして一族のなかでは、家督を継いだ者が家族を祝福する[30]。したがってヤコブがエサウに贈った祝福とは、もはや長子権が覆らぬことの証しを兄に示したとも解釈できる。よって二人の再会と和解は、もはや祝福を授けることができるのは弟ヤコブのみであることを再認識させる場面だったのかもしれない。最後の「私は全てを持っています」（創33：11）というヤコブの言葉は、兄から受けた長子権も、父から受けた祝福も全て自分のものである、ということを暗示する発言とも解せる[31]。事実、その後の物語は、アブラハム、イサクに次いで一族の長となったヤコブの子孫を中心に展開される。一方でエサウの家系はカナンの異民族（ヘト人、ヒビ人）と交わり、その物語に終止符が打たれるのである。つまりこの物語には、未だ課題が残されている。それはブーバーのライトヴォルト追跡法では不十分であった「和解の真偽」という主題である。したがって最後に、ブーバー以外の研究者による解釈を通して、この未解決の課題に取り組んでみたい。

　まずI・ウンターマンは、タルムード・ラビ文学からの注解や研究を選定し、創世記を解釈した。ミドラシュ・創世記ラッバーによれば、ヤコブと格闘した神的存在は、エサウの守護天使であった。エサウはヤコブを殺

---

30 「祝福」は、別離の状況にその元来の場を持っている（リベカがハランの実家を離れる時、別れを告げる祝福を家族から受けた。創24：60参照）。そのような状況のなかで、別れようとしている者から、これから生きようとしている者へ、生命力が引き渡されるのである。このような移譲では、精神的なもの（言葉）と身体的なもの（行為）とがまだ分化していない。ひとたびこのように譲り渡された生命力は、もはや取り返すことも、また後から変更することもできない。この点で、創27章におけるたった一人の息子（ヤコブ）しか祝福できぬ状況には、まだ祝福の最古の理解が反映している。祝福理解のより後代の段階は、創49章に示されており、そこではヤコブの12人の息子全てが祝福されるのである。また祝福とは、本来はただ家族の内にのみ、その場を持っているが（創24章も同様）、後にそれは神礼拝の内で、恒久的な意味を保持していくのである。（Cf. Westermann: *Am Anfang 2*, 280）

31 Cf.『創世記』旧約聖書I、月本昭男訳、岩波書店、1997、108n8。

害する計画[32]を実行できなかったため、守護天使はエサウのために降りてきてヤコブに危害を加えようとしたのである（Unterman, 275f.）。そしてこの闘いのなかで、ヤコブがイスラエルと命名されたことは、ヤコブが勝利したことの証しであった[33]。それをラシの注解は、ヤコブはもはや兄に取って代わる（'abaq）のではなく、兄より優越する（śarah）[34]ことによって、祝福を得るようになったと言っている（Unterman, 273）。まさに「取って代わる」という語根からヤコブという名が派生する一方で、「優越する」という意味の語根から派生する語がイスラエルである。

　次に、イェシャヤフー・レイボヴィッツ（Yeshayahu Leibovitz、1903-1994）によれば、ヤコブは兄に対するかつての行いを後悔していたが、兄を非常に恐れ、殺されるかもしれないと不安であった。そのヤコブが創32章で用意した贈り物は、レビ記のなかで神への献げものとして使われる語ミンハーでもある。そこからヤコブにとって、この兄への贈り物とは、神への献げものと等しいものであった。それが「あなたの顔は、神の顔のように見えます」（創33:10）とヤコブが語った理由である。次にヤコブが「私の祝福をお受けとり下さい」（創33:11）と言った理由は、祝福の強奪という後悔の念が、彼の深層心理の内で無意識的にあったからこそ、思わず口に出してしまった言葉であった（Leibowitz 1990, 40）。

　レイボヴィッツは、伝統的なユダヤ教の教えである「先祖の行いは、子

32　ミドラシュ・創世記ラッバーによれば、エサウは異邦人の象徴である。そしてユダヤ人を殺し滅ぼすために、彼らを常に探していた存在こそエサウの守護天使であった。だが腿の関節を外されたにもかかわらず、イスラエルは滅ぼされることなく頂点に立った。ヤコブの奮闘とエサウに対する勝利は、まさにイスラエル史の始まりである。それ以前、ヤコブは自らの伝統と信仰を持つ家族の集まりに限定されていたが、この勝利の後、この小家族からユダヤ民族が生じるのである。（Unterman, 276）

33　イスラエルという名は、「神と闘った」と「勝利者になった」という2つのヘブライ語の意味によって構成されている、とウンターマンは主張する（Unterman, 273）。

34　これら2つのヘブル語は、どちらも「闘う」という意味を持ち、この物語で併用されている語である。

孫に対する前兆である」(*Ma'aseh Avot Siman LeBanim*) に従っている。すなわちヤコブの罪意識は、イスラエル民族によって、負の遺産として引き継がれ、預言者たちはそのイスラエルの先祖たちの不正なる態度を糾弾していたのである。20 年後、ヤコブは死の床で（創 49 章：彼の息子たちへの祝福のなかで）、ヒビ人への報復として彼らをみな殺し、町を強奪した息子シメオンとレビ（創 34 章：シケム物語とディナ）に対して、息子たちは自分たちの行いの正当性を主張したにもかかわらず、ヤコブは彼らの将来を呪っている（Leibowitz 1990, 41）。それをレイボヴィッツは「シケムの作戦と、ヤコブが息子たちに『今後、彼らに良くないことが起こる』と語った最期の呪いは、倫理的に問題をはらんだ現実を彼が恐れている一例である」(Leibowitz 1992, 189) と解釈している。ヤコブは以前のような不誠実な振る舞いを許さなかったという点で、49 章におけるヤコブの祝福と呪いは、彼の人格の新たな側面と言えるかもしれない。すなわちこれは、ヤコブの名前の変化がどれくらい彼の「人格の変化」に影響を与えたか、それを示す一例となりえるだろう。

　ヤコブ物語をキアスムス構造によって分析した J・ウォルシュは、ヤコブによる兄エサウへの多数の贈り物は、彼の自責の念からなのか兄への恐れからなのかは分からぬが、自らにもたらされた祝福という恩恵を進んで分かち合った（Walsh, 33）と解釈している。それは帰還したヤコブが、去った時のヤコブとまったく同一の人格であるとは、言い難いからである。そこでウォルシュは「おそらく」最も重要な点は、ヤコブがイスラエルという新たな名を、神によって 2 度（創 32：29、創 35：10）にわたって授与されたことであろう（*ibid.*）と考える。つまりウォルシュは、ブーバーと同

35　フィッシュベインとウォルシュによる結論は、ヤコブ物語の最重要なるメッセージを、ラケルの不妊がヨセフの誕生によって克服されたことをはじめとする「ヤコブにおける子孫の繁栄と家畜の増加」と捉えたことである (Fishbane 1998, 42)。その根拠は、ヤコブの妻の繁栄 (創 29：31-30：24) とヤコブの家畜の繁殖 (創 30：25-43) が、ヤコブ物語全体をキアスムス構造で捉えた時、その中央部分に位置するためである (Walsh, 34)。確かに父祖物語で、アブラハム契約における子孫の繁栄は最重要課題であった。星の数ほど子孫

様に、名前の変更を人格の変化として捉えたのであるが、「実際のところ物語全体を通して、ヤコブの人格は根底から変化したというよりは、彼の人格が穏健になったと読むことが適しているであろう」(Walsh, 33)と、補足している。

ちなみにミドラシュ・創世記ラッバーでは、ウォルシュと類似する解釈として、イスラエルが主要な名前に、ヤコブが副次的名前になったと注釈されている。

> ヤコブという名前が一掃されることはない、むしろ「イスラエルがあなたの名前になるであろう」という言葉は、ただ「イスラエルはあなたの主要な名前で、ヤコブはあなたの副次的名前になろう」と言おうとしているのである。(*Der Midrasch Bereschit Rabba*, 380)

また旧約学者ヴェスターマンは『創世記注解』のなかで、兄弟の和解について次のように解釈している。エサウがヤコブを受け入れてくれるか否かは、ヤコブの用意した贈り物をエサウが受け入れてくれるかどうかにかかっており、ヤコブは贈り物を通して、彼がかつて奪った祝福を返還しようとしていたため、11節でさらに嘆願を繰り返した時、その贈り物を「祝福」と呼んだ (Westermann: *Am Anfang 2*, 338)。そしてエサウはこの説明を受け入れたため、その贈り物をも受け入れたのである。実のところ、長子の祝福の喪失が、すでにエサウにとって大した事態ではないことは、彼の発言「弟よ、私はたくさん所有している」(創33:9)のなかで、明らかになっていた。エサウは、長子権が無くともすでに強大になっていたため、かつて奪われた祝福のことなど、もはや些細なことだったのである (*ibid.*)。

最後に、レヴィナスの解釈を紹介したい。レヴィナスは「イスラエル〔ヤコブ〕の敵対者であったこの天使は、悪しき出会いをし、彼の物語は

が繁栄すると約束された契約は、ヤコブの代になってようやく実現したため、フィッシュベインとウォルシュは、ヤコブ物語における焦点をここに見いだすのである。

自身の運命にとって比類無き瞬間の前夜に起こった」(*Difficile liberté*, 271) と、ヤコブと天使[36]との格闘の直後に、比類無き瞬間である兄弟の和解が生じたことを、『困難な自由』の「ユダヤ教と現代」(1960) のなかで示唆している。エサウとヤコブが対面した後、彼らは次のように会話を交わす。

> エサウ（創 33：12b）
> 　さあ、出発し、先へと進もう。
>
> ヤコブ（創 33：14a）
> 　私の主人（エサウ）よ、下僕（ヤコブ）の前方にどうぞ進み下さい、
> 　私はゆっくり歩きたいのです[37]、

おそらくヤコブは跛行しつつ（ペニエルで腿の関節を外されたため、足を引きずりながら）、その跡を追ったであろう。ヤコブはこのようにして「兄の後を歩いた」のであるが、この事態をレヴィナス研究者の合田正人は次のように解釈する。

> ヤコブが神あるいは謎の人物との〈対面〉後も生き長らえたことは、死をもってしても担いきれぬ〈他者〉への〈責任〉が「啓示の外傷」として彼に刻印されたことを証示しているのである。自分の死よりも深いこの傷ゆえにヤコブはエサウの〈顔〉を神として見つめ、本質的に遅れてきた者として、エサウに「お先にどうぞ」(Après vous) と言うのである。（合田、322）

レヴィナス思想で、顔を見て、なおも生き長らえることができない理由

---

[36] 天使：これはホセアの描写をレヴィナスが引き継いだのであって、創世記では神ないしはある人と語られている。

[37] そしてヤコブは、兄たちが向かった南のセイルに合流することなく、西のスコットへと赴き、自分の家と家畜小屋を建てている（創 33：17）。

は、顔を見ることが死の切迫に晒された他者の身代わりになるよう強いるからであった。この身代わりとは自己犠牲ではなく、自らが「他者の代わりに、無限の責任を担う」よう選ばれることである（ibid.）。レヴィナスは『時間と他者』における「他者と他人」のなかで、「存在者は、他者によってその自己自身を打ち砕かれることなしに、他者との関係に入り込むことができるのだろうか」（Le temps et l'autre, 65）と問うなかで、他者との対面が、自我の「死を引き受ける」（op.cit., 66）ことであることを表明している。そうであるならば、死すべき対面をもってしても、なお死することができぬ状況とは何か。それをレヴィナスは「〈天使〉とのこの格闘は、奇妙で両義的なものである」（Difficile liberté, 272）と表現する。レヴィナスによれば、主体が、死から永遠性を引き離すことではなく、「いかにして死を引き受けることが可能であるか」（Le temps et l'autre, 67）、それが問題なのである。それは人が、物事や対象を引き受けるようなものではなく、「ある出来事が生じ、なおも主体がその出来事に立ち向かう状況」（ibid.）である。これが「死を克服する」（ibid.）ことであるが、それは他者への無限責任を負うという、いわば逃れることのできぬ運命を引き受ける事態である。

したがって、エサウではなく、ヤコブが神によって選ばれた理由はこの点にある。神との対面を通して、ヤコブは、死をもってしても担いきれない責任を、特別な外傷として刻み込まれたのである。ヤコブがエサウに「お先にどうぞ」と身を譲り、彼の後をついて行ったその行為は、まさに無限の責任を負う姿勢を表していた。それゆえペニエルにおけるヤコブの改名とは、このような人格への変化だったのである。合田は、「ヤコブからイスラエルへの改名とは、ヤコブが底なしの傷跡の〈人質〉として〈他者〉の〈身代わり〉、〈代わりの名〉と化すことなのである」（合田、322）と述べ、イスラエル（yiśra'el）の語源を一直線の（yašar）と神（'el）との

---

38 現代世界で自己を維持すべきか、あるいはそのなかに自らの永遠性を埋没させるべきかという、崇高な両義性が存続している（Difficile liberté, 273）。

複合語と見なすことができるならば、レヴィナスのいう神への不帰（神に対して死すこと）や、対面の「廉直」（タルムード四講話、119）をイスラエルの翻訳とみなすこともできるのではないだろうか（合田、323）、と提案している。それが可能であるとすれば、ヤコブはペニエルでの対面を通して、一直線に神へと向かう真っ直ぐさを強いられ、いわば他者の人質となった彼は、兄エサウに対しても一直線に従った、と言うことができよう。

すなわちレヴィナスにとって、ヤコブが神によって選ばれ、改名されたことは、他者への「無限の責任」と徹底的「従属」が彼に課せられたことであった。ヤコブは神との対面を経た後、兄エサウの顔を「神の顔のように」見つめ、エサウの後について歩くどこまでも従順な姿勢をとった。つまりペニエルを通して、ヤコブの自己は他者の身代わりになるよう強いられたのである。なぜならそこで死ぬことさえも許されない深い外傷が、彼に刻印されたためである。したがってヤコブからイスラエルへの改名は、なにも彼を解放する事態ではなかった。むしろ、これは逃げることのできない責任によって彼を拘束したのである。

このように神と人との対面は、ブーバーでは神に「祝福」されることによって、今までの罪深き生（ヤコブという名）から新たな生（イスラエルという名）への転向を示唆していたが、レヴィナスではそれによって課せられる「死すことさえできぬ他者への服従という無限の責任」を意味する。それがヘブライ語聖書では死を意味する「神との対面」を体験することによって、死を引き受け、死を克服する意義である。

本章では、ヤコブ物語の翻訳と解釈から、次のことが判明した。1）ブーバーは翻訳にあたって、原語を正確に訳すことでライトヴォルト様式をドイツ語のなかでも残すことができた。2）テクスト内で、翻訳されたライトヴォルトを追跡する方法によって物語の筋・展開・意義を解釈することが可能となった。3）この方法による解釈を通して、聖書物語における

39　イスラエルという名前の意味を、アヴノンも同じく、ヤシャルとエルの複合語として「顔に対する直接性、率直さ」（Avnon 1998, 62; *MB. A Contemporary Perspective*, n24）であると述べている。

我‐汝の対話的原理が導き出された。一方で、方法論の点では歴史的通時性が語られることはなかった。その理由は、選出された聖書テクストが物語であるため、ここではその内部におけるライトヴォルトの変遷とそれに応じた思想的深みを探求すべきだからである。

第7章　アブラハム物語における預言者の特徴

　第7章から第9章にかけて、聖書翻訳が必要とされる理由とその意義が、預言者の視点から検討される。聖書翻訳が語られる言葉と読者との媒介を担うものである限り、その役割は神と民との媒介を担った預言者と共通する。本章では、ヘブライ語聖書における預言者の役割を、言葉を「聴く」ことにとどまらない「見る」特徴に焦点を当てることによって論じたい。そこではアブラハム物語の文学的構造がライトヴォルト「見る」を軸に構成されることと、見者と預言者がアブラハムの職務として取り上げられる。〔本章では創世記からの引用を、章と節のみ記載する〕

1　歴史学と考古学に対する見解

　ブーバーが聖書研究に従事していた1930年代では、すでに19世紀聖書学の学説「父祖〔族長〕物語は、かなり遅い時代に成立したに違いない」（AS, 873）が一般的に流布していた。その理由は、文学資料が古い時代にパレスティナに存在しておらず、また口伝伝承がいくつかのオリエント民族のもとで何百年も維持されてきたとは考えられていなかったためである（ibid.）。手短に言うならば、アブラムもしくはアブラハムという人物が、歴史上、真に実在していたとは言うことはできないと19世紀では考えられていた（op.cit., 874）。ただし20世紀前半に、ウルの文化を発見した考古学者レオナード・ウーリー（Leonard Woolley, 1880-1960）は、アブラハム物語のなかには「その物語が元来語られた時とちょうど同じように、字義

1　見者（*ro'eh*：ローエー）は、一般的に、先見者（口語訳、新共同訳、岩波訳）や、予見者（新改訳）という日本語訳が充てられている。

通りの真実によるしかるべき基体が含まれている」と表明し、またオランダの言語学者で歴史家のフランツ・ベール（Franz Böhl, 1882 - 1976）は「歴史的な根拠に関する推定は、学問的によりよく根拠づけられた仮説として現れる」と、アブラハム物語をより注意深く定式化しようと試みた（S. Meyer, 23）。これが当時のかなりの学者のなかで明らかにされていた洞察であり、それは聖書学のなかですでに考古学的な実証研究が進められていたことを意味する。

その状況をブーバー本人は「ある者はアブラハムを半遊牧的部族の初期に基づく父祖として理解し、他の者はアブラハムを宗教的共同体における祭儀創始者や指導者として理解した」（AS, 874）と概観し、この二重性は民族の父／全世界の父としてのアブラハムというユダヤの伝統における理解が、学問的な形で再来したものである（ibid.）と捉えていた。そしてさまざまな人々がこの百年間見過ごしてきたものは「生きた人間アブラハム」を改めて見ることであり、それを研究する立場すなわち近代のリアリズムから立てられる新たな問いは、次の点にあるとブーバーは提起する。その問いとは「聖書史のなかでそれら両方〔民族の父と全世界の父〕の見解は融合して完全に一つになってきたわけだが、この聖書史自体は、この〔アブラハムという〕人間をいかに理解するのか、またいかに理解されたいと思うのか」（ibid.）である。そこでは私たちに歴史的現実は与えられておらず、ただそれを考察する古文書が存在するだけで、その他の資料は与えられていない。それゆえ学問というものは、聖書物語の背後にあるものを、常にただ推測することしかできないのである。ただし「物語の中にあるものを物語から推論することを、私たちは許可されている」（ibid.）とブーバーは考え、学問的に考究されてきた物語の「背後にあるもの」[2]の分析ではなく、物語の「中にあるもの」を分析しようと試みる。したがって本章におけるブーバーの解釈が、歴史学や考古学が試みていた実証的

---

[2] 歴史批評的方法は、主に聖書テクストの生成史に関心を持ってきたものであり、テクストの背後を見る視座である（中野、293）。

方法を取ることはない。

2　ライトヴォルト：見る

　ブーバーはアブラハム物語全体を解釈する時、神からアブラハムに生じた7つの啓示に焦点を当てた。その7つの啓示のなかで、ライトヴォルト「見る」が、一貫して用いられていることが大きな特徴である。いわばそれぞれの啓示が、物語全体のなかで独自の場所を占め、それは試練から試練へ、祝福から祝福へと通じるアブラハム物語の流れを構成している（AS, 886f.）。その特色と形式が、ある統一的な大いなる見解によってまとめられたものであることが、彼の分析によって示されることになる。[3]

　ブーバーは、アブラハムが神によって連れ出されたことは、ごく自然に暮らしていた環境から、自らが突如連れ出される預言者の決定的な経験と合致する（AS, 880）と考える。その具体的箇所として、彼は20章とアモス書7章を対比させる。それはアブラハムがゲラルの王アビメレクに「神が私を私の父祖の家からさまよわ（abirren）せた時」（20:13）と言った箇所と、アモスが祭司アマツヤに「しかし彼〔ヤハウェ〕は羊の群れを追っていた私を取った」（アモ7:15）と応答した箇所である。後者のなかで、

3　ブーバーは、「例えば、根本的に異なる2つの契約締結に関する記事（15章と17章）は、前者がエロヒスト（E）、後者が祭司文書（P）と異なる資料文書に割り当てられているが、これらはきわめて精確に補い合い、それぞれが他方に欠けている本質的モティーフを含んでいる」（AS, 887）と、15章と17章における類似した契約記事を、異なる資料ではなく、異なる内容による違いであると考える。まず15章は、星々に目を向け（15:5）、歴史（子孫の系譜）へと目を向け（15:13-16）、犠牲の切片の間を横切る火の出現（15:17）を幻視する様子が描かれている点で、非常に視覚的な契約締結記事である（この場面と同様に、神の顕現形態が「火や煙」として描写されている箇所は、出19:18を参照することができる）。一方、17章は、名前の変更（アブラムからアブラハムへ）や、契約のしるし（割礼）の授与を含んでいる点で、非常に能動的である。これら2つの記事が一緒になって、ようやくそこで揃いになる一つの契約がもたらされる。

神がアモスを「取った」ことは、召命を意味している。いわば神によって強制的に預言者になるよう命じられたことが、ラーカハ（取る）というヘブライ語動詞によって表現されるのである。ブーバーは、この連れ出されるという根源的経験を、人間自らが行うことを欲したからでなく、神がそれを欲するから行うという原初時代の人間の確信（AS, 880）と捉える。また前者の召命が語られる創世記20章と同じ章で、そしてただそのなかでのみ、神によって「アブラハムはまさに預言者である」（20:7）と呼ばれるのである。

アブラハムに対する神の7啓示とライトヴォルト「見る」の構造
1. 創12:1「私（ヤハウェ）があなた（アブラム）に見せようとする地へと、行きなさい」。
2. 創12:7 彼〔ヤハウェ〕は、アブラムに自らを見させ〔現れ〕た。彼に見られ〔現れ〕たヤハウェのために、彼は屠殺場〔祭壇〕を築いた。
3. 創13:15「あなたが見ている土地全てを、永久にあなたとあなたの子孫に与えよう」。
4. 創15:1 彼〔ヤハウェ〕の言葉が幻のうちにアブラムに臨んだ。
   創16:13 ハガルに対して2度の「見る」と新たな神名「見る神」（エル・ロイ）の名付け
5. 創17:1 彼〔ヤハウェ〕がアブラムに自らを見させ〔現れ〕た。
6. 創18:1 彼〔ヤハウェ〕はマムレの樫の木のそばで、アブラハムに自らを見させ〔現れ〕た。
7. 創22章（5回の「見る」）
   創22:4 三日目にアブラハムが目を上げると、その場所が彼方に見えた。
   創22:8 「神は全焼の供犠のための羊を見繕う（ersehen）だろう」。
   創22:13 アブラハムが目を上げて見ると、そこに雄羊があった。
   創22:14 アブラハムはその場所の名を、彼〔ヤハウェ〕は見繕う、

第 7 章　アブラハム物語における預言者の特徴　　　　　　　　　　241

と名付けた。ここは今日でも「彼〔ヤハウェ〕の山で見られ〔現れ〕る」と言われている。

　第 1 の啓示〔12：1-3〕で、神は彼に「見せる」土地へと、任務としてアブラムを派遣し、神は「一つの民が、彼（アブラム）から起こるだろう」と、この人間に約束し、彼をその道中で祝福する。
　第 2 の啓示〔12：7〕は、すでにアブラムが新たな土地へと移動した後で生じる。ここで初めて神は、アブラムに示した「この土地」を約束したのと同じく、聖書における最初の人間として、アブラムに自身を「見」させる〔アブラムに現れる〕。[4]
　第 3 の啓示〔13：14-17〕は、アブラムがロトと別れた後、神がアブラムに土地を見るよう指示するなかで生じる。そこではアブラムの財産を妨害する他民族との関係が、もはや語られることは無い。というのもここで初めて（13：15）アブラムは「全ての地」を約束されるからである。[5]
　第 4 の啓示〔15 章〕では視覚的な契約記事が伝えられており、それは構造的にも内容的にも中心的な啓示である。[6]ところが 7 つの啓示におけ

4　神はモーセの前で、直接「私は恵もうと思うものを恵み、哀れもうと思うものを哀れむ」（出 33：19）と、人間の行いに関係する神的な性質を宣言する。これを通して聖書は、神をしてモーセに神の栄光を見させるという頼み（出 33：18）を叶えさせている。（AS, 888）
5　アブラムは、その地を自らの民が所有することを目的として、彼の足で歩き巡ることになる（13：17）。それはあたかもアブラムが最初に居住したシケムで（12：6）、「私〔神〕は彼〔アブラハム〕にカナンの全地を歩かせた」（ヨシュ 24：3b）と、ヨシュア時代に神によって語られる土地と同じである。また「地のちり」（13：16）が意味する内容は、民族増加の比喩であり、この土地との結びつきによって民族はその使命を成就することができる。このように第 3 の啓示で焦点となっている主題は「地」である（AS, 888）。
6　それは言葉遊びによって、先行する物語と、王達に対するアブラムの出兵と結びついている。その言葉遊びとは、14 章 20 節の物語集結部における「手渡した」（*miggen*, lieferte）という語と、15 章 1 節の啓示始まりにおける「盾」（*magen*, Schild）という語であり、――これら 2 つの語は創世記のなかでたった 1 度のみ登場し、そのうち前者は聖書のなかで 3 度しか現れない――これ

るこの中心的な第4の啓示のなかでは、最初の3つの啓示で繰り返されていたライトヴォルト「見る」が登場しない。その理由は、15章1節で「彼〔ヤハウェ〕の言葉が幻のうちにアブラムに臨み」と書かれているとおり、この章全体が預言者によって「見」られた幻（mahazeh: Schau）によって構成されたものだからである（AS, 889）。ここで初めて老齢のアブラムに直接、跡継ぎが約束され（15:4）、初めて裂かれた動物の間を炎が通り過ぎる（15:17）なかで、象徴的に契約が予告される。[7]

第5の啓示〔17章〕で神は、2度目に（17:1）アブラムに自らを見させる/現れる。今や百歳の手前で、神はアブラハムに、神の前を歩み、そこでまったき者であるための使者として、決定的な指令を与える。つまり神は、アブラハムの旧名アブラムに対して、自らの神名ヤハウェからその中心的一つの文字「H」[8]（ヘイ）を投げ入れることによって、一つの新しい名前を与える。[9] ここで神はアブラハムに最も包括的なことを約束する。そ

らの語が共鳴することによって、先行する14章の物語と中心的な15章の啓示が結びついている。第3の啓示で「地を見ること」（13:15）と同じく、第4の啓示で「天を見ること」（15:5）という比喩表現の題材があり、メルキツェデクの言葉（14:19-20）とそれに対するアブラハムの発言のなかで、「天と地の創始者」（14:22）としての神が特徴づけられることで、これらが結合する意図は明らかになる（AS, 889）。

7　追放された女奴隷ハガルは、神の使者によって故郷へと送られ、この箇所の他には見られない新たな神名で、神に呼びかけている。なぜなら女奴隷は神の後を見て（16:13）、見る神（エル・ロイ）と名付けたからである。この箇所（16:13-14）では4回、語根「見る」（ラーアー）が繰り返されている。（AS, 889f.）

8　神名ヤハウェは、習慣的に「ハ・シェム」（定冠詞ハと名前シェムの組み合わせ）と呼ばれており、それを省略記号「'」と「ヘイ」一文字で「'H」と表記していた。

9　アブラハムの語は、「父」（アブ）と「多数」（ハモン）が合わさった「多くの民族の父」の短縮形であることは、17章4節における神の説明より明らかにされる。一方で、アブラムは、「父」（アブ）と「アラム」の合成であり、彼の故郷であるアラム（11:28）の父という意味であるとラシは解釈する。(*Tanach*, the Stone Edition, 32R. Bereschis, 563L; *Rashi*, the ArtScroll Series, New

れはアブラハムが諸民族集団の父となる（17:4）ことであり、ブーバーによればそれはエルサレム・タルムード Traktat Bikkurim 1, 3 のなかですでに知らされていたように、もはやイスラエルのみならずイスラエルを通して生ずる、来るべき諸民族を含んだ人類（Völkermenschheit）に向けられるものである（17:6）。そしてイスラエルには、産出（子孫を残すこと）による民族発生を聖化するための契約のしるしとして、ここで割礼が授けられた。

3 アブラハムの預言者性

ここから 18 章と 22 章が登場するが、H・ブルームが「ブーバーは特に第 6 と第 7、それぞれマムレ〔18 章〕とベエル・シェバ〔22 章〕における啓示を強調している」（Bloom, xx）と述べるように、これら 2 つは 7 つの啓示のなかで比重が大きい箇所である。その理由を先取りするならば、18 章でアブラハムの預言者性が、22 章でアブラハムの見者性が明かされるからである。

第 6 の啓示報告〔18 章〕は、再び神が「自らを見させる／現れる」という表現をもって始まる（18:1）。ここでは三人の使者が、ソドムの町を滅ぼすため、アブラハムの家を通過しようとする。アブラハムが男たちを見送った後[10]、一人残った神は独白形式で自らに語りかけ（17-19 節）、それに続いて対話形式でアブラハムに語りかける（20-32 節）。この対話のなかで、アブラハムは聖書における最も大胆な人間の言葉を発する[11]。な

York: Mesorah Publications, 1995, 162）またスキナーは、アブラハムという名は、人為的に作られたものではなく、伝統における真の要素であると述べる（John Skinner, *International Critical Commentary*, 2.nd. [Edinburgh: T.& T. Clark Ltd, 1930], 292）。

10 どうやら三人のうち二人の使者はソドムへ向かうためそこから立ち去り、ヤハウェのみ残ったようである。

11 それを、ブーバーは「神と争うヨブの言葉よりも大胆で、またヨブの言葉全てを併せたものより大それた言葉である」（AS, 891）と表現する。

ぜならそれは神自身の前で、恐れることなく、自らの人格をかけて「全ての地を裁く者、そのような者が、公正なる裁き（ミシュパート）を行わぬことがあろうか」（25節）と神の決断に異議を唱えるからである。まさにそれは「執り成す者」としての預言者の言葉である。「公正なる裁き」と「行う」という言葉の結びつき[12]の反復を通して、神と義なる人間とが一致し、神の道を共有することが、表現される。

　その事態を端的に表現している箇所が、20章である。ここではアブラハムがアビメレクの下に滞在する話が語られ、神がアブラハムについて「彼はまさに預言者であるので、あなたのために力を尽くすであろう」（20:7）と発言する。つまり18章の大胆とも言える執り成しを経由したことによって、アブラハムは「下と上とを仲介する預言者として神に意識されるようになった」（AS, 887）とブーバーは考えた。それは神がいわば「なるほど、この男は預言者になった」と気づいたので、こう言ったのである。[13]『預言者の信仰』のなかで、ブーバーは「ナービー、すなわち告知者（Künder）や預言者[14]という名で呼ばれている人物は、使信の言葉を天から地へともたらし、願いの言葉を地から天へと上げる仲介者として特徴づけられる」（Propheten, 237）と定義している。ヘブライ大学のブーバー研究者であるアヴノンによれば、預言者を意味するヘブライ語 nabi の本当の意味は、「届ける」人であるようだ（Avnon 1990, 81）。そうであるならば

12　この結びつきは、聖書のなかでこの章においてのみ登場する、とブーバーは補足している。

13　ブーバーはこれが「後からの解釈（エロヒストによる王下2-4章で描かれているような聖所や祭儀と結びついた預言者サークル）では無く、聖書の構成における自己解釈の根源的内実である」（AS, 887）と述べ、次のように考える。それは、一人の人間（アブラハム）の哀れみと、勇猛果敢に神に対抗するかたちで彼が哀れむ対象（ロトの家族）を擁護することによって、預言が生起することを、この箇所で言おうとしていると。

14　ヘブライ語 nabi は、アッカド語の「呼ぶ、告げる」を意味する nabu の Qatil 形に由来し、能動的に「呼ぶ者」あるいは受動的に「呼ばれた者」を意味する（J. Mánek, 旧約新約聖書大事典「預言者」、1235）。

アブラハムの「預言者」としての役割は、まさに第6の啓示のなかで語られる「ソドムの執り成し」(18章) を通して描写されていたことが判明する。

4　アケダー解釈

ライトヴォルト「見る」によって構成される道の最後、それが第7の啓示〔22：1-19〕アケダー（'aqedah: 縛り）である。アブラハムの積極的な行為的献身は、ここでその頂点に達する[15]。他方、神はこの22章の始めでは、2つの先行する啓示の始め（18：1, 17：1）のように、アブラハムに「見られる/現れる」ことはない。そして7つの啓示のなかで初めて、神はヤハウェではなく定冠詞付きのエロヒームとして登場する。この22章の前半（1,3,9節）のみ神名がハ・エロヒームである理由を、ブーバーは「後になって」（22：11以降）初めて明かされる「隠れた」神ヤハウェを表現するためのレトリックであると考える（AS, 891）。つまり冒頭で試練を与える時の神名は、果たしてモレクのような神々なのか、ヤハウェ神なのかまだ定かではないため「その神」であり、後半ではアブラハムに真意を伝えるので、神名ヤハウェが登場する。つまりこの内容的区別を明確にするためのレトリックとして、2つの神名が使われていたのである。

7つの啓示の最初（12：1）と最後（22：2）で、神は同じ呼びかけ lekh-lekha によって、アブラハムを派遣する。とりわけこの呼びかけは、聖書のなかでただこの2箇所においてのみ見いだされる一文である。12章で、神はアブラハムに、過去から、つまり父祖達が生活してきた世界から離別するよう、試練の初めで要求する。一方、22章では、試練の終わりとして、神はアブラハムに対して「行きなさい」と呼びかける。それはまさに神から与えられた子孫繁栄という約束に反して、未来から、つまり子孫の世界

---

[15] 第1から第3までの啓示に対して、アブラハムは言葉で応答するのみであった。ところが第4の啓示以降は全て、彼は犠牲を伴う行為によって神に応えており、22章のイサク縛りにおいてその自己犠牲は頂点に至る。

から離別するよう要求された（AS, 892）ものである。両方とも、神は人間に対して、派遣先の目的地を明かしていない。その途上で、神は人間に目的地を示し、目的の山を伝えようとする。神は人間を、思い出〔父祖〕の生から不確かな場所へ、また待望〔子孫〕の生から不確かな場所へと派遣したのである。ただし 12 章でアブラハムは約束に向かっていくことを知っており、22 章では神の命令による非人間的行為（息子の奉献）によって、彼が見ることの可能な限り、約束の消滅へと向かっていくことを知っていた。そしてアブラハムは要求に対して言葉ではなく、12 章 4 節と同じく 22 章 3 節の「そして彼は、行く」という行為をもって応答する。

　この 22 章で、アブラハム物語を通して付き添ってきたライトヴォルト「見る」の深みと意義が明らかになる。これまでよりも頻繁に、この章ではその語が 5 回繰り返される。まずアブラハムは、行為が為される当該の場所モリヤを[16]、遠くから見る（22:4）。次に、息子からの問いに、彼は「神は犠牲の羊を見繕う（ersehen）だろう」（22:8）と応答する。さらに、息子を救出する瞬間、彼は目を上げて雄羊を見る（22:13）。最後に、アブラハムは祭壇の上で、モリヤ山の場所を「彼〔ヤハウェ〕は見る」（22:14）と宣言する。そこで物語の語り手は、その時代に「彼〔ヤハウェ〕の山で、見られる」（22:14b）と言われることが常であったと、この名前との関連づけを示し、この物語は終了する。

　神はアブラハムを「見」、この見ることをもって、物語の冒頭で言われたように「試した」（22:1）わけである。同じくアブラハムは、視覚的なものに限定されることのない彼の「行為という眼差し」をもって、神を見る[17]。要求する者（神）と、犠牲を献げる者（アブラハム）との相互関係は、

16　ウルガータ訳「顕現の地」シリア語訳「アモリ人の地」70 人訳「高き所にある地」と、古代語訳において、モリヤはエルサレム神殿とは関係の無い地と考えられている（関根清三『アブラハムのイサク献供物語──アケダー・アンソロジー』日本キリスト教団出版局、2012、18）。

17　その後、モーセが、神を慈しみ憐れむ者（出 33:19）として見たように、ハガルは、彼女が「その後ろを」（創 16:13）見た神をすでに讃えていた。

ここで見ることの相互性として現れた。上と下との、下と上との間の仲介が預言者の特徴であったが、この「見者」(ローエー)は、別の特徴を持つ者と考えねばならないであろう。ブーバーはこの 22 章で、「天と地と神自身が『見られた』道の終わりで、見ることの完成が、見ることと見られること〔能動・受動の関係〕が一つのものとして、私たちに現れる」(AS, 893)と議論を締めている。

結び　見者と預言者

　アブラハムは、ライトヴォルト「見る」の終着地点である 22 章の試練によって、見ること・見られることの一致を為し遂げた見者である。ブーバーは、預言者を「人間と神との間に立ち、罪人と裁き手との仲介を担う者」「上と下、下と上を仲介する者」(AS, 887)と理解している[18]。それによればアブラハムが「預言者」として振るまった機会はたった一度であり、それはソドムの街を滅亡するために訪れたヤハウェとその使者に対して、ソドム住民に対する「執り成し」をアブラハムが懇願した箇所(18 章)である。アブラハムはこの執り成しに成功したため、その直後の箇所で「彼〔アブラハム〕はまさに預言者である」(20:7)と言われた。したがってアブラハムは、この行いを通して、初めて神から預言者と認められた(AS, 887)、とブーバーは解する。

　このようにアブラハムは「預言者に成った」のだが、聖書のなかで初めて神が人間に自らを見させた/現れた時点から、アブラハムは「すでに見者」であった。この点がブーバーによる独自の解釈である。それではブーバーは預言者と見者というモティーフで何を示したかったのであろうか。

18　それゆえブーバーは預言者を Prophet とは訳さず、Künder (告知者) と訳出する。その理由は、預言者は「天と地の間で告知し、ある確固たる未来を予告するのではなく、むしろ彼の聞き手を選択肢の前に立たせねばならなかった」(MBW 14, 204)人物だからである。

それをH・ブルーム[19]は次のように言及している。

> ブーバーがひときわ強調している預言の誕生は、ある種の見ることの誕生なのであり、すなわちそれが〔22章のクライマックスで語られた〕「人は見る、また自らが見られることを見る」ことである。(Bloom, xxi)

H・ブルームの解釈によれば、ブーバーは預言者の誕生を「見て見られる」見者の誕生として考えていた。この流れを正確に記すならば、あらかじめ見者であったアブラハムは、ソドムの執り成しを経たことで預言者と認められ、アケダー（イサク縛り）における「見る、見られる」試練を通して、見者の預言者性が完成されたということである。

そうであるならば、聖書のなかでアブラハムは預言者という役割を誕生させ、預言者として選び出される（申18:18。申34:10）モーセへと橋渡しをしたと言えるだろう。ブーバーは、サムエルとサウルの物語のなかで表現された「今日の預言者は、かつて見者[20]と呼ばれていた」（サム上9:9）[21]を引用する（AS, 893）。ここで見者とは、預言者概念のより古い方であることを示唆している。すなわちブーバーは、この箇所を典拠に、自らの解釈「預言者の起源が見者にある」ことを主張したのである。

以上、本章を通して、見るというライトヴォルト様式を形式的に追跡し

19　第2編第4章2節「文学批評的研究」を参照。
20　見者（ローエー）とは、もともともっぱら個人的・家族的な領域で活動する能力を持っていたのであるが、バラム物語やサムエルの姿においては、登場しつつある王国にかかわりを持ち、その結果、見者の言葉が歴史の領域に入り込んでくることになった。おそらくこの移行は、見者が預言者へと変化・吸収されることに導いたのであろう（J. Mánek『旧約新約聖書大事典』「預言者」教文館、1989、1237）。
21　このサム上9:9で描写されているローエー（見者）とは、「千里眼を持つ者」という程度の意味であろう。ただブーバーは聖書テクスト全体を統一的に読解するために、この箇所とアブラハムとを結びつけて、一貫性のある解釈を提示している。

第7章　アブラハム物語における預言者の特徴

ていくなかで、預言者の役割が神と人とを仲介し、見て・見られる、能動・受動の相互性を担う者という内容が明らかになった。また本章の第1節で、ブーバーがアブラハム物語解釈の方法を「物語の背後ではなく、物語の中にあるものを、物語から」と言った理由は、上述したような当時の史的資料分析ではなく、文学的な語の繰り返しに注目する立場を表明するためであった。ブーバーは、アブラハムの実在を証明するような客観的情報の取得を意図してはいない。その理由は、第1に、伝承資料を所与として取り扱う我－それ的方法を避けたかったから、第2に、聖書のなかで特に物語を取り扱う時は統一した作品として読む文学的批評が意義深いから、と筆者は理解する。[22]

22　他方、ヘブライ語聖書の歴史書（士師記やサムエル記）や預言書を解釈する時は、文学批評的方法は適していない。本稿では、聖書翻訳を主題とし、また全体的に物語を扱うウェイトが大きいため、ブーバーの「ライトヴォルト様式」を取り上げる機会が多い。ただしブーバーは『預言者の信仰』と『神の王権』では、文学的批評ではなく、傾向史的分析によってイスラエル信仰史を史的に捉えようと試みている。

第8章　預言者イザヤから第2イザヤへ

　本章では、イザヤ書の形式的「構成」が、最終的に内容的「思想」解釈につながるというブーバーのライトヴォルト追跡法と、歴史的変遷を経るなかで維持されてきた統一的意識や思想を捉えるR的方法の妥当性を検討する。ここでイザヤ書を扱う理由は、この書が異なる時代と場所で、長期にわたって成立したからである。イザヤと第2イザヤ、両者の活動場所は前者がエルサレム、後者が捕囚先バビロニア・帰還後のエルサレムと異なっている。また両者の活動時期も、前者が南ユダ国の衰退期、後者がバビロン捕囚の終焉期からエルサレムへの帰還期にかけてと、およそ200年の差異がある。だがこのような時間的・空間的差異にもかかわらず、両者の預言には形式面においても思想面においても一貫性があることを、ブーバーのR的方法から証明せねばならない。

　したがってイザヤ書は、統一性を主眼とするブーバー聖書解釈法[1]の事例研究として適当であるといえよう。それを形式面に関しては、第2イザヤが継承している概念「リンムディーム」（弟子たち）と神名「イスラエルの聖なる者」と「イスラエルの贖い主」の使用法から、思想面に関しては第2イザヤ（40章から55章まで）における「万人預言者論」から検証したい。最終的に、ブーバーの2つの聖書解釈法を通して、イザヤ預言の一貫性を示したい〔本章におけるイザヤ書からの引用は、章と節のみ記載する（例　49:6。49章6節）〕。

1　第2編第4章、特に4・5節参照。

第 8 章　預言者イザヤから第 2 イザヤへ　　　　　　　　　　　　　251

1　リンムディーム（弟子たち）

　ブーバーは、聖書解釈の一手法としてライトヴォルトの使用法に着目しているが、それは当該の聖書テクストのなかで反復して用いられ、時に文脈にそぐわない形で登場する稀有な術語を意味していた[2]。聖書の語り手、書き手、編集者は、ある意図をもってライトヴォルトを使っていることから、その使用法を追うことによって、そのテクストにおける強調点が導き出されるのである。研究者ダン・アヴノンは「リンムードとリンムディーム：ブーバーの預言者的教えに見られるライトヴォルト」（1993）のなかで、イザヤ書における第 1 イザヤと第 2 イザヤとの思想をつなぐ鍵となる語リンムディーム（弟子たち）によって、イザヤ書における一貫性が解明できると論ずる。リンムディームは、聖書のなかで 6 回しか登場しない語であり、そのうち 4 回はイザヤ書、2 回はエレミヤ書のなかで見られる。本来リンムディームという語は、ヘブライ語聖書では「練習した」「慣れた」という意味の形容詞として使用されることが常である（エレ 2:24。エレ 13:23）。

　ところがイザヤ書では、名詞「弟子たち」や「教えを受けた者」の意味として、この語が用いられている。しかも第 1 イザヤがたった 1 度、8:16 のなかで用いたこのリンムディームを、第 2 イザヤはそれと同様の意味で 3 度使用することになる。イザヤは、自らの側近に居たサークルのことを荘重な筆で述べており、いわばイザヤの弟子集団のことを、神に約束された「立ち帰る（転向する）残りの者」の中核をなす人々であると認識している。すなわちイザヤは自らと彼らとの関係を表す語として、このリンムディームに特別の意味を与えている。それゆえイザヤ以来用いられたことなく、第 2 イザヤが特に強調してこの語を 3 度使用することから、第 2 イザヤの言葉を聞いた者は、すぐに彼の師イザヤを思い起こすことが

2　第 2 編第 3 章 4 節「構造的な音声変化」参照。

できたのである（*Propheten*, 450）。

　イザヤは来るべき大惨事を予期し、その時に備えて「私はリンムディーム（弟子たち）のために、証しを紐で縛り、教えを封印しよう」（8：16）と述べていた。イザヤは、シリア＝エフライム戦争の時、アハズ王に対する自らの助言が聞き入れられず、預言活動に挫折を感じていた。そこで彼は、自らの教えを一つにまとめ、それを後世のために封じておこうと考えた。それは後の人々が、大事な決断の時に、誤った安心感を持ち、立ち帰る意欲を失うようになることを恐れたからであった。ただこの教えの封印[3]は、なにも物質的に紐が絡められ、封蠟で密閉されたわけではない。ここで言われている教えとは「メシアについての使信」であり、それが封じられている場所は、現に生きている「弟子たちの心」である。もし極度の苦悩の時（バビロン捕囚）が来ると、イザヤの弟子たちは「心の封」を切り、その使信を人々に示し、苦しみの闇のなかに囚われている人々を救いの言葉によって、神から見離されたという絶望感から救うのである。

　この封印を解いた人物が、まさにイザヤから約200年後に出た一人の無名の預言者、すなわち通例第2イザヤと呼ばれている預言者である。イザヤの精神を継承した第2イザヤは「主なる神は、リンムード（弟子）としての舌を私に与え、疲れた人に元気を与えるよう、毎朝呼び覚ましてくれる」（50：4）と、イザヤと同じ概念を用いる。彼は自らがイザヤの弟子の一人であり、その一人に加えられることを望んでいた（*Propheten*, 451）。この預言の意図は、ヤハウェから与えられたリンムディーム（教えを受けた者）の舌によって毎朝神によって目を覚まされ、疲れた者、すなわちもはや神の救いを信じようとしなくなった人々を励まし、慰め、助けることにある。

　かつてイザヤは、その召命時（6章）に、セラフィムの賛美を通して、聖なる神の栄光が全地に満ちる事を知らされていた（6：3）。ただしこの

---

[3] 一つの古文書がまとめられて封ぜられることは、ヨブの咎が裁判の書類のように「袋のなかに封じられている」（ヨブ14：17）ことと同様である。

時点で、それを見ることが許されていた者は、ただイザヤのみであった（6:1）。ところが第2イザヤでは「全ての肉なるものは、神の栄光を見るであろう」（40:5）と言われ、聖なる神の栄光は全人類のみならず全生物へと拡張されるようになる。そのために、まず全てのイスラエルの子らがヤハウェのリンムディーム、つまり神の弟子となる（54:13）ことが、第2イザヤを通して告知されたのである。それはイスラエルがヤハウェの僕となり（49:3）、地の果てまで神の救いを伝える（49:6）任務を担うことである。もしそのような事態になるのであれば、もはや師匠と弟子の区別はなくなり、またイザヤが教えを封印しておく必要もない（*Propheten*, 452）。

このように万人が神の弟子になる事態は、本稿の思想的核心でもある。第2イザヤが稀有な術語リンムディームを用いている点に、彼がイザヤを継承する弟子である根拠が見いだされる。

2　神名：イスラエルの聖なる者

第2イザヤがイザヤの表現方法を引き継いでいることは、この共通概念リンムディームによる文体上の影響として十分に理解可能である。しかし決して文体のみならず、イザヤの内奥にある可能性は練り上げられ、いわばダイナミックになる形で、イザヤの基本概念は変容し、またイザヤにおける基本思想は第2イザヤのなかで含蓄に富んだ多様性へと発展している（*Propheten*, 453）。ブーバーは、これに関して一例を挙げれば十分であると考える。それはイザヤにおいて主導的な概念であるイスラエルの聖なる者という「神名」を、第2イザヤが引き継いだ点である。ヤハウェは、単に神聖であるだけではなく「イスラエルの聖なる者」である。イスラエルは、世界のなかでヤハウェによって聖化されるがゆえに、またその限りにおいて聖なる者と呼ばれるようになる。この時点で、ヤハウェは世界の聖なる者ではなく、人類の聖なる者でもなく、他民族の聖なる者でもなく、イス

ラエル以外の世界に存在するものに責任を負ってはいないのである[4]。

イザヤはその召命時に「聖なるかな、聖なるかな、聖なるかな、万軍の彼〔ヤハウェ〕。彼の栄光は、地に満ちる」(6:3) という天使セラフィムの交唱の呼びかけを受けたが、この「聖」を定義するには、次のような制限の下でのみ可能である。聖とは、区分されている (abgesondert) ことであるが、決して分断されている (abgetrennt) わけでは無く、分かれていると同時に栄光などを放射している意味を持つ。この区分と結合という二重性は、ヤハウェが世界から分かたれているが、決してここから身を引かないということであり、神が完全に世界のなかで力を行使していることを意味する。ブーバーはこれをホセア書 11 章 9 節の「あなた方の只中に居る聖なる者」を参照し、これはバビロン捕囚期以前の時代（古代イスラエル宗教）に見られる特徴であると考える (*Propheten*, 370)[5]。

それゆえこの「聖」概念は、まさに神の模倣を[6]、人に要求することを可能にしている。つまりこれが、レビ記で神がイスラエルの民に対して「あなたは聖なる者にならねばならない、なぜなら私が聖なる者だからである」(レビ 11:44 以下。レビ 19:2。レビ 20:7、26) と言われる事態である[7]。その意味するところは、イスラエルは諸民族世界と分かれていなけ

4　この基本的概念はイザヤ以前にはなく、イザヤ以後では、おそらくイザヤから出た伝承（イザ 37:23。王下 19:22）の外には、第 2 イザヤの捕囚時代に書かれたエレミヤと詩編にのみ見いだされる (*Propheten*, 454)。

5　すなわちこのブーバーの解釈は次のとおりである。「聖」という概念が日常の穢れから遠ざかり、「清さ」と「穢れ」とを聖別する「聖化」として考えられるようになるのは、捕囚以後の律法成立後、ユダヤ教成立後である。

6　第 1 編第 3 章 3 節 86 頁参照。ネエルは「聖」であることが神の像であり、人間がそうあるよう努めることが、神の模倣であると主張している（アンドレ・ネエル『予言者運動の本質』西村俊昭訳、創文社、1971、170）。

7　このことはすでにイスラエルを「聖なる民」と呼んでいる古い本文（出 19:6）で見られ、それに基づいた本文にも同様の表現があり（申 7:6。申 14:2、21。申 26:19。申 28:9）、後者の場合には要求という形では無く、約束の形で述べられている。

ればならないが、そこから身を引くのではなく、その生活形態を通じて放射する輝きによって諸民族世界を感化せねばならないということである（*Propheten*, 371）。

　この「イスラエルの聖化によって、諸民族に影響を及ぼす」というイザヤの思想は、諸民族に対するイスラエルの関わり方を預言した第2イザヤの思想に繋がるものである。この点をより正確に表現するならば、イザヤにおける聖なる者は、イスラエルの民全体を指してはいない。それは「シオンに残された者、エルサレムで生き残った者は聖なる者と唱えられる」（4:3）と言われるように、災厄を免れて「立ち帰る（umkehrend）残りの者」（10:21以下）のことである。そして彼らの存在によって、イスラエルの民全体は、神の聖性に続くよう保証される。この聖なるヤハウェによってイスラエルが聖別されることは、イザヤがこのように崇高な神名をつけたことの根底をなすものである。

　イザヤの「聖」は、アモスの「正義」、ホセアの「慈しみ」と同様に、神－人関係の最も偉大な第3の基本概念である。これらの概念のもとで、「ヤハウェは、自立的に創造された人間の自立性を通して働き、それを通して地上の業を続けようとする」（*Propheten*, 371）。ブーバーは、ヤハウェは自立した人間と共にその業を施行すると考えている。つまりこれらの諸概念は、全て神と人との主導的な関わりを表すものである。

3　神名：イスラエルの贖い主

　イザヤが言及した「イスラエルの聖なる者」としての神は、第2イザヤではその特徴をより明確にする形で「イスラエルの贖い主」（41:14。43:14。48:17。49:7。54:5）という独自の名称で語られるようになる。贖う者（ゴーエル）、つまり買い戻す者とは、イスラエルの民法上の法律用

8　民23:9の古いバラムの言葉を参照。
9　出31:13の安息日の規定のなかで「私〔ヤハウェ〕があなたたち（イスラエル）を聖別する者である」と言われる。

語であって、家族や身内の者が「不自由な状態に陥った家族成員の生活や利益を、その者のために、元の状態に戻すこと」を任務とする（*Propheten*, 454）。贖う者は賠償の責任を負っている最も近い親族であって、殺された者の血に応じて報復したり、奴隷を買い戻したり、抵当に出した土地を保持したり、家庭から損なわれた財を元通りにする道徳的任務がある。このゴーエル（*go'el*）としての贖う者、買い戻す者という用語は、同時に次のような聖書思想を形成している。それは民族の父ヤハウェがイスラエルを選んだことは、イスラエルを養子にしたことであり、ヤハウェはイスラエルの親族として「賠償の責任を負う者」になったというものである。

そしてこの思想が、第2イザヤではイスラエルの聖なる者という概念と融合する。つまりイスラエルは聖なる者を通して聖とされるべきであったのだが、彼らの不義のために奴隷に売られ（50:1）、苦しみの炉のなかで試練を課され（48:10）、清められた。そして今や、ヤハウェが負債を支払う形によって、彼らは奴隷の境遇から救われようとしているのである。なぜならそれはヤハウェが、決してイスラエルの聖なる者たることを辞さないからである。それゆえにイザヤは「イスラエルの聖なる者を軽蔑する」思い上がった者に対して、勧告と警告とを与えていた（1:4。5:24）。他方、彼の弟子である第2イザヤは、悔いる者や意気消沈した者に、次のような慰めの言葉を投げかける。

案ずるな、
あなたは虫けらのヤコブ、
あなたたちはイスラエルの小さき民、
私自らがあなたを助ける、
それが彼〔ヤハウェ〕の告示（Erlauten）、
あなたの贖い主は、
イスラエルの聖なる者である。（41:14）

この言葉は、歴史的に具体的な告知となって強まる。すなわちイスラエル

の聖なる者、イスラエルの贖い主、イスラエルの創造者、そしてイスラエルの王であるヤハウェは、イスラエルを呼び戻すためにバビロニアに人を遣わす（43：14）。その理由は、ヤハウェがイスラエルの贖い主だからである（41：14）。そして第2イザヤ書の終局である54章で、イスラエルの聖なる者とその贖い主という2つの基本的観念は次のように結合されるようになる。

> 万軍の彼〔ヤハウェ〕がその名！
> あなたの贖い主は、
> イスラエルの聖なる者で、
> 全地の神と呼ばれている。（54：5）

この節の前には「決して恐れてはならない」（54：4）と、ヤハウェとイスラエルの結婚というホセアの思想が再登場する。若い時に捨てられた妻が、恩赦を与えられ、贖われて再び受け入れられる（54：6）という使信は、まさに罪ゆえに見捨てられたイスラエルが、再びその贖い主であるヤハウェのもとへと帰還する事態を象徴している。ホセアが預言したような「慈しみと憐れみ——ヘセドとラハム」（ホセ2：21）をもって新しい契約を結ぶことは、「もはや決してそれることのない、とこしえの慈しみ」（54：10）をもってイスラエルを「憐れむ者」（54：8）を通して成就される。イスラエルの聖なる者と贖い主という2つの基本概念は、このように繰り返され、思想的に頂点へと達するのである。

　一点、ここで付け加えるべきは、イザヤ書29章17-23節がその文体と内容から察して、第2イザヤ近辺に由来する断片ということである（*Propheten*, 456）。そこでは買い戻された者たち（贖われた者たち）は「神の名を聖化し、ヤコブの聖なる者を聖化する」（29：23）と言われている。すなわち神によるイスラエルの「選びの目的」とは、イスラエルを通したヤハウェの聖化でもあり、彼の聖なる王国の設立はヤハウェによって聖化された民によって達成されるということである（*Propheten*, 456）。神が、

民に行くよう教える新たな道は、「聖化の道」（35:8）と呼ばれ、そこを歩むのは、贖われた者たち（35:9）であり、ヤハウェに買い戻された者たちが、シオンに帰還するのである（35:10）。

　以上、このような神－人関係における相互的行為として聖化が実現するのである。イスラエルの「聖なる者」であり「贖い主」であるヤハウェは、最終的に民の生活の新秩序として新しい道を教えることになる（48:17）。このように本章で取り上げたライトヴォルトは、イザヤ書全体を通して一貫しているのではなく、変遷していくものである。それは第6章で検討したヤコブ物語で、キーワードが移り変わることによって、物語が深まり、話の筋が展開する働きと同じである。これをブーバーのR的・傾向史的分析で語るならば、200年にわたる時代的変遷を経るなかで、なおも保たれてきた統一的意識があったからこそ、イザヤから無名の預言者第2イザヤへと、その思想は引き継がれてきたのである。つまり本章のイザヤ書分析では、ライトヴォルトが「弟子たち→イスラエルの聖なる者→イスラエルの贖い主」へと形式的に変遷することによって、次節から議論される内容的な思想が深まっていくのである。

4　万人預言者論

　ブーバーは、預言者イザヤが天の聖域に座すヤハウェの栄光をその目で見た、彼の召命記事（6章）を分析するなかで、預言の広がりを論ずる（FG, 1064）。イザヤは、自身が召命された時[10]、天使セラフィムの声を聞いた。セラフィムは「聖なる聖なる聖なる万軍（Umscharte）の彼〔ヤハウェ〕」と神を褒め称えながらイザヤに近づいてきた。その時、イザヤは神殿の入り口に立ち、神の箱が安置している至聖所の奥の暗がりを見ていたのである。突如、暗闇が明るくなり、限られた空間が広がり、天まで届く玉座が現れ、そこに座している神の衣のすそは神殿に満ちるほどであっ

10　ウジヤ王が死去した前742年頃、イザヤは神から召命された（イザ6:1）。

第8章　預言者イザヤから第2イザヤへ

た。そこでイザヤは「私の目は神を見てしまった[11]」と言葉を発したのだが、彼がそこで実際に見たものは衣のすその幻であったに違いない。この事態をブーバーは、神の栄光それ自体ではなく、栄光の放出をある現象によって見た（Propheten, 370）、と理解している。確かにこの場面では、神殿は煙で満ちていた。煙とは、出エジプト記で、神の啓示が下る時「雲が満ちた」と表現されたように、いわば神の栄光を具象的に表している[12]。また列王記上8章10-11節では、ソロモンによって建設された神殿のなかで、ヤハウェの栄光が満ちた時、雲が出現した[13]と描写されている。

その理由は、本稿のヤコブ物語のなかで検討されたように[14]、ヘブライ語聖書では人間がその目で直接神を見ることは、死を意味するからである[15]。したがって神が顕現する時は、何かでそれを覆う必要があった[16]。おそらくここでイザヤが見た幻も、これを覆うための煙であったろう。イザヤはこの煙を通して、神の栄光を見たにちがいない。その時、天使セラフィムは「彼〔ヤハウェ〕の栄光は、全地に満ちる」（イザ6:3）とうたった。それはイザヤが見た衣のすそが神殿に満ちていたように、神より放出され

11　「万軍の主なる彼〔ヤハウェ〕の王を、私の目は見てしまった」（イザ6:5）。
12　出エジプト記40章35節における伝承によれば、かつて荒野放浪の時代に、神の「栄光」は雲のなかから下ってその「宿り場」（天幕）に満ち、それを覆う雲がその上にとどまっていた。この伝承は、文学的にも、宗教史的にもイザヤ以前の伝承と考えられる、とブーバーは言っている（Propheten, 370）。
13　「祭司たちが聖所を出た時、それは起こった、つまり雲が彼〔ヤハウェ〕の家に満ちた、その雲のために、祭司たちは仕えるために立つことができなかった、彼〔ヤハウェ〕の現象が、彼〔ヤハウェ〕の家を満たしたからである」（王上8:10-11）。
14　第2編第6章5節221-222頁参照。
15　「あなたは私の顔を見ることはできない。私を見て、なお生きている人はいないからである」（出33:20）。
16　神がエリヤに「外に出て、山で、私の顔前に立て！」と告知し、風、地震、火が起こり、その後「消えゆくような静寂の声」が聞こえた時、エリヤは外套で自らの顔を覆った（王上19:11-13）。それはまさに、神の顕現を察知したエリヤの対応であり、彼は瞬間的に死を予感したため、顔を覆ったと言えよう。

た重み（*kabod*：栄光）の満ち溢れがうたわれたのである。

　このように神的な栄光は、世俗世界と聖別されることはない。むしろ「聖なるものは、自然を圧迫することなく、自然のなかへと浸透する」（MBW14, 186）のである。これは『我と汝』における「世界の只中で神と出会う」ブーバーの基本理解である。ただしその神の栄光は、見ることの許されている者、すなわちここではイザヤだけが、幻視することができた。なぜならば神の使信は、あくまで預言者に対してのみ告知されるものだったからである。

　ところが、イザヤの召命からおよそ200年経った時（前6世紀後半）、神の預言はある無名の預言者、いわゆる第2イザヤに対して、次のように告知されるようになる。そこではイザヤ（第1）との明らかな変化が見られる。

　　顕わにされる必要がある、
　　彼〔ヤハウェ〕の栄誉の光は、
　　全ての肉なるものは、一つになってそれを見るであろう。（イザ40：5）

イザヤが召命を受けた時、上述のように、確かにヤハウェの栄光はすでに全地に満ちていた。その栄光は「全ての肉なるものが見る」という表現によって、時代を経て、今度は全世界に対して、また全ての民族の前で顕わにされたのである（フォン＝ラート、325）。第2イザヤの預言を通して、イスラエルのあらゆる子たちは神の弟子になり、そこではもはや教師と教え子の区別はなくなった。つまりあらゆるものは、王であり教師である神から、学ぶべきことを学べるようになったのである。いわば神の世界開放性が、大規模に広がった、と言うことができよう（*Propheten*, 452）。

　かつてモーセは、エジプトを脱出し荒野を放浪するなかで、民同士の争

17　「神との出会いが人間に生じるのは、彼が神に従事するためではなく、むしろ彼が世界のなかでその意味を確証することに基づく」（ID, 157）。

第 8 章　預言者イザヤから第 2 イザヤへ

いが絶えず、彼らの裁きや調停に追われていた。そして彼らの要求を聞き入れ、それを神に伝えるという媒介役にモーセは疲れ果てていた。それは神と語るという預言者の役割を彼のみが担っていたためである。その最中、モーセは次のような望みを、自身の後継者ヨシュアに語っている。

　彼〔ヤハウェ〕の全ての民が告知者〔預言者〕になり、
　彼〔ヤハウェ〕が彼らの上に霊（Geistbraus）を与えればよいのに。（民 11：29）

モーセは、「もしも万人に神の霊が下り、預言者になってくれれば、各自が神の言葉を受け入れることが可能であり、自分の荷が下がるのに」と、願っていた。
　ブーバーはかつてモーセの希望したことが、第 2 イザヤのなかで具体的に表明されると理解する。その理由は、次のように第 2 イザヤの預言によって、かつての望みが具現化するためである（*Propheten*, 452）。

　私〔ヤハウェ〕は、私の霊を、あなたの子孫の上に注ぐ。（イザ 44：3b）

ブーバーによれば、預言者とはまず神の霊が下ることで預言状態（サム上 10：10）になり、次に神の言葉を受け入れる者のことである（*Propheten*, 303）。したがって神自身が第 2 イザヤに約束したように、子孫たちに自らの霊を下すならば、万人が直接神の言葉を聞き取ることが可能になるだろう。
　ブーバーは、自らの対話的原理や我－汝思想を展開するなかで、確かに第 2 イザヤを直接引用してはいない。だが彼は、自らの思想のなかに「いかなる人間も、神の語りかけから除外されることはない」（*Nachlese*, 177）という考えを根本的に持っている。神は私たち各人に対して語りかけ、各人は自らの行いをもって応答するよう、神によって召喚されているのである。このような神と人間、神と世界との対話が、歴史や時代のなかで存す

る（*ibid.*）ことが、ブーバー思想の基軸となっている。すなわち神の万人への語りかけは、もはや特定の預言者に頼らずとも、万人がそれを受容できるようになったと言えよう。"いわば"万人が預言者なのである。

5　預言者の挫折：現実における失敗と未来への希望

　預言者の不必要性は、第2イザヤ以後の時代に生じた預言の終焉のなかでも確かめることができるだろうが、ブーバーはそれとは違った視座で論じている。神は、全ての民に対する使信を告知するためにイザヤを召命したのであるが、そこでイザヤにこう告げた。

> この使信は、民によって誤解、誤認、誤用される。そして少数の「残りの者[18]」を除いて、民はその不誠実さをさらに強め、「頑なになる」（イザ6:10）であろう。それゆえ、イザヤはその使命に挫折するに違いない。（FG, 1065）

民がイザヤの告知する神の使信を聴くことはない。なぜなら神はイザヤに使命を授けながらも、同時に頑迷預言によって、あえて民の心を頑なにし、使信を誤解、誤認、誤用させるためである。このようにイザヤは、彼が歩む道の最初の段階で、自らが挫折せねばならぬことを知っていたのである。しかしイザヤが失望することはなかった。なぜなら挫折は、彼が進まなければならない道の一部だったからである（FG, 1065）。そして実際にイザヤは告げられたとおり、その後の預言活動のなかで挫折することになる。[19]

18　残りの者：イザヤにとって残りの者とは、歴史的破局の後に生き残り、神の選びと救済に与るべく、模範的な生活を営む者たちのことを指す（イザ4:3。10:21。11:11。11:16。28:5）。他方エレミヤでは、残りの者は「悪いいちじく」に喩えられ、偶然破局を逃れたが、いずれは滅ぶ者を指している（エレ24:8）。

19　シリア・エフライム戦争（BC733）の時、民もアハズ王も、共にイザヤに反抗した（イザ7章）。その上、イザヤに従ったヒゼキア王でさえ、肝心な時

第8章 預言者イザヤから第2イザヤへ

　ここで興味深い点は、ブーバーがこのイザヤの挫折を奨励しているかのように解せることである。預言者の活動には挫折が付きものであるどころか、初めから預言活動が成功せぬよう定められているように読み取れる。実際にヘブライ語聖書のなかで、預言者の告知した言葉を民が真摯に受け入れた例は、ヨナ書[20]以外には見当たらない。そのヨナ書では、預言者ヨナの言葉を聞き入れ、粗布をまとって灰の上に座し、断食によって生活態度を転向した（立ち帰った）のは、異民族であるニネベの人々であった。これは一向に神の使信を受け入れない頑ななイスラエルの民に対するアイロニーを交えた物語と言えよう。しかも人々が神の使信を受け入れ、それによって預言が成就したことが、ヨナにとって大いに不満であったことを、ヨナ書は語っている。すなわち預言者とは、挫折するからこそ、預言者たりえるのである。

　そうであるならば彼らの言葉が万人に受け入れられることは、預言者の本質に反することとなる。ブーバーは「預言者の本質」について「無力な者として権力者に立ち向かい、権力者に責任を思い起こさせる役割を担うこと」（FG, 1065）と説明する。そしてイザヤは、預言者の天職が権力を持たぬことにあり、自らもそうであることを知っていた。彼は、布さらしの野にいたる大路で、南ユダ国のアハズ王に対して、ただ「恐れてはならない」「静かにしていなさい」（イザ7:4。イザ30:15）と助言した。この状況におけるイザヤの真意は、南ユダ国がアッシリアに援助を求めるのではなく、ただ神の意志にのみ従うべきというものであったが、彼は王を説得するような語りをしてはいない。むしろイザヤは次のような威嚇の言葉を[21]

　　にアッシリアに対抗するバビロニアの反乱に色目を使い、期待外れであった（イザ39章。王下20章）。
20　「ヨナは告げて言った、あと40日するとニネベは転覆するであろう。するとニネベの人々は神を信頼し、断食を呼びかけて、大きな者から小さな者まで粗布を身にまとった」（ヨナ3:4-5）。
21　イザヤは「ダマスコの頭はレツィン、サマリヤの頭はペカ」（イザ7:8-9）と、アハズ王に語りかけた。それによって、王に対して「ではエルサレムの頭は誰であるのか、あなたが知ろうと欲すれば分かるはずだ！」というメッセ

発した。

> もしあなた方が〔神を〕信頼しないのならば、きっとあなた方が信頼されることはないだろう！（イザ 7：9）

このように預言者とは王などの権力者に対して責任を喚起させる役割を担う者であって、彼らを説き伏せるようなことはあってはならない。預言者は常に権力を持たないため、王の宰相ではない。ブーバーによれば、この点にこそ「預言者の使命」という特別な社会学的意味根拠があるのだ（FG, 1065）。

ただしブーバーは預言者の挫折について次のように主張する。

> 彼らは確かに歴史的時間のなかでは挫折したが、民の「未来」に関してはそうではない。その使信は、異なる時代、異なる条件、異なる形式で実現されるものとして存続する。（FG, 1068）
> 真の預言者たちは、十の成功が一つの敗北を産み出し、それとは反対に十の敗北が、一つの勝利を産み出すことができることを知っていた。（FP, 949）

預言者自身、民に対して語った時のように、大抵は成功を得ることはできなかった。しかし「真の預言者たちが〔エレミヤのように〕迫害に遭い、穴へと投げ込まれた時（エレ 38：6）、私たちの魂になお存在する全てのものが燃え上がる。そして極めて深刻な困窮の只中で、再生へと導くであろう立ち帰りが、民のなかでひっそりと始まる」（FP, 949）とブーバーは『偽りの預言者』（1940）の結びで述べている。

預言者の精神は、彼が与えようと欲するものを、その時代の現実に与えることはない。むしろ預言者の精神は、その自らが与えようと欲するもの

ージを暗に伝えたかったと言えるだろう。

を、民の内へと永久に沈める。そしてそれは、その時から真理を実現する願望として、心の内で生き続けることができる。すなわち挫折したイザヤの精神は、弟子たちの心のなかに大切に封印され、200年後の第2イザヤへと引き継がれたのである。彼らの精神は、哲学者のように不変かつ無時間的な概念的真理を所有することはない[22]。それは常に一つの状況に対する一つの使信を受けとるだけである。しかしそれだからこそ、預言者の言葉は幾千年を経た後にも尚、さまざまに転変する歴史的状況に、その特定の状況に対して語りかけることがありえるのである（FG, 1068）。

22　そのことをブーバーは、『精神の要請と歴史的現実』（1938, FG）のなかで、イザヤとプラトンの比較によって言及している。

第9章　預言者の問題と翻訳の意義

1　偽りの預言者：エレミヤ書28章

　前8章では、預言者が挫折することこそ、彼らの使命の社会学的な意味根拠であると論じられた。また第7章で判明したように、預言者とは神を見て神に見られる存在であり、そのなかで神と人間との仲介を果たす人物である。そのような聖書時代の預言者は、現在いったい誰を指すのであろうか。結論を先取りするならば、ブーバーは現代で"いわば"万人が預言者になり、直接言葉を聴くことを望んでいるように思われる。

　聖書には、神の使信、神によって語られる言葉、神の声といった形なき言葉が含まれており、それらを形態化する役割を担う人物が預言者である。預言者は、神と民の間に立ち、自らの言葉によって神の使信を伝える人物である。それは形なきものを、最初に形態化する作業であり、いわば預言者は最初の翻訳作業[1]を行っていると言えよう。ただしその伝達方法は、人間の言語に限定されるとは限らない。「あなたたちのなかに、私に向き合う預言者が居るならば、私は彼に対して幻で知らせ、彼の内で夢で語る」（民12:6）とブーバー / ローゼンツヴァイク訳で言及される[2]ように、

---

[1] 「ブーバーは、ヘブライ語聖書『原典』さえも、すでに一つの『翻訳』なのだという理解を示していた節があります」（小野、2012、125）。

[2] この箇所の「幻」はローゼンツヴァイクと共訳された初版では Schau（幻）と訳されていたが、ヘブライ原語が mahazeh ではなく、mar'eh というラーアー（見る）の派生語であるため、後にブーバーによって Gesicht（幻視）と改訳された。これは第2編第7章で論証されたとおり、預言者の「見る」という使命ゆえである。夢や幻を見ることは、なにも視覚的直観に限定されない重要な預言行為である。この箇所の他に「老人は夢を見、若者たちは幻を見

第 9 章　預言者の問題と翻訳の意義　　　　　　　　　　　　267

　預言とは夢や幻を媒介として告知される言葉でもある。またエレミヤが自ら軛を負いながら神殿で神の使信を伝え（エレ 27:1-15）、イザヤが裸足と裸で歩くことによってアッシリアの王が捕虜を連れ去る前兆を示したことから分かるように、預言者は自らの肉体をも神の使信を告知する手段として用いていた。

　そこでブーバーが危惧することは、偽りの預言者によって神の使信が誤って伝えられることである。預言者が神の使信を翻訳して民へと伝達する役割を担うため、もしもこの最初の翻訳の段階で誤解が生じていたのであれば、伝承は初めから誤っていることになる。偽りの預言に関して、エレミヤ書では、次のように言われている。

　　また彼〔ヤハウェ〕は私に言った：
　　偽りを告知する預言者たち
　　私の名をもって、
　　私は彼らを遣わさなかった、
　　私は彼らに命じなかった、
　　私は彼らに語らなかった、──
　　偽りの幻と、
　　価値のない占いと、
　　彼らの心の欺きを
　　彼らはあなた達に告知している。（エレ 14:14）

　預言者とはそもそも、ヨエルが言うように（3:1/2:28）「夢や幻を通して、

　　　る」（ヨエ 3:1）という類似した表現もある。
3　「主は言った『行け。粗布をあなたの腰から解き、あなたの履き物を汝の足から脱げ』。彼（イザヤ）はそのようにし、裸、裸足で歩いた」（イザ 20:2-3）。アッシリアの王がエジプトの捕虜やクシュの捕囚民を裸・裸足で連れ去るという徴として、また前兆として、神はイザヤにこのような格好で 3 年間歩くよう命じた。

神の使信を伝える」役割を担う人物である。それは前者の夢はダニエル、後者の幻はエゼキエルを初め、多くの預言者の活動から判断しても、明白である。したがって真の預言者と偽りの預言者とを分かつ基準は、言葉なのか、もしくは幻や夢なのかではない。なぜなら神は、なにもモーセとのように「口から口へ私は彼に語る」（民 12：8）ことを常としているわけではないのである。むしろ自然現象による告知や、夢や幻という視覚的表象を通して告知することが、聖書では常である。したがって、真の預言者が言葉を預かり、偽りの預言者が夢や幻に頼った預言をするといった分類はできない。

それでは、はたして神が遣わしていない人物による「偽りの預言」と、神の使信が告知される「真の預言」とを区別する基準はどこにあるのだろうか。それに関してブーバーは『偽りの預言者』（1940）のなかで、エレミヤ書 28 章に登場する偽りの預言者ハナニヤを取り上げて論じている。

> ハナニヤは事情に精通していた。彼は真理を知らなかったが、事情に精通していたのである。（FP, 946）
> 偽りの預言者とは、夢想を糧にし、それがあたかも現実であるかのように振る舞う。（*op.cit.*, 948）

ハナニヤは「神は『バビロニアの王の軛を打ち壊すであろう』と言った」と公言する。どこから彼はそれを知ったのか。彼は「神が自らに語りかけた」とは言っていない。彼、つまり偽りの預言者は、意図的に虚偽の公言をしていた訳ではない。彼は「自らが知る範囲での真理」を言ったのである。ハナニヤがイザヤのカリカチュアであると言われるのはもっともである（*op.cit.*, 946）。なぜならかつてイザヤは、ユダ国の首からアッシリアの軛を外して打ち砕く（イザ 10：27）という神の意志を告知していた。まさにここからハナニヤは、神がバビロニアの軛を打ち砕くよう約束した、といわば推論してしまったのである。なぜなら確かに南のユダ国が強力な外敵に脅かされているという意味で、両預言者が活動した時期における政治

第9章　預言者の問題と翻訳の意義　　　　　　　　　　　　　　　269

的状況は類似していたからである。しかし厳密に見れば、状況はまったく同じではない。ヒゼキア王の世代では、民族的に必要とされていた課題は、結局受け入れられず、達成されなかった。しかもそれを受け入れたヨシヤ王の世代[4]では、歴史的前提が変化していたため、もはやこの課題を果たすことによって、民族の運命を変えることはできなくなっていた。つまり過去の世代によって失敗に終わったことが、現状（ゼデキア王の世代）へと行き着いたのである[5]。

　他方、真の預言者エレミヤは、この状況でどのように振る舞ったのであろうか。エレミヤ書28章10-11、12-16節で記されている描写をブーバーは取り上げる。

> ハナニヤが、エレミヤの首から軛を外し、それを打ち砕き「このように二年のうちに、神はネブカドネツァルの軛を全ての民の首から打ち砕くであろう」と民に宣言した時、エレミヤは黙ってそこから立ち去った。その後、神の使信と共に、エレミヤがハナニヤのもとへ派遣された時に初めて、エレミヤはハナニヤの所へ行き、言うべきことを彼に言った。（FP, 945）

4　ヨシヤ王は、エレミヤが初期に預言活動を行っていた時期の、ユダ国王である。偽りの預言者ハナニヤが民を煽動していた時期は、第1期バビロン捕囚（BC597）後にあたる。その期間、ユダ国では最後の国王ゼデキアが統治していた。

5　このような状況から、またその状況のゆえに、エレミヤは次のような要求を発した。それは、今は運命（エレ13：25）を受け入れ、その究極的な意味で完全な立ち帰り（Umkehr）によって運命を成就すること、すなわちあえてバビロニアの軛を自ら取り、不自由のなかでこそ新たな自由、真の自由がもたらされるという要求である。そしてエレミヤは、大惨事であるところの捕囚が始まった後で、変わりつつある一族自身に、きっと70年後には彼らの首からバビロニアの軛が外れて打ち砕かれるであろう、と約束した（エレ25：12）。結果として、それは真実になった。ところがハナニヤは、現在は破滅へ到る選択肢しか残されていないが、将来的に希望がありえることについて、何も分かっていなかった（FP, 947）。

エレミヤは、ネブカドネツァルの軛に関して何も宣告することなく、黙って、その場から立ち去った。なぜ彼は去ったのであろうか。それは明らかに、彼が事情を分かっていなかったからである。つまりその場で相応しき発言が分からなかったため、エレミヤはあえて何も語らず、神の言葉に聴き従うために、去ったのである。そして使信が告知された後で、彼は戻って、ハナニヤに預言の内容を語った。このように預言者は、その状況に応じて、その都度、新たに神の言葉を預かる事が求められるのであり、真の預言者は、自らの思い込みから預言をすることはない。

ブーバーによれば、偽りの預言者とは、自分自身と民との共通の願望や衝動から生まれる幻想を語り、それによって人を迷わし、大切なことを忘れさせる人物のことである。彼らはそれらの願望に従って、歴史的現実から一断片をはぎ取り、それを色の付いた幻想のなかへ織り込む。すなわち偽りの預言者は「民が最も望んでいる願望を満たすための発言をする人物」であった。彼らの多くは立派な愛国者であり、自らが強く信じていたことを語っていたにすぎない。それがエレミヤの時代では「バビロニアの軛を神が打ち砕く」と煽動したハナニヤの言葉だったのである。結果として彼らは夢想し（エレ 23 : 25, 27）、彼らの心にあるまったくの虚像（エレ 23 : 26）を告知している（*Propheten*, 425）。

エレミヤの預言は、後の時代になって初めて正しかったことが判明する。ところがゼデキア王の時代に、ハナニヤとエレミヤのどちらの発言が真実で、どちらが神によって遣わされた真の預言者なのか、民にとってその判断は難しかったであろう。特にハナニヤの煽動は、イザヤを引用していたため、実に説得力を持っていたのである。そして神の使信をありのままに告知する人物よりも、民が「願っていること」を告知する人物の方が、伝達される共同体の成員にとっては魅力的に映ったことであろう。

このように聖書テクストそれ自体が、すでに「神に遣わされていない偽りの預言者」によって、誤って伝達されている可能性がある。ところが神によって遣わされた預言者であっても、常に正確に告知できるとは限らない。なぜならば預言者とは、神の使信を人間の言語へと置き換える「最初

の翻訳者」である。したがって預言が告知される時点ですでに、オリジナルの神的な声は人間の言語を介して伝達されている。そこでは常に預言者の誤解可能性が、ついてまわるのである。

2　預言者の誤解：サムエル記上15章

そこで、たとえ真の預言者であっても神の使信を誤解してしまうことが、預言者サムエルの例から論じられる。『サムエルとアガク』(1960) のなかで、ブーバーは、預言者の誤解可能性を取り上げている。彼は、とあるユダヤ人、自らの生の様式を一切敬虔な伝統に従わせる律法に忠実なユダヤ人と対話する機会をもった。話の主題は、サウルが外敵であるアマレク人の王アガクを殺さずに見逃したという理由で、預言者サムエルが「サウルの王国支配は奪い去られるであろう」という神の知らせを伝えたというサムエル記上15章であった。そしてその議論のなかで、両者は決定的に異なる理解をもってテクストを読んでいたのである。

この律法に忠実な男は、聖書テクストに書かれた内容を、字義通り理解した。つまり神が異教徒の王アガクを殺すよう命じたことを、疑いなく信

6　この小エッセイは、単行本『出会い：自叙伝的断片集』（初版：シュトゥットガルトの Kohlhammer 社、1960）の第17節のなかで書かれたものである。ハイデルベルクのラムベルト・シュナイダー社より刊行された本書の第3版（1978）と第4版（1986）では、ブーバーと親交があったゲース（Albrecht Goes, 1908 - 2000）による「あとがき」(1977) が付加されている。ゲースは1978年に彼の小説 *Das Brandopfer* で、ブーバー・ローゼンツヴァイクメダルを授与された。

7　サム上15章では、預言者サムエルが、神の命令として、異教徒であるアマレク人の王アガクを殺すよう、イスラエルの王サウルに指示を出した。ところがサウル王は、サムエルの預言に従わず、アガクの命を見逃してしまう。その結果、預言者サムエルは「サウルのこの振る舞いによって、彼の王国支配は奪い去られる」という神の知らせをサウルに伝え、彼から去る。その後、神の霊はサウル王から離れ、それ以降サウルは悪霊に取り憑かれ、苛まれるようになる。

じた。他方、ブーバーは、彼に対して「これが神の使信であると、私は決して信じることができませんでした。……私はサムエルが神を誤解したのだと信じます」（MBW7, 302）と述べた。つまりブーバーは、聖書テクストを字義通りに受けとることを否定したのである。後になってブーバーはこの対話について振り返っている。

> 人間は、神が人間に語ることを理解できるよう創造されているが、理解せねばならぬように創造されている訳ではない。神は被造物である人間を困難や不安に委ねることはない。神は自らの言葉で人を助ける。神は人に語りかける。神は自らの言葉を人に語る。だが人間は語りかけられたことを忠実な耳で傾聴せず、聴く時に天上の掟と地上の規則を、すなわち存在者の啓示と人間自らが整える方向付けとを、互いに混同してしまう。この事実からは人類の持つ諸聖典すらもまぬがれ得ないのであって、聖書もまたそうなのである。これは結局、聖書の歴史物語に現れるこの人物、あの人物が神を誤解したという問題ではなく、"旧約聖書"のテクストがそれによって成立した話す声と書き記す筆のわざのなかで、繰り返し繰り返し、理解に誤解がつきまとったこと、作られたものと受け入れられたものが混同されてしまったこと、それが重大なのである。……サウルが彼の敵を殺さなかった理由で、サウルを罰し給うような神を私に信ぜしめることが可能な理由は何一つない。（*op.cit.*, 303）

このようにブーバーは、預言者サムエルの誤解を典拠に、神の掟と人間の規則の混同、神の声とそれを起こす人間の筆との食い違い、受け入れられた声と作られたテクストとのずれから、誤解が生じる可能性があることを論じている。

　それでは預言者の告知した言葉のなかに、すでに誤解が含まれている可能性があるのならば、当時のイスラエルの民や私たち読み手は、何を基準に言葉の真偽を確認する事ができようか。聖書テクストに書かれた神の教示のなかで、どれが正しく、どれが誤って伝えられたものなのか。その基

準に関してブーバーは、サムエルの預言は誤解に基づくと「信じられる」と述べ、読み手からテクストへと奉仕する文脈のなかで、言葉を捉えようと試みる。それは彼が、聖書の言葉を客観的で不変的なるものではなく、時代や状況によって変化するものと考えていたためである。前述の引用に続く箇所で、ブーバーは次のように論じている。

> 私たちは両者〔理解と誤解〕を分離、区別するいかなる客観的基準も持ち合わせない。私たちは——もし持っているとするならば——ただ信仰（Glaube）を持つのみである。（ibid.）

ブーバーは、私たちはただ信仰を持ち得るのみ、と主張する。『サムエルとアガク』は 2 頁程の小論文であるが、ブーバーはそこで動詞 glauben と名詞 Glaube を、合計 13 回用いている。ここで焦点となる主題は「理解と誤解」であり、ブーバーは両者の隔たりを埋めるものとして、信仰をもって言葉に関わることを提案したのである。

3　読み手の信仰

　それではその理解と誤解の隔たりを埋めることが可能な「信仰」とは、何か。それは読み手による主観性のようなものであろうか。否、そうでは無いことは明らかである[8]。なぜならブーバーは、読者が主導となって恣意的に解釈することをも最も退けているからである。彼は徹頭徹尾、オリジナルとしての神の使信がテクストに存することを理由に、それに向き合い、そこへと歩み寄る姿勢を求める。というのもヘブライ語で信仰を意味するエムナー（'emunah）は、ギリシア語化されたピスティスのように「真であると認める信念」ではなく、むしろ「神性との根源的関係から流れ出

---

[8] 次節の議論を先取りするならば、信仰とは受容的態度を通した言葉に対する責任である。

る直接的なもの、つまり信頼」であるからだ（MBW9, 215）。ブーバーは、キリスト教とユダヤ教との信仰理解を比較した『信仰の二類型』（1950）のなかで、「個人は『信じ』ねばならない。より正しく言うならば、信頼せねばならないのである」（op.cit., 214f.）と述べ、「信頼」としての信仰理解を指示する。

　同じく『ユダヤ的なものの信仰』（1929）においても、信仰は信頼として理解されていた。

> 信仰とは、それを何かで説明できるものではなく、また思い込みと認識とが奇妙に混ざった形でもない。むしろ信仰とは、与格と共に成り立つものであり、信頼（Vertrauen）や誠実さ（Treue）を意味するのである。（JuJ, 183）

この「説明、思い込み、認識が混ざった形」が偽りの預言者の特徴を表している。彼らはこういったもので神の使信を誤解してしまうのである。それに対抗する信仰が「与格と共に」という表現によって語られる点は興味深い。『我と汝』のなかで、ブーバーは「人間存在の生は、目的語をとる他動詞の領域でのみ構成されるものではない」（ID, 80）[9]という表現を用いて、我‐それに限らない人間の生を論じようとしている。この目的語を「対格として」とる領域が我‐それであるならば、まさに「与格と共に成り立つ」信仰は、汝へと向き合い、汝と関わる我‐汝の態度によって成立するものである。すなわち言葉を汝として認め、汝に関わることによって初めて、信頼関係や誠実さは存立し得るのである。

　ブーバーは『出会い：自叙伝的論集』（1960）の「問いと答え」のなか

---

[9]　また次のようにも言われる。「人間はますます強く、彼らの永遠の汝をそれ（Es）として考慮し協議する衝動に駆られる。しかしあらゆる神の名は聖化されたまま保たれている。なぜならあらゆる神の名の下で、たんに神について（von）だけでなく、むしろ同じく神へと（zu）語られるからである」（ID, 128）。

第 9 章　預言者の問題と翻訳の意義

で、「あなたは神を信じますか」と問われた時、次のような答えが生じたと振り返る[10]。「もし神を信じることが、彼について（von）三人称で語ることを意味するならば、私は神を信じていない。もし神を信じることが、彼に（zu）[11]語りかけることを意味するならば、私は神を信じている」（MBW7, 294）。この体験談からも明らかなように、ブーバーの信仰とは二人称（汝）の与格に向かって我－汝態度で接することである。それに反して、三人称（それ）についての言説、もしくは目的語をとる他動詞で構成されるものが我－それ的関係性なのである。

『倫理的なものの停止について』[12]と『サムエルとアガク』は、殺しを命ずるその声ははたして神によるものなのか、という同じ主題を共有している。ブーバーによれば、神自身はアブラハムや神に選ばれたものでなく、むしろあなたや私に、正義と愛以外のものを要求することはなく、人間が神と共に「つつしみ深く歩むこと」、換言すれば、根本的に倫理的なもの以外のことを要求することはない（*Gottesfinsteinis*, 591）。その点について勝村弘也はブーバーのミカ書解釈を取り上げ、長子の犠牲を要求する状況におけるアケダー物語とミカとの概念上の関連性を指摘する（『京都ユダヤ思想』7、135f.）。預言者ミカは「何をもって私は彼〔ヤハウェ〕を出迎えるべきか……自分の長子をもってか」（ミカ 6:6-7）と自問しながら、「彼〔ヤハウェ〕があなたに他に要求することはミシュパートを行い、ヘセド

10　ブーバーは立ち止まり、自分の信仰はどのような状態にあるのかと、根本的に反省した。正しい答えを見いだすまでは一歩も進むまいと決心して。突如、精神のなかで言葉が次々と刻印されて浮かび上がってきた。それがこのような言葉だった。

11　これに類似する表現として、ルドルフ・ブルトマンは「神について（über）ではなく、神から（aus）語る」という議題を、ブーバーの後に立てることになるが、ブーバーの影響について当人は言及していない。（エルドマン・シュトゥルム「ルドルフ・ブルトマンの非神話化と実存論的解釈についてのプログラム」堀川敏寛訳［第 8 章担当］『いかにして神について語ることができるのか』日本キリスト教団出版局、2018 を参照）。

12　第 1 編第 3 章 3 節「宗教と倫理」を参照。

を愛し、あなたの神と共につつしみ深く歩むこと」と答える。ブーバーは、ミカ書における「つつしみ深く」「神と共に歩む」という概念を、アモスの公正さとホセアの慈しみとを合わせた信仰関係のエッセンスと考え、恥じらいなき信仰はもはや信仰ではない（*Propheten*, 401）、と述べる。ブーバーによれば、要求してくるのがはたして神の声なのかもしくは偽りの声（例えばモレク神）なのかを判断することが難しい。だからこそ、その声を聴取する聞き手の判断が重要になる。そこでブーバーは、「信仰」という神と自己との信頼関係がこの問題解決への糸口となることを期待するのである。

結　論　汝としての聖書

語られる言葉と書かれた言葉

　私たちが聖書に汝として向き合い、その聖書を通して「語られる言葉」を聴くことによって、神の使信と出会うことが可能である。そこで問われるべき事態が、読み手が聖書へと向き合う時に避けて通ることのできぬもの、つまり両者を媒介する「翻訳」の問題と、前章で論じられた「預言者の誤解」の克服である。これらの課題は第 8 章で語られた「万人預言者論」と「預言者の挫折」と関連している。本結論では、聖書翻訳におけるブーバーの我‐汝思想の必要性と意義について深めたい。

1　言葉の歩み寄りと応答責任

　前節の「読み手の信仰」で論じられた信頼関係は、読み手からテクストへの方向性だけで完結するものではない。それがブーバー我‐汝思想の中心的主題であることを、次の『我と汝』と『語られる言葉』の引用は示唆している。

> 受け入れつつ見る者に対して、それ〔言葉〕は身体的に向こうから歩み寄ってくることが可能である。（ID, 84）
> 語られる言葉は、聴く人を求めて広がり、聴く人をつかみ、さらに聴く人自身を、たとえただ無言のなかであろうとも、一人の語り手にする。（MBW6, 127）

1　第 2 編第 9 章 3 節。

ここでブーバーが主張する点は、前章では取り上げられることのなかった「言葉側からの働きかけ」と「読み手の受け入れる姿勢」である。本編で以前取り上げた二人のブーバー研究者も同じく、ここに焦点を当て、ブーバー聖書解釈学を理解している。

> 我‐汝の受容的態度と、聖書テクストとの対話に付随する希望とが、ブーバー聖書解釈学のなかで中心的な要素であることは確実である。（Kepnes, 42）
> これはテクストの語られるものへと私たちが立ち帰ることを意味している。ブーバーはテクストを、聴き手や読み手に応答や変化を要求するために関与してくる語りかけと見なした。（Illman, 96）

前者（ケプネス）の興味深い点は「読み手の受容的態度」だが、それは語りかけの先行性を意味するからである。つまり私たちに向かって生ずるしるし（兆候）とは、私たちに対する語りかけと言えよう。したがってこのしるしに向き合い、それを聴き取ることがブーバーの求める「真の信仰」なのである（"Die Zeichen," *Zwiesprache*, 184）。このように「語りかけのしるしは、その都度生じており……私たちに迫っている」（*ibid.*）ため、それを受け入れ、しるしと出会うところに信仰は存する。ところが、私たちは甲冑を着込むがごとく身を閉ざしていることが多々ある。それゆえ語りかけのしるしに気づかないことは、ブーバーが『対話』（1932）のなかで、中心的に議論する点である（*op.cit.*, 183）。したがって私たちに求められることは「聖書の言葉に向かって、自らを開く」（BH, 1089）ことであり、ブーバーが評するところの「聖書に相応しき人間」とは「無制約的な者の口が彼に命ずる事を行いかつ聴こうと欲する者」（BH, 1088）を指す。

2　第2編第2章1節「聖書の言語とは何か」参照。
3　「聖書の言葉のなかで、根源力が私たちに伝えられる」（BH, 1089）。
4　このブーバーの表現は、出エジプト記24章7節の表現を引用したものと思われる。

結　論　汝としての聖書

　次に後者（イルマン）は、「応答や変化を要求する語りかけ」と述べ、ブーバーの理解する応答要求を取り上げている。ブーバーは、「私たちに生ずるものに対して、私たちが見、聴き、感じることができるものに対してまことに応答する（antworten）ところに、真の責任がある」（"Verantwortung," *Zwiesprache*, 189）と述べている。すなわちそれは応答する責任性である。

> 私たちが応答することができる言語がある。それは私たちの行いと態度、反応と不参与の言語である。これら応答の全体性を、私たちは本来的な意味で、責任と呼ぶことができよう。（*An der Wende*, 88f.）

　語られる言葉側の「聴く人を求めてつかもうとする」働きと、読み手側による語りかけのしるしに対する「応答責任」とが合致してこそ、ブーバーがエムナーとして理解した両者の「直接的な信頼関係」が築かれる。テクストに汝として向き合い、語りかけに対する受容的態度を通して、言葉との出会いは可能になる。これが『我と汝』で語られる「関わりの相互性」（ID, 88）である。我－汝の関わりによって、偽りの預言や誤解を突破し、根源的な神の使信と出会うことができる[5]、と考える点がブーバーの思想的独自性である。

2　理解と誤解

　聖書の言語は、それが人間の筆によって記述されている点で、すでに人間化された言語である。聖書に記された神の使信は、それを告知した預言者を通して共同体に受け入れられ、断片的に記され、世代から世代へと口頭で伝達される形式をとった。そこでは「人間の解釈」を経過せざるを得ないことを、ブーバーは理解していた。

---

[5]　イルマンは「聖書のほとんどの部分も、神と人間性との対話として解釈されることが可能である」（Illman, 96）と解する。

神は、預言者を通してその度ごとに、彼の「教示」を、すなわち「道案内」（Wegweisung）を示し、まさに人間の口によるその都度の解釈を必要とした。（*Propheten*, 235）

　ブーバーはヘブライ語のトーラー（*torah*）を、律法と訳さず、神によって動的に示された教えであると解釈し、それを教示（Weisung）と訳している。神の教示を伝達していく時、また形なき声を文字におこす時、それは預言者を初めとする人間の解釈を必要とする。したがって神の使信は、少しずつ誤解されたり誤認されたりする可能性がある。
　いやそれどころかブーバーは「最初の翻訳者である預言者の段階で、すでに使信は誤って受けとられた可能性がある」と考えているのではなかろうか、またそうであるならばそれがブーバーの独自性ではなかろうか。それはブーバーが「聖書の歴史物語に現れるこの人物、あの人物が神を誤解したという問題ではない」と論じたことに意味がある。もしも聖書で描写されている内容が不変的であるならば、そこには真理と偽り、善と悪の基準が客観的に明確化されており、聖書物語の人物を正しい者と誤った者とに分類できるかもしれない。
　例を挙げると、創世記22章でアブラハムは「息子イサクを、犠牲として献げよ」という神の命令に従うのであるが、最終的にこの預言が誤解ではなかったことはこの物語の結末で示された。しかしこれが常に正しい命令だと言うことができようか。また預言者サムエルも神に遣わさた真の預言者であった。サムエル記上15章で預言者サムエルは、神の命令として、異教徒であるアマレク人の王アガクを殺すよう、イスラエルの王サウルに指示を出した。ところがサウル王は、サムエルの預言に従わず、アガクの命を見逃してしまう。その結果、預言者サムエルは「サウルのこの振る舞いによって、彼の王国支配は奪い去られる」という神の使信をサウル王に伝え、彼から立ち去ったのであった。前章で論じたとおり、ブーバーは、後者の物語に対して次のような印象を抱いた。「これが神の使信であると、私は決して信じることができませんでした。……私はサムエルが神を誤解

結　論　汝としての聖書

したのだと信じます。……サウルが彼の敵を殺さなかった理由で、サウルを罰し給うような神を私に信じさせるような理由は何一つない」（MBW7, 302f.）。それに関してフリードマンは、次のようなレヴィナスの言葉を引用している。

> ブーバーの良心が彼に示したものは、聖書よりも神の意志に基づいていた。彼がそう考えたことは間違いない。（Friedman: Levinas&Buber, 128）

　預言者サムエルは確かにアガクの顔と対面したのだが、その出会いの時「汝殺すなかれ」(出 20：13)という神の命令を聴くことはなかった、とフリードマンは解釈する。そしてサムエルは異教徒のアガクを剣にかけることになるのだが、彼はアガク王に向かって「あなたの剣が女たちから子どもを奪ったように、あなたの母も子を奪われた女となる」（サム上 15：33）と言う。確かに、ヘブライ語聖書における契約の書には、同等の損害賠償を請求する規定があり、それはモーセを通してすでに神から預かった教示（トーラー）である。そうであるならばこのサムエルの発言は、この教示に従順であったとも言うことができよう。

　それとは反対に、ブーバーの良心には、聖書に記述されたサムエルの言葉ではなく、十戒で命ぜられる「汝殺すなかれ」という神の意志が示されたのであろう。それをフリードマンは、「ブーバーはこの場面で、神の言葉に聴き従うという態度を貫いていた」(Friedman: Levinas&Buber, 129)と解している。まさにブーバーは、聖書の書かれた言葉よりも「十戒の再評価」のなかで検討したように「我が命じ、汝が聴く」という語られる言葉を選んだのである。

　預言者とは挫折する人物である。預言者サムエルは、自らの伝達をサウ

6　この命令は、モーセがシナイ山で、神から授かった十戒の第 6 戒にあたる。
7　出 21：24「目には目を、歯には歯を、手には手を、足には足を、やけどにはやけどを、生傷には生傷を、打ち傷には打ち傷をもって償わねばならない」。
8　第 1 編第 3 章 2 節参照。

ル王が受け入れなかったことこそ、認めるべきであった。というのも預言者が告知する言葉はたいてい聞き入れられず、またそれは常に偽りの預言の可能性があるからである。サウル王は、ブーバーと同様に、異教徒の王アガクを剣にかけようとした時「汝殺すなかれ」という語られる命令が、まさに「滅ぼし尽くせ」（サム上15:3）という預言者サムエルの告知よりも、自身に響いたのであろう。すなわち理解と誤解を区別する客観的基準など、そもそも存在しないのである。それならば私たちが自ら言葉に向き合い、それを受け入れるかどうかの判断をしなければならない。この点に、万人預言者論の意義と、ブーバーが「私たちが持つことができるものは、ただ信仰のみである」（MBW7, 303）と主張する理由がある。

3　聖書言語の汝性

ブーバーは、聖書言語の言語性に関して「聖書の言葉のもとでは、言葉の意味内容ではなく、言葉それ自体が、理解されるべきである」（BH, 1089）と述べる。すなわち彼は、単にその意味内容を理解するために、聖書の言語に向き合うことを望んでいるのではない。むしろ彼は、聖書を読むことを通して、言葉それ自体に出会うことを意図していた。その聖書の言葉とは、所与のテクストに限定されるものではない。確かに目の前に存在する書かれた文字も一つの言葉であるが、ブーバーは聖書言語の言語性を重層的に考えている。それらは耳で聴く言葉、目で読む言葉、解釈する言葉などを含んでおり、聖書言語は一面的には語りえない代表的な宗教言語である。そのなかでもヘブライ語聖書の言葉は、単なる音声や記号ではなく、物事を実現する力を内包している。聖書では、語る主体としての神が言葉を発し、その言葉によって、ある出来事や事態が実現される。なぜならヘブライ語聖書では「彼は語った、するとそれは起こった」（詩33:9）、「主である私が語り、そして行う」（エゼ36:36）、「神は言った『光あれ』、こうして光が生じた」（創1:3）と語られているように、神の言葉は、物事の動作、作用、生成と結びつき、その都度起こる事柄を示すから

結　論　汝としての聖書

である（水垣、20）。

　それは、ブーバーが『偽りの預言者』のなかで、次のように危惧していた点でもある。

> 歴史は出来事である。それは一つの時代が他の時代と同様ではないことを意味している。神は歴史のなかで行動するが、それは一度ぜんまいが巻かれたらそれが止まるまでずっと規則正しく進行するような装置ではない。むしろそれは生きた神である。……神はその時代の人間世界に対する意志を持つ。（FP, 945）

　すなわち、ブーバーは、聖書テクストを字義通りに受け入れる客観性を重視する道を進むことはなく、また聖書テクストを読み手主導で解釈するという主観性を重視する道を進むこともない。その点にこそ、書かれた産物としての聖書の信憑性を不確かなものと考えるブーバーの独自性がある。彼にとって聖書の言葉とは、神の意志を含んでいるため、時代の流れに応じて変化生成する。なぜならそれは言葉が生きたものだからである。

　そこでブーバーは、神の使信という聖書言語に含まれるオリジナルや根源への遡及を強く要求する。彼にとって眼前にある聖書テクストは、そこへと到るための窓口であって、目的ではない。どのようにして語られる言葉と出会うことができるか、これがブーバーにとっての最重要課題であった。だからこそ彼は、聖書本文を口ずさむことによって、潜在的な言葉からの語りかけと、それに向き合いそれを受け入れる責任を果たす読み手との我‐汝関係によって、この課題に取り組んだのである。それはテクストが朗誦される只中で、可能態であった聖書テクストから、現実態としての神の使信が生起するためである。まさにこれは読み手と語られる言葉との信頼関係を通して、書かれたテクストに含まれる偽りの預言と誤解を乗り

---

[9] 旧約学的方法論に当てはめれば、前者はテクストの客観的な生成過程を探求する通時的な歴史批評的方法、後者は読み手が主体となってテクストを相互参照的に新たな意味作用を導き出す共時的な文学批評的方法といえよう。

越えようとする、ブーバーの試みだったのである。

　神の使信は、受け手や時代の状況に応じて変化するものである。確かにイザヤの時代では、神に立ち帰ることによって南ユダ国は救われた。ところがエレミヤの時代にはもはや全てが手遅れで、国家の滅亡という選択肢しか残されていなかった。同様に神の使信は、サムエルとサウル、ブーバーと律法に忠実な友人のなかで、異なって受けとられたのである[10]。なぜならそれは聖書が、そもそも不変的なメッセージを発信していないからである。聖書は、独立自存に存立しているオブジェのようなそれではない。聖書は神の使信という語られる言葉を含んでおり、汝として向き合わぬ限りその言葉を受け入れることはできない。したがって各人と言葉の関わりによって、その内実は常に変化してしまう。それは聖書の言葉が汝である限り、不可避的な事態である。だからこそ、ブーバーはエリヤがかつて聴いた声を、頻繁に取り上げるのであろう（cf. FP, 946; *Gottesfinsternis*, 592）。

　　消えゆくような静寂の声がした。（王上 19:12）

私たちは、この消えゆくようなか細き声を、注意深く聴き取らねばならない。つまり語られる言葉を、受け入れねばならない。言い換えるならば、私たちが言葉に向かって、我－汝の姿勢でもって関わる「最も主観的に思える言葉の受容でしか、最も客観的な理解は成立しえない」のである。

結び　聖書翻訳と預言者的我－汝

　以上、序論第 4 章 3 節で挙げられた本研究における解明を要すべき 3 つの課題に対して、次のような筆者の解決策が考案された。
　1. ブーバーの聖書翻訳と我－汝の対話的原理との関連性は、預言者解釈という筆者の視点によって解明された。それは聖書で描かれている物語と

10　第 2 編第 9 章 2 節「預言者の誤解」参照。

結　論　汝としての聖書　　　　　　　　　　　　　　　　　　　　　285

同様、私たちの日常にも流布する「偽りの預言」という課題を克服するために、ブーバーは「万人預言者」という考えを持っていたという視点である。聖書が翻訳された理由はここにあり、この翻訳を通して読者が語られる言葉を直接聴くことは、私たちが預言者的に汝と出会うことによって実現される〔下部でさらに説明〕。

　2. ブーバーの聖書翻訳の方法論には、彼独自のライトヴォルト様式という文学的批評法、R的・傾向史的分析という歴史的批評法、行為遂行的・変化形成的な対話法があり、これらは聖書解釈における共時性／通時性／外部性が総合される三次元構造にもなっている。そこではテクストの最終形態を大切にしながら、歴史的解釈の変遷を経ながらも尚維持されてきた統一性に着目するものである。そして彼がそこから捉えようと試みた根源的なものが、我‐汝の関係性もしくは対話的原理であった。したがってブーバーの我‐汝は聖書の宗教性理解を通して明らかになると同時に、ブーバー自身が聖書解釈を通して自らの我‐汝思想を表明していることになる。このように彼の思想は「我‐汝と聖書的宗教性」との循環関係のなかにあることが示された。

　3. ブーバーによる具体的聖書箇所の翻訳と解釈を通して、彼の方法論がどのように適応されているかが判明した。それはアブラハムやヤコブなどの物語における共時的な構造分析や形式的な用語使用を通して、ライトヴォルト様式の追跡法が見いだされた。ただしそのような物語のみならず、イザヤと第2イザヤという時間的隔たりを内包する書のなかでも、ライトヴォルトを追跡する手法によって、そこには一貫した思想があることが判明した。このような通時性のなかで、ある種の統一化された傾向があることに敬意を払うのが、ブーバーのR的方法である。特に『神の王権』『預言者の信仰』『モーセ』などのイスラエル信仰史が主題になっている著作では、R的・傾向史的分析方法がより中心的に取り扱われる。

　ちなみに本稿では後者の方法を採る事例がライトヴォルト様式に比べて副次的である。その理由は、本研究では聖書解釈よりも聖書翻訳に焦点が当てられているからである。翻訳という作業は、伝承の生成過程というテ

クスト背後の歴史性よりもテクスト内部の文学的関連性がより重視されるものである。そのなかでブーバーは、彼なりの歴史性を表現した。それが先人達の様々な解釈を経ながらも変わらぬ統一的傾向があり、それを大切にする視座としてのR（私たちの師）的方法や傾向史的分析法である。

　次に、本研究で具体例として取り上げられた聖書箇所を振り返ってみると、これまでブーバーの神名翻訳に関する研究はすでになされていたが、いまだ不明瞭であった我-汝との関連性が明かされた。またヤコブ物語とアブラハム物語の解釈は、前者はブーバー自身の叙述が少なく、後者は多いのであるが、研究史のなかでは中心的に扱われてこなかった箇所であり、ライトヴォルト様式と我-汝の対話的原理が密接に関連していることが判明した。これら3つの例が取り上げられた理由は、筆者の恣意的な選択に基づくわけではない。これらはブーバー自身が、自らの翻訳聖書朗読テープ作成のために選んだ題材でもあり、また翻訳のみならず労力をかけて解釈したものでもある。すなわちブーバー本人による聖書箇所の選択にこそ、ヘブライ語聖書の我-汝的要素が反映されている。具体的には、神名解釈を通して神の本性が対話的であることと、ヤコブ解釈を通してヘブライ的人間理解の本質が対面性にあること、そしてアブラハムのアケダー物語を通して預言者と神との関係が見て/見られる対話的相互性にあることが論じられた。

　最後に、ブーバーの意図は、聖書翻訳によって、読者が聖書を媒介として、神的な声という語られる言葉と出会うことであった。ただし読者が言葉に対して我-汝の関わりをもって向き合わない限り、両者が出会うことはない。翻訳とはこのように言葉と読者の出会いを目的とした作業である。この目的のため、ブーバーはヘブライ語原語の持つ音韻構造やリズミカルな配置という文体や様式を崩すことなく、ドイツ語訳を試みた。翻訳とは両者が出会うための道をつくることである。

　したがってそこから先は、万人が"いわば"預言者となって直接言葉を聴くという私たちの関わり方が重要になる。それを筆者は、第2編第7・8・9章と結論で、ブーバーの預言者理解から論じた。すでにイザヤのな

結　論　汝としての聖書

かで示されていた「神の栄光は、全地に満ちる」（イザ6：3）という預言は、第2イザヤの時代になり、預言者に限らず万人が神の語りかけを受け入れることが可能となった。それは民数記のなかで、かつてモーセが望んでいた万人預言者論が具体化したことである。そもそも預言者の本質とは、自らの告知する言葉が民に受け入れられず、その結果挫折することにある。というのも彼らは偽りの預言を告知する恐れがあり、預言の成就には危険性がともなうからである。ただし挫折した預言者たちの告知は、未来への希望としてその後も存続する。

　聖書の理解と誤解を区別する客観的基準は存在しない。そもそも聖書言語は不変的なものではなく、読み手の受けとり方によって意味が変遷するものである。それゆえ、聖書のメッセージを、そのままそれとして受け取ってはならない。なぜなら聖書のなかで語られる言葉は、ただ汝として読み手との関係のなかでのみ、伝達されるものだからである。

　聖書翻訳者は、読み手に対して、あくまで語られる言葉への窓口を提供することにとどまる。読み手が直接的に神の言葉を受け入れる万人預言者主義を、ルターの言葉で表現するならば万人祭司主義である。ブーバーとルター、彼らの翻訳方針は真逆であったが、両者による翻訳の意図は共に同じである。それは神の言葉と読み手との直接的関係への導きである。

　ただし私たち皆が預言者になることなど不可能である。というのもマラキを最後に、預言者は現代にはもう存在していないからである。それゆえ語られる言葉と出会うために私たちに必要とされるもの、それがまさに各言語へと翻訳された聖書なのである。

参考文献

(脚注のみで引用される文献はここでは割愛する)
〔 〕で囲まれた太字記号は文献の略記である。

ブーバーの原典

An der Wende. Reden über das Judentum (Köln: Verlag Jakob Hegner, 1952).
- 1951 "Der Dialog zwischen Himmel und Erde,"
Briefwechsel aus sieben Jahrzehnten I: *1897-1918*, *II*: *1918-1938*, *III*: *1938-1965* (Heidelberg: Verlag Lambert Schneider, 1972/73/75).
Das Buch Im Anfang. Verdeutscht von Martin Buber gemeinsam mit Franz Rosenzweig, 1. Aufl. (Berlin: Verlag Lambert Schneider, o.J. 1925).
Das Buch Namen-handwritten Manuscript of Buber's and Rosenzweig's translation of the Bible into German, ARC. Ms. Var. 350 003 005, in Martin Buber Archive.
Ein Land und Zwei Völker - Zur jüdisch-arabischen Frage, hrsg. u. eingeleitet von Paul Mendes-Flohr (Frankfurt: Jüdischer Verlag, 1993).
Die Geschichten des Rabbi Nachman (1906) - *Nacherzählt von Martin Buber*, 1. Aufl. (Freiburg im Breisgau/Basel/Wien: Edition Herder, 1992).
Der Jude und Sein Judentum, 2. Aufl. (Gerlingen: Verlag Lambert Schneider, 1993).
  〔**JuJ**〕
- 1929 "Der Glaube des Judentums," 183-195.
- 1933 "Offener Brief an Gerhard Kittel (Juli)," 607-610.
Martin Buber Werkausgabe (Gütersloh: Gütersloher Verlagshaus) 〔**MBW** + 巻番号〕
  1: *Frühe kulturkritische und philosophische Schriften 1891-1924*. Bearbeitet, eingeleitet u. kommentiert von Martin Treml (2001).
    - 1913 "Daniel," 183-245.
  2.2: *Ekstatische Konfessionen*. Hrsg., eingeleitet u. kommentiert von David Groiser (2012).
  6: *Sprachphilosophische Schriften*. Bearbeitet, eingeleitet u. kommentiert von Asher

Biemann (2003).
- 1960 "Das Word, das gesprochen wird," 125-137.

7: *Schriften zu Literatur, Theater und Kunst -Lyrik, Autobiograhie und Drama.* Hrsg., eingeleitet u. kommentiert von Emily D. Bilski, Heike Breitenbach, Freddie Rokem u. Bernd Witte (2016).
- 1960 "Begegnung: Autobiographische Fragmente," 274-309.

9: *Schriften zum Christentum.* Hrsg., eingeleitet u. kommentiert von Karl-Josef Kuschel (2011).
- 1930 "Die Brennpunkte der jüdischen Seele," 128-137.
- 1950 "Zwei Glaubensweisen," 202-312.

14: *Schriften zur Bibelübersetzung.* Hrsg., eingeleitet u. kommentiert von Ran HaCohen (2012).
- 1926 "Der Mensch von heute und die jüdische Bibel," 38-55.
- 1926 "Die Sprache der Botschaft," 56-67.
- 1930 "Über die Wortwahl in einer Verdeutschung der Schrift," 68-85.
- 1930 "Aus den Anfängen unserer Schriftübertragung," 142-149.
- 1936 "Leitwortstil in der Erzählung des Pentateuch," 95-110.（1927年1月の講義「語り手としての聖書 Die Bibel als Erzähler」を論文化したもの）
上記の諸論文は *Die Schrift und ihre Verdeutschung* (1936), 35-152 のなかに含まれていた。
- 1938 "Warum und wie wir die Schrift übersetzten," 170-185.
- 1954 "Zu einer neuen Verdeutschung der Schrift," 186-220.
- 1961 "Schlussbemerkungen," 221-227.

15: *Schriften zum Messianismus.* Hrsg., eingeleitet u. kommentiert von Samuel Hayim Brody (2014).
- 1932 "Königtum Gottes," 93-276.
- 1939 "Die Erzählung von Sauls Königswahl," 295-351, in "Der Gesalbte".

17: *Chassidismus II -Theoretische Schriften.* Hrsg., eingeleitet u. kommentiert von Susanne Talabardon (2017).
- 1917 "Mein Weg zum Chassidismus," 41-52.（『祈りと教え』7-37）
- 1922 "Geleitwort zu Der große Maggid und seine Nachfolge," 53-96.
- 1927 "Des Baal-Schem-Tov Unterweisung im Umgang mit Gott," 99-128.（『祈りと教え』93-134）
- 1945（ヘブライ語）"Die chassidische Botschaft" 1948（英語）1952（ドイツ語）; 33-73（4章, 1921）, 129-143（1章, 1927）, 160-177（5章, 1934）, 251-303（2, 3, 6章）, 204-232（7-8章）.

Nachlese (1965), 3. Aufl. (Gerlingen: Verlag Lambert Schneider, 1993).

- 1933 "Politik aus dem Glauben. Vortrag zum 1. Mai," 173-179.

New Perspectives on Martin Buber, Religion in Philosophy and Theology 22, (Tübingen: Mohr Siebeck, 2006).
- Palmer, Gesine: Some Thoughts on Surrender. Buber and the Book of Job, 185-202.

Die Schrift. Verdeutscht von Martin Buber gemeinsam mit Franz Rosenzweig. 4 Bde. (1954 "Die fünf Bücher der Weisung;" 1955 "Bücher der Geschichte;" 1958 "Bücher der Kündung;" 1962 "Die Schriftwerke"). Neuausgabe [für die Einzelbde. Verschiedene Auflagen] (Gerlingen: Lambert Schneider im Bleicher Verlag, 1997).

Scripture and Translation, trans. Lawrence Rosenwald with Everett Fox (Bloomington and Indianapolis: Indiana University Press, 1994).

Was ist in jüdischen Tradition, was in der Religionsgeschichte über den Gottesnamen in Ex. 3,13 vorhanden?, Typoscript of a lecture on the Name of God, ARC. Ms. Var. 350 003 058 (Martin Buber Archive).

Werke (München: Kösel Verlag; Heidelberg: Verlag Lambert Schneider)
- I: Schriften zur Philosophie (1962) [**WI**]
  - 1923 "Ich und Du," Nachwort vom Oktober 1957, 77-170. [**ID**]
  - 1930/32 "Zwiesprache," 171-214. [***Zwiesprache***]
  - 1938 "Die Forderung des Geistes und die geschichtliche Wirklichkeit," 1053-1070. [**FG**]
  - 1950 "Urdistanz und Beziehung," 411-423 (Die Vergegenwärtigung, 422-423).
  - 1952 "Gottesfinsternis," 503-603 (Religion und Philosophie, 522-538; Religion und Modernes Denken, 550-574; Religion und Ethik, 575-588; Von einer Suspension des Ethischen, 589-593; Gott und der Menschengeist, 594-599). [***Gottesfinsternis***]
  - 1954 "Zur Geschichte des dialogischen Prinzips," 291-305.
  - 1961 "Aus einer philosophischen Rechenschaft," 1109-1122.
- II: Schriften zur Bibel (1964) [**WII**]
  - 1929 "Was soll mit den zehn Geboten geschehen?," 895-900.
  - 1933 "Biblischer Humanismus," 1085-1092. [**BH**]
  - 1939 "Abraham der Seher," 871-894. [**AS**]
  - 1940 "Falsche Propheten," 943-950. [**FP**]
  - 1940 "Der Glaube der Propheten," 231-484 (Vorwort, 233-236; Einleitung, 237-243; Der Landtag zu Sichem, 251-256, Am Sinai, 257-261, JHWH und Israel, 262-268, in: Zum Ursprung hin; Göttlicher und menschlicher König, 299-309, in: Die großen Spannungen; Die theopolitische Stunde, 368-399, Die Wendung zum Kommenden; Gegen das Heiligtum, 400-429, Das Mysterium, 449-484, in: Der Gott der Leidenden). [***Propheten***]

- 1945 "Moses," 9-230 (Der brennende Dornbusch, 47-66; Göttliche Dämonie, 67-71). [***Moses***]

ブーバー研究論文集

50 Jahre Martin Buber Bibel -Internationales Symposium der Hochschule für Jüdische Studien Heidelberg u. der Martin Buber-Gesellschaft, Reihe "Altes Testament und Moderne" Vol.25 (Münster: LIT Verlag, 2014). [**50BB**]
- Gruschka, Roland: "Verdeutschung" oder "tajtsch"? -Bubers "Schrift" und die jiddische Bibelübersetzungstradition, 231-258.
- Leiner, Martin: Die Verdeutschung der Schrift und das dialogische Prinzip, 185-196.
- Liss, Hanna: Keine Heilige Schrift? Anfragen an Martin Bubers Prinzip der Oralität, 215-230.
- Mach, Dafna: Jüdischer Hintergrund und zeitgenössische Rezeption der Buber-Rosenzweig-Bibel, 65-85.
- Richter, Silvia: "Schrift ist Gift"? Zur Bedeutung der Stimme und der Oralität in der "Verdeutschung" der Schrift, 197-214.
- Wiese, Christian: "Also werden wir missionieren": Die "Verdeutschung der Schrift" und die protestantische Theologie, 121-164.

Dialog mit Martin Buber, Werner Licharz (Hg.), Arnoldshainer Texte Bd.7 (Frankfurt: Haag u. Herchen Verlag, 1982).
- De Miranda, Frank: Martin Bubers Verdeutschung der Schrift - eine Herausforderung an die Christen, 259-268.
- Rendtorff, Rolf: Martin Bubers Bibelübersetzung, 290-305.

Im Gespräch. Hefte der Martin Buber-Gesellschaft, Nr.13 (Berlin: Verlag für Berlin-Brandenburg, 2010)
- Walter Schiffer: "Im Anfang schuf Gott". Zwei biblische Meditationen.
- Daniel Krochmalnik: Martin Buber und die Musikalität der Bibel.

Jewish Studies Quarterly, Leora Batnitzky / Peter Schäfer (ed.), vol. 14 (Tübingen: Mohr Siebeck, 2007).
- Mendes-Flohr, Paul: Introduction. Translating Texts, Translation Cultures, 97-100; Martin Buber: A Builder of Bridges, 101-119.
- Rosenwald, Lawrence: Between Two Worlds: Martin Buber's "The How and Why of Our Bible Translation," 144-151.
- Schäfer, Barbara: Buber's Hebrew Self. Trapped in the German Language, 152-163.

Levinas & Buber: *Dialog and Difference*, ed. Peter Atterton, Matthew Calarco and

Maurice Friedman (Pittsburgh, Pennsylvania: Duquesne University Press, 2004).

Martin Buber. A Contemporary Perspective (Syracuse University Press; Jerusalem: The Israel Academy of Sciences and Humanities, 2002).

Martin Buber. A Centenary Volume, ed. Haim Gordon & Jochanan Bloch (Ben-Gurion University of the Negev: Ktav Publishing House, 1984). 生誕100周年シンポジウムの英語版

Martin Buber: *Bilanz seines Denkens*, hrsg. von Jochanan Bloch u. Haim Gordon, übers. u. Schriftleitung von Yehoshua Amir (Freiburg im Breisgau: Verlag Herder, 1983). 生誕100周年シンポジウムのドイツ語版

Martin Buber (1878-1965) Internationales Symposium zum 20. Todestag, Bd.1: Dialog und Dialektik, Bd.2: Vom Erkennen Zum Tun des Gerechten; Werner Licharz/ Heinz Schmidt (Hg.), 2. durchges. Aufl. Arnoldshainer Texte Bd.57 (Frankfurt: Haag u. Herchen Verlag, 1989/1991).

- Mach, Dafna: Martin Buber und die Jüdische Bibel, 198-210 (Bd.1).

Martin Buber -Philosophen des 20. Jahrhunderts, hrsg. von Paul Arthur Schilpp & Maurice Friedman (Stuttgart: W. Kohlhammer Verlag, 1963). [**Sch/Fr**]

- Brod, Max: Judentum und Christentum im Werk Martin Bubers, 312-329.
- Brunner, Emil: Judentum und Christentum bei Martin Buber, 303-311.
- Buber, Martin: Antwort, 589-639.

The Philosophy of Martin Buber, The Library of Living Philosophers vol.12, ed. Paul Arthur Schilpp/Maurice Friedman (La Salle, Illinois: Open Court Publishing, 1967). 英語で書かれて出稿されたオリジナルの論文は、本稿ではこの英語版を用いる。[**Sch/Fr.E**]

- Muilenburg, James: Buber as an Interpreter of the Bible, 381-402.
- Fackenheim, L. Emil: Martin Buber's Concept of Revelation, 273-296.
- Rotenstreich, Nathan: The Right and the Limitations of Buber's Dialogical Thought, 97-132.

Martin Buber and the Human Sciences, ed. Maurice Friedman (Albany: State University of New York Press, 1996).

- Stewart, John: Two of Buber's Contributions to Contemporary Human Science. Text as Spokenness and Validity as Resonance, 155-171.

Martin Buber-Studien, Band 2, "Alles in der Schrift ist echte Gesprochenheit." Martin Buber und die Verdeutschung der Schrift (Lich/Hessen: Verlag Edition AV, 2016)

- Bourel, Dominique: Tora auf Deutsch. Von Moses Mendelssohn bis Martin Buber, 88-106.
- De Villa, Massimiliano: »Es ist ja erstaunlich deutsch, Luther ist dagegen fast jiddisch. Ob nun zu deutsch?« - Die Schriftverdeutschung im Lichte der Zeit, 107-

119.
- Goodman-Thau, Eveline: »Zungen, nicht federgeboren« - Martin Buber und Franz Rosenzweig über den ursprünglichen Sinn der Schrift, 71-87.
- Maaß, Hans: Martin Bubers Bedeutung in der evangelischen Theologie und Kirche seiner Zeit, 130-151.
- Pfammatter, Damian: Warum braucht die Menschheit die Bibel? Schicksal und Offenbarung bei Martin Buber, 23-48.
- Scharf, Orr: Clandestine Scholarship. The Septuagint as a Key into Martin Buber's and Franz Rosenzweig's Bible Translation, 120-129.
- Schwendemann, Wilhelm: 50 Jahre Buber-Rosenzweig-Bibel-Übersetzung. »Dem Verlorenen forsche ich nach, das Abgesprengte hole ich zurück, das Gebrochene verbinde ich, ich stärke das Kranke, aber das Feiste. Das Überstarke vertilge ich, ich weide sie, wie es recht ist«, 49-70.
—— Bilder von Gut und Böse am Beispiel von Gen 4, 1-16, 265-282.
- Wachinger, Lorenz: Beobachtungen zu Martin Bubers »Buch der Preisungen«. Die Psalmen: Treue zum Text - Impuls des Poetischen, 216-242.

Neu auf die Bibel hören. Die Bibelverdeutschung von Buber/Rosenzweig - heute, Sieben Beiträge zum Verstehen, hrsg. von Werner Licharz u. Jacobus Schoneveld (Gerlingen: Lambert Schneider, 1996).
- Licharz, Werner: Einführung. Martin Buber und Rosenzweig vor der Hebräischen Bibel, 7-12.
- Mack, Rudolf: Zum Text des Buches Im Anfang. Kap. 1, 133-140.
- Müller, Augustin R.: Psalm 23 auf dem Hintergrund von Bubers Verdeutschung, 141-157.
- Schoneveld, Jacobus: Nachwort. Juden und Christen anf dem Weg zum gemeinsamen Hören auf die Hebräische Bibel, 161-168.
- Schottroff, Willy: Die Bedeutung der Verdeutschung der Schrift von Buber / Rosenzweig für die christliche Theologie, 55-84.
- Vetter, Uwe: Genesis 2-4, »Die Erzählung vom Ende oder vom Anfang des Menschen?«, 114-131.

ブーバー翻訳書

『出会い——自伝的断片』児島洋訳、実存主義叢書 13、理想社、1966。
『祈りと教え』「わたしのハシディズムへの道」「バール・シェム・トヴの教え」板倉敏之訳、実存主義叢書 15、理想社、1966。

『対話の倫理』野口啓祐訳、創文社、1967。
『ブーバー著作集』みすず書房
 1『対話的原理Ⅰ』「我と汝」「対話」田口義弘訳、1967。
 2『対話的原理Ⅱ』「自叙伝の断片」佐藤吉昭 / 佐藤令子訳、1968。
 3『ハシディズム』「ハシディズムの使信」平石善司訳、1969。
 4『哲学的人間学』「哲学的人間学への寄与：原離隔と関わり / 語られる言葉」稲葉稔訳、「ダニエル」佐藤吉昭訳、1969。
 5『かくれた神』山本誠作 / 三谷好憲訳、1968。
 6・7『預言者の信仰Ⅰ・Ⅱ』高橋虔訳、1968。
 8『教育論・政治論』「精神からの要求と歴史的現実」「ある哲学的弁明より」山本誠作訳、1970。
 10『ブーバー研究』山本誠作（カプラン）/ 三谷好憲（ウィールライト）/ 平石善司（フリードマン、カウフマン）訳、1970。
『我と汝・対話』植田重雄訳、岩波文庫、1979。
『忘我の告白』田口義弘訳、法政大学出版局、1994。
『マルティン・ブーバー聖書著作集』日本キリスト教団出版局
 1『モーセ』荒井章三 / 早乙女禮子 / 山本邦子訳、2002。
 2『神の王国』木田献一 / 北博訳、2003。
 3『油注がれた者』木田献一 / 金井美彦訳、2010。

Alter, Robert: *The Art of Biblical Narrative* (New York: Basic Books, 2011).

—— *The Five Books of Moses*, Translation and Commentary (New York / London: W. W. Norton & Company, 2004).

Amit, Yairah: The Multi-Purpose "Leading Word" and the Problems of its Usage, in: *Prooftexts. A Journal of Jewish Literary History*, vol. 9, no. 2 (The Johns Hopkins University Press, 1989).

Askani, Hans-Christoph: *Das Problem der Übersetzung -dargestellt an Franz Rosenzweig. Die Methoden und Prinzipien der Rosenzweigschen und Buber-Rosenzweigschen Übersetzungen* (Tübingen: J.C.B.Mohr/Paul Siebeck, 1997).

Avnon, Dan, *The "Central Person" in Martin Buber's Political Theory* (University of California, Berkeley, 1990). エルサレムの国立図書館にマイクロフィルムで保管された学位論文

—— *Limmud* and *Limmudim*. Guiding Words of Buber's Prophetic Teaching (1993), in: Ders., *MB A Contemporary Perspective* (2002), 101-119.

—— *Martin Buber -The Hidden Dialogue* (Lanham: Rowman & Littlefield Publishers, 1998).

Batnitzky, Leora: Translation as Transcendence: A Glimpse into the Workshop of the

参考文献

Buber-Rosenzweig Bible Translation, in: *New German Critique 70*, (Durham: Duke University Press, 1997), 87-116.

―― Franz Rosenzweig on Translation and Exile, in: Ders., *JSQ14* (2007), 131-143.

Bauer, Anna Elisabeth: *Rosenzweigs Sprachdenken im "Stern der Erlösung" und in seiner Korrespondenz mit Martin Buber zur Verdeutschung der Schrift*, Europäische Hochschulschriften (Frankfurt: Verlag Peter Lang, 1992).

Benjamin, Walter: Die Aufgabe des Übersetzers, in: *Gesammelte Schriften IV-1*, unter Mitwirkung von Theodor W. Adorno u. Gershom Scholem, hrsg. von Tillman Rexroth (Frankfurt: Suhrkamp Verlag, 1972), 9-21. (ヴァルター・ベンヤミン『ベンヤミン・コレクション2:エッセイの思想』「翻訳者の使命」内村博信訳、ちくま学芸文庫、1995)

Bertone, Ilaria: The Possibility of a *Verdeutschung* of Scripture, in: Ders., *New Perspectives on MB* (2006), 177-183.

Bloom, Harold: Introduction, 1982, in: *On the Bible, Eighteen Studies by Martin Buber*, ed. Nahum N. Glatzer (Syracuse university press, 2000).

Böckenhoff, Josef: *Die Begegnungsphilosophie. Ihre Geschichte - Ihre Aspekte*, Dissertation zur Erlangung der Doktorwürde von der philosophischen Fakultät der Universität Freiburg in der Schweiz (Freiburg im Breisgau/München: Verlag Karl Alber, 1969/70).

Borchardt, Rudolf: *Martin Buber. Brief, Dokumente, Gespräche 1907-1964*. Zusammenarbeit mit Karl Neuwirth. Hrsg. von Gerhard Schuster, Schriften der Rudolf Borchardt-Gesellschaft, Bd.2 (München: Rudolf Borchardt-Gesellschaft, 1991).

Buber Agassi, Judith: Zum Geleit, in: *Die Schrift*. Verdeutscht von Martin Buber gemeinsam mit Franz Rosenzweig. Mit Bildern von Marc Chagall (Gütersloher Verlagshaus, 2007).

Buss, Martin J.: *Biblical Form Criticism in its Context*, Journal of the Study of Old Testament, Supplement Series 274 (Sheffield: Sheffield Academic Press, 1999).

Casper, Bernhard: *Das Dialogische Denken. Eine Untersuchung der religionsphilosophischen Bedeutung Franz Rosenzweigs, Ferdinand Ebners und Martin Bubers* (Freiburg im Breisgau: Verlag Karl Alber, 1967).

Cassuto, Umberto: *The Documentary Hypothesis and the Composition of the Pentateuch*, trans. Israel Abrahams (Jerusalem: The Magnes Press, The Hebrew University, 1961).

Fagenblat, Michael & Wolski, Nathan: Revelation Here and Beyond. Buber and Lévinas on the Bible, in: Ders., *Levinas&Buber* (2004), 157-178.

Fishbane, Michael: *The Garments of Torah -Essays in Biblical Hermeneutics* (Indiana University Press, 1989).

—— Genesis 25:19-35:22 -The Jacob Cycle, in: *Biblical Text and Texture. A literary reading of selected texts* (Oxford: Oneworld Publications, 1998), 40-62.

—— Justification Through Living: Martin Buber's Third Alternative, in: Ders., *MB A Contemporary Perspective* (2002), 120-132.

Fox, Everett: The Book In Its Contexts, in: *Scripture and Translation* (1994).

—— Translator's Preface, in: *The Five Books of Moses* (New York: Schocken Books, 1997).

Friedman, Maurice: *Martin Buber. The life of dialogue* (1955), 4. revi. and expanded ed. (London&New York: Routledge, 2002).

—— The Bases of Buber's Ethics, in: Ders., Sch/Fr.E (1967), 171-200.（『ブーバー著作集』10、「ブーバー倫理の基底」）

—— Martin Buber and Emmanuel Levinas. An Ethical Query (2001), in: Ders., *Levinas&Buber* (2004), 116-129.

Glatzer, Nahum: *Franz Rosenzweig: His life and Thought*, 2nd revised ed. (New York: Schocken Books, 1961).

—— Buber als Interpret der Bibel, in: Ders., Sch/Fr (1963), 346-363.

Gordon, Haim: *The Other Martin Buber: Recollections of his Contemporaries* (Ohio university Press, 1988).

Götzinger, Catrina: *Martin Buber und die chassidische Mystik. Betrachtung des inneren Verhältnisses der „Ich-und-Du"-Philosophie Bubers zur chassidischen Mystik* (Wien: WUV-Universitätsverlag, 1994).

Grimm, Jacob/Wilhelm (Hg.): "WIRRSAL," *Deutsches Wörterbuch 14/2*, Deutschen Akademie der Wissenschaften zu Berlin (Leipzig: Verlag von S. Hirzel, 1960).

Gunkel, Hermann: *Genesis* (1. Aufl. 1901), mit einem Gleichwort von Walter Baumgartner, 7. Aufl. (Göttingen: Vandernhoeck & Ruprecht, 1977).

HaCohen, Ran: Einleitung, in: Ders., MBW14 (2012), 11-31.

—— Einzelkommentare, in: Ders., MBW14 (2012), 237-327.

—— Buber-Rosenzweig in America. Die Bibelübersetzung von Everett Fox, in: Ders., 50BB (2014), 259-273.

Hirsch, Samson Raphael (übers./erläutert): *Der Pentateuch - Erster Teil: Die Genesis*, 4. Aufl. (Frankfurt: Verlag von J. Kaufmann, 1903).

—— *Der Pentateuch - Zweiter Teil: Exodus*, 2. Aufl. (Frankfurt: Verlag von J. Kaufmann, 1903).

Horikawa, Toshihiro: On the Significance of Theocracy (Direct Rule of God) in the thought of Martin Buber: in The Kingship of God and Utopian Social Thought as seen in Buber's Interpretation of the Book of Judges, in: *Journal of the Interdisciplinary Study of Monotheistic Religions*, Vol. 6 (Kyoto: CISMOR in

Doshisha University, 2010), 37-52.

—— Biblical Language as Thou. Bible Translation due to False Prophecy and Universal Prophecy, in: Ders., 50BB (2014), 351-368.

—— Die Jakobsgeschichte in Genesis 32 und 33 - Leitworte von Erstgeburt, Antlitz, Segen, in: Ders., *MB-Studien, Bd.2* (2016), 243-264.

Horwitz, Rivka: *Buber's Way to I and Thou. A Historical Analysis of Martin Buber's Lectures "Religion als Gegenwart,"* (Heidelberg: Verlag Lambert Schneider, 1978).

Illman, Karl-Johan: Buber and the Bible. Guiding Principles and the Legacy of His Interpretation, in: Ders., *MB A Contemporary Perspective* (2002), 87-100.

Jay, Martin: Politics of Translation. Siegfried Kracauer and Walter Benjamin on the Buber-Rosenzweig Bible, in: *Permanent Exiles. Essays on the Intellectual Migration from Germany to America* (New York: Columbia University Press, 1985), 198-216. (マーティン・ジェイ『永遠の亡命者たち——知識人の移住と思想の運命』「翻訳のポリティクス——ブーバー＝ローゼンツヴァイクの聖書翻訳をめぐるジークフリート・クラカウアーとワルター・ベンヤミン」笹田直人訳［第12章担当］、新曜社、1989)

Kaplan, M. Mordecai: Buber's Evaluation of Philosophic Thought and Religious Tradition, in: Ders., Sch/Fr.E (1967), 249-272. (『ブーバー著作集』10、「哲学思想と宗教伝統についてのブーバーの評価」)

Kaufmann, Walter: Bubers Religiöse Bedeutung, in: Ders., Sch/Fr (1963), 571-588. (『ブーバー著作集』10、「ブーバーの宗教的意義」)

—— (tr.): *I and Thou* - A new Translation, with a Prologue and Notes (New York: Charles Scribner's Sons, 1970)

Kautzsch, Emil (Übers., Hg.): *Die Heilige Schrift des Alten Testaments* (Tübingen: [3. Aufl.] Verlag von J.C.B. Mohr [Paul Siebeck], 1909/10). 1. Aufl. 1894. 2. Aufl. 1896.

Kautzsch, Emil (Übers.) / Bertholet, Alfred (Hg.): *Die Heilige Schrift des Alten Testaments*, 4. Aufl. (Tübingen: Mohr Siebeck, 1922/23).

Kepnes, Steven: *The Text as Thou - Martin Buber's Dialogical Hermeneutics and Narrative Theology* (Indiana University Press, 1992).

—— Martin Buber's Dialogical Biblical Hermeneutics, in Ders., *Martin Buber and the Human Sciences* (1996), 173-191.

Koch, Klaus: Gibt es ein hebräisches Denken?, in: *Spuren des hebräischen Denkens: Beiträge zur alttestamentlichen Theologie. Gesammelte Aufsätze Bd.1* (Neukirchen-Vluyn: Neukirchener Verlag, 1991).

Kohn, Hans: *Martin Buber: Sein Werk und seine Zeit. Ein Versuch über Religion und Politik*, 1. Aufl. (Hellerau: Jakob Hegner, 1930).

―― *Martin Buber. Sein Werk und seine Zeit. Ein Beitrag zur Geistesgeschichte Mitteleuropas 1880-1930*, 2. um ein Vorwort u. Nachwort erweiterte Aufl., (Köln: Joseph Melzer Verlag, 1961).

Kraus, Hans-Joachim: *Geschichte der historisch-kritischen Erforschung des alten Testaments*, 3. erweiterte Aufl. (Neukirchen-Vluyn: Neukirchener Verlag, 1982).

―― Gespräch mit Martin Buber, in: *Evangelische Theologie 12* (München: Thr. Kaiser Verlag, 1952/53).

Krochmalnik, Daniel: Martin Buber und die Religionen, in: *Jüdische Denker im 20. Jahrhundert*, Die Deutsche Bibliothek (Hamburg: E.B.Verlag, 1997).

―― JHWH. Im Spannungsfeld der jüdischen Theologie, in: *Gott nennen und erkennen. Theologische und philosophische Einsichten*, Theologische Module, Bd.10 (Freiburg im Breisgau: Verlag Herder, 2010).

―― Babèl. Die Buber Bibel im Renouveau juif, in: Ders., 50BB (2014), 275-316.

―― »Hall meines Minners« - Martin Bubers *Gesang der Gesänge*, in: Ders., *MB-Studien, Bd.2* (2016), 183-215.

Leibowitz, Yeshayahu: *Notes and Remarks on the Weekly Parashah*, trans. Rabbi Shmuel. H. Himmelbetten (New York: Cremet Books & Co., 1990).

―― *Judaism, Human Values, and the Jewish State*, trans. Eliezer Goldman, Yoram Navon, Zvi Jacobson, Gershon Levi, and Raphael Levy (Cambridge: Harvard University Press, 1992).

Leiner, Martin: Martin Bubers Rede von der Gottesfinsternis, in: *Was läßt sich über Gott sprechen? Von der negativen Theologie Plotins bis zum religiösen Sprachspiel Wittgensteins*, hrsg. von Werner Schüßler (Darmstadt: Wissenschaftliche Buchgesellschaft, 2008).（ヴェルナー・シュスラー編『いかにして神について語ることができるのか――プロティノスからウィトゲンシュタインに至る否定神学の系譜』、マルティン・ライナー「マルティン・ブーバーが語る神の蝕について」堀川敏寛訳［第11章担当］、日本キリスト教団出版局、2018）

Levenson, Alan: The Rise of Modern Jewish Bible Studies. Preliminary Reflections, in: *Biblical Interpretation in Judaism and Christianity*, ed. Isaac Kalimi and Peter J. Hass (New York: T&T Clark, 2006).

Lévinas, Emmanuel: Martin Buber und die Erkenntnistheorie, in: Ders., Sch/Fr (1963), 119-134.（『固有名』「マルチン・ブーバーと認識の理論」合田正人訳、みすず書房、1994）

―― Autre et autrui, 65-67; in: *Le temps et l'autre* (Paris: Presses Universitaires de France, 1983).（『時間と他者』「他者と他人」原田佳彦訳、法政大学出版局、1986、68-71）

―― La pensée de Martin Buber et le judaïsme contemporain (1968), 15-33; in: *Hors*

Sujet (fata morgana, 1987). (『外の主体』合田正人訳、みすず書房、1997)
―― Judaïsme et temps présent (L'Arche, 1960), 269-278; in: *Difficile liberté. Essais sur le judaïsme*, 3e. éd. (Paris: Albin Michel, 1963/76). (『困難な自由』合田正人 / 三浦直希訳、増補版・定本全訳、法政大学出版局、2008)
Losch, Andreas: Kann Gott einen Namen haben? Martin Buber befragt die jüdische Geistes- und die Religionsgeschichte. Zu ungedruckten Typoskripten Bubers, in: Ders., 50BB (2014), 165-183.
―― Urwirbels Antlitz. Überlegungen zu der Möglichkeit einer kritischen Edition der Schriftverdeutschung von Martin Buber und Franz Rosenzweig und ein Versuch zu Genesis 1,1-5, in: Ders., *MB-Studien, Bd.2* (2016), 152-182.
Luther, Martin: *Die LutherBibel von 1534*, Vollständiger Nachdruck von "Biblia, das ist ganze heilige Schrift. Deutsch" Wittenberg (Taschen, 2017).
Mayer, Annemarie: Pniel. Eine Bibelarbeit, in: Ders., *Neu auf die Bibel hören* (1996), 103-111.
Meir, Ephraim: The Buber-Rosenzweig Bible Translation As Jewish Exegesis, in: Ders., 50BB (2014), 87-120.
Mendelssohn, Moses: *Gesammelte Schriften*, Jubiläumsausgabe
 - *Band 9/1* (Stuttgart: Friedrich Formman Verlag/Günther Holzboog, 1993).
 - *Band 9/3* (Stuttgart: formmann-holzboog Verlag/Eckhart Holzboog, 2009).
Mendes-Flohr, Paul (Hg.): Preface, in: Ders., *MB A Contemporary Perspective* (2002), vii-x.
Müller, Augustin R.: *Martin Bubers Verdeutschung der Schrift*, Arbeiten zu Text u. Sprache im Alten Testament 14. Bd., Münchener Universitätsschriften: Kath. Theol. Fak. (St. Ottilien: Eos Verlag, 1982).
Der Midrasch Bereschit Rabba. Das ist die haggadische Auslegung der Genesis, mit einer Einleitung von F. Fürst, Noten u. Verbesserungen von J. Fürst u. O. Straschun, u. Varianten von M. Grünwald, in: *Bibliotheca Rabbinica I. Eine Sammlung Alter Midraschim*, Zum ersten Male ins Deutsche übertragen von August Wünsche (Hildesheim: Georg Olms Verlagsbuchhandlung, 1967).
Der Midrasch Schemot Rabba. Das ist die allegorische Auslegung des zweiten Buches Mose, Mit Noten u. Verbesserungen von J. Fürst u. O. Straschun, in: *Bibliotheca Rabbinica III*. (Ders., 1967).
Plevan, William Rabbi: Martin Buber: The Dialogue with God, in: *Jewish Theology in Our Time*, ed. Rabbi Elliot J. Cosgrove, (Woodstock: Jewish Lights Publishing, 2010).
Putnam, Hilary: What *I and Thou* is really saying, in: *Jewish philosophy as a guide to life. Rosenzweig, Buber, Levinas, Wittgenstein* (Bloomington and Indianapolis:

Indiana University Press, 2008). (ヒラリー・パトナム『導きとしてのユダヤ哲学：ローゼンツヴァイク、ブーバー、レヴィナス、ウィトゲンシュタイン』佐藤貴史訳、法政大学出版局、2013)

Poma, Andrea: Unity of the Heart and Scattered Self. A Postmodern Reading of Buber's Doctrine of Evil, in: Ders., *New Perspectives on MB* (2006), 165-174.

Rosenberg, Joel: *King and Kin - Political Allegory in the Hebrew Bible* (Bloomington and Indianapolis: Indiana University Press, 1986).

Rosenzweig, Franz: *Der Mensch und sein Werk. Gesammelte Schriften*
 - I/1: *Briefe und Tagebücher. 1. Bd. 1900-1918*, hrsg. von Rachel Rosenzweig u. Edith Rosenzweig-Scheinmann unter Mitwirkung von Bernhard Casper (Haag: Martinus Nijhoff Publishers, 1979). [**Rosenzweig I/1**]
 - I/2: *Briefe und Tagebücher. 2. Bd. 1918-1929*, ders. [**Rosenzweig I/2**]
 - III: *Zweistromland. Kleinere Schriften zu Glauben und Denken*, hrsg. von Reinhold/Annemarie Mayer (Dordrecht: Martinus Nijhoff Publishers, 1984); "Die Einheit der Bibel" (1927), 831-835; "Der Ewige" (1929), 801-815. [**Rosenzweig III**]
 -IV/2: *Arbeitspapiere zur Verdeutshcung der Schrift*, hrsg. von Rachel Bat-Adam (Dordrecht: Martinus Nijhoff Publishers, 1984). [**Rosenzweig IV/2**]

Sanders, A. James: *Canon and Torah* (Philadelphia: Fortress Press, 1972).

—— *Canon and Community. A Guide to Canonical Criticism* (Philadelphia: Fortress Press, 1984).

Schaeder, Grete: *Martin Buber. Hebräischer Humanismus* (Göttingen: Vandenhoeck &Ruprecht, 1966). *The Hebrew Humanism of Martin Buber*, trans. Noah J. Jacobs (Detroit: Wayne State University Press, 1973).

Scholem, Gershom: *Judaica*, (Frankfurt: Suhrkamp Verlag, 1963)
 - Martin Bubers Deutung des Chassidismus, 165-206.
 - An einem denkwürdigen Tage, 207-215.

—— *The Messianic Idea in Judaism. And Other Essays on Jewish Spirituality*, trans. Michael A. Meyer (New York: Schocken Books, 1971).
 - Martin Buber's Interpretation of Hasidism, 228-250.
 - At the Completion of Buber's Translation of the Bible, 314-319.

Steiner, George: *After Babel. Aspects of Language and Translation* (Oxford/New York: Oxford University Press, 1975).

Steiner, Robert: *Neue Bibelübersetzungen - vorsestellt, verglichen u. gewertet* (Neukirchen-Vluyn: Neukirchener Verlag, 1975).

Talmon, Shemaryahu: Martin Buber's Ways of Interpreting the Bible, in: *Journal of Jewish Studies 27, no.2* (Oxford Centre for Hebrew and Jewish Studies, 1976), 195-209.

―― Martin Buber als Bibel-Interpret, in: Ders., *Dialog mit MB* (1982), 269-289.

―― Martin Bubers Werk an der Hebräischen Bibel, in: Ders., *Neu auf die Bibel hören* (1996), 15-53.

Theunissen, Michael: *Der Andere. Studien zur Sozialontologie der Gegenwart*, (Berlin: Walter de Gruyter&Co, 1965).

Tillich, Paul: An Evaluation of Martin Buber: Protestant and Jewish Thought, in: *Theology of Culture* (New York: Oxford University Press, 1959).

―― Martin Buber - Eine Würdigung anlässlich seines Todes (1965), in: *Begegnungen*, Gesammelte Werke Bd.12 (Stuttgart: Evangelists Verlagswerk, 1971), 320-323.(『ティリッヒ著作集10巻 出会い――自伝と交友』「マルティーン・ブーバー――彼の逝去に際して試みる一つの評価(1965)」武藤一雄/片柳榮一訳、白水社、1978)

Uffenheimer, Benyamin: Buber and Modern Biblical Scholarship, in: Ders., *Martin Buber. A Centenary Volume* (1984).

Unterman, Isaac: *The Five Books of Moses - Genesis*, Profoundly Inspiring Commentaries and Interpretation Selected from the Talmudic-Rabbinic Literature (New York: Bloch Publishing Company, 1973).

Urban, Martina: *Aesthetics of Renewal. Martin Buber's Early Representation of Hasidism as Kulturkritik*, (Chicago/London: University of Chicago Press, 2008)

Walsh, T. Jerome: *Style and Structure in Biblical Hebrew Narrative* (Collegeville: The Liturgical Press, 2001).

Wellhausen, Julius: *Prolegomena zur Geschichte Israels*, 6. Ausg. (Berlin: Reimer, 1905).

Weltsch, Robert: Nachwort von Martin Buber 1930-1960, in: Ders., Hans Kohn: *Martin Buber. Sein Werk und seine Zeit* (1961), 413-479.

Westermann, Claus: *Am Anfang -1. Mose (Genesis)*, Teil 2. Jakob und Esau; die Josepherzählung (Neukirchen-Vluyn: Neukirchener Verlag, 1986).

―― (Hg.): *Probleme alttestamentlicher Hermeneutik: Aufsätze zum Verstehen des Alten Testaments*, Theologische Büchereo: Neudrucke u. Berichte aus dem 20. Jahrhundert. Bd. 11, 2. Aufl. (München: Chr. Kaiser Verlag, 1963).

Wheelwright, Philip: Buber's Philosophical Anthropology, in: Ders., Sch/Fr.E (1967), 69-95.(『ブーバー著作集』10、「ブーバーの哲学的人間学」)

Wood, Robert E.: *Martin Buber's Ontology - An Analysis of I and Thou* (Evanston: Northwestern University Press, 1969).

Wolff, Hans Walter: Dodekapropheton 1: Hosea, in: *Biblischer Kommentar Altes Testament*, 4. Aufl. (Neukirchen-Vluyn: Neukirchener Verlag, 1990).

―― Hosea. A Commentary on the Book of the Prophet Hosea, *Hermeneia. A Critical*

and Historical Commentary on the Bible, trans. Gary Stansell, ed. Paul D. Hanson
　　　(Philadelphia: Fortress Press, 1974).
　Zunz, Leopold (Übers.): *Der vierundzwanzig Bücher der Heiligen Schrift, nach dem
　　　masoretischen Text* (Tel-Aviv: Sinai Verlag, 2008).

アウグスティヌス『世界の名著』16、「告白」山田晶訳、中央公論社、1978。
市川裕『共生学』6、「悔い改めと和解——伝統的宗教思想からのアプローチ——」上智大学共生学研究会、教友社、2011。
稲村秀一『ブーバーの人間学』教文館、1987。
ウェーユ、シモーヌ『愛と死のパンセ』「マルティン・ブーバーのウェーユ批判」野口啓祐訳、南窓社、1969。
内田樹『内田樹による内田樹』140B出版、2013。
小野文生『一神教学際研究』6、「マルティン・ブーバーの聖書解釈における〈声〉の形態学：『かたちなきもののかたち』への問いについて」同志社大学一神教学際研究センター、2010。
――『京都ユダヤ思想』2、「共生の断層を観るために——双極性、比喩、翻訳」京都ユダヤ思想学会、2012。
――『京都ユダヤ思想』7、「マルティン・ブーバー、非類型的思考の行方——没後50周年を記念して」京都ユダヤ思想学会、2016。
勝村弘也『基督教学研究』5、「言語芸術作品としての旧約聖書物語テキスト——その共時論的研究序説——」1982。
――『京都ユダヤ思想』4、「聖書学は、『教義』から自由か？」京都ユダヤ思想学会、2013。
――『京都ユダヤ思想』7、「ブーバーと私——ブーバーの聖書解釈を通して」京都ユダヤ思想学会、2016。
北博『人文学と神学』「マルティン・ブーバーの聖書解釈方法——その所謂〈傾向史的〉分析の意味をめぐって——」東北学院大学学術研究会、2012。
――『ヨーロッパ文化史研究』15、「マルティン・ブーバーの聖書解釈——近代聖書学へのアンチテーゼ」東北学院大学ヨーロッパ文化総合研究所、2014。
合田正人『レヴィナスの思想』弘文堂、1988。
ザラデル、マルレーヌ『ハイデガーとヘブライの遺産——思考されざる債務』（1986）合田正人訳、法政大学出版局、1995。
月本昭男訳『旧約聖書I　創世記』岩波書店、1997。
手島佑郎『ユダヤ教の霊性——ハシディズムのこころ』教文館、2010。
中野実『新約聖書解釈の手引き』「第9章 正典批評」日本キリスト教団出版局、2016。
波多野精一『波多野精一全集』4、岩波書店、1969。
平石善司『マルチン・ブーバー——人と思想』創文社、1991。

フォン＝ラート、ゲルハルト『旧約聖書神学 II―イスラエルの預言者的伝承の神学』荒井章三訳、日本キリスト教団出版局、1982。

フリードマン、モーリス『評伝マルティン・ブーバー――狭い尾根での出会い』（上）黒沼凱夫 / 河合一充訳、ミルトス、2000。

水垣渉『出会い』59、「キリスト教と聖書的伝統」NCC 宗教研究所、2011。

山我哲雄『旧約聖書を学ぶ人のために』「旧約聖書研究史・文献紹介」世界思想社、2012。

―― 共訳（木幡藤子）『出エジプト記　レビ記』旧約聖書 II、岩波書店、2002。

―― 訳『民数記』旧約聖書III、岩波書店、2001。

和辻哲郎『和辻哲郎全集』9、「人間の学としての倫理学」岩波書店、1962。

索 引

人 名

あ行

アウエルバッハ 165, 177
アウグスティヌス 133-134
アヴノン 52, 235, 244, 251
アクィラ 140, 146
アスカニ 51, 115
アーバン 37, 90
アミール 20, 30, 109
有賀鐵太郎 203
アルター 102
アレント 29
アンブロシウス 133-134
稲村秀一 23, 27, 33-35, 55, 62-66, 79, 89, 321
イルマン 51, 117, 120, 125, 126, 200
ヴィーゼ 52, 327
ウィールライト 22, 62, 64
ヴェイユ（ウェーユ）66-67
ヴェスターマン 166-168, 186, 220, 232
上田閑照 32, 325
上田光正 126, 130
ヴェルチュ 16, 19, 45, 164
ヴェルナー 35
ヴェルハウゼン 104, 121, 169-172, 183
ウォルシュ 211, 231-232
ヴォルフ 166-167, 204, 219
内田樹 40
ウッド 22, 95
ウッフェンハイマー 19, 50-51, 174
ウーリー 237
ウンターマン 225, 229-230
エーレンベルク 134-135
エープナー 24-26
小野文生 36, 40, 51, 132-133, 164, 186-188, 266, 323

か行

カウチュ 104, 110, 161, 227
カウフマン 22, 52, 89, 100-101, 118-119, 172
カスパー 23-25, 27-28, 34, 37
カッスート 172-173, 176
勝村弘也 141, 171, 189-190, 275, 323, 326
カフカ 21, 75
カプラン 22, 80, 97
カルヴァン 205
カント 82, 88, 321
木田献一 185-186
北博 178, 185-186
キルケゴール 23, 84-85, 100
クザーヌス 14
クラウス 30, 51, 166-169, 191
グラッツァー 22, 29, 50-51
グルシュカ 52, 159
クロッホマルニック 40, 52, 121, 123, 324
グンケル 110, 120, 172, 185, 227
ゲース 271
ゲーテ 101
ケプネス 50-51, 125, 128, 131, 173, 278, 324
合田正人 233-235, 325
小林政吉 34
コーヘン・ヘルマン 105
コーン 15-16, 19, 32
齋藤昭 34-35
サルトル 24, 26

さ行

サンダース 177-179
ジェイ 47, 104-105, 113,

索引

137, 139, 141
シェーダー　　　16, 19, 112
シェーラー　　　　23, 26
シャルフ　　　　　　52
シュンマコス　　140, 146
ジュリアン（ノリッチ）81
ショッケン（社）　15, 29, 106, 166
ショーレム　50, 107, 111-112, 188-189
シルプ　　　　　　　20
ゾムバルト　　　　　32

た・な行

ダイヤモンド　　　22, 29
タルモン　30, 50-51, 81, 130, 180, 191
チャイルズ　　　　177
ティリッヒ　26, 41-42, 55, 92-96, 98, 121, 166
デ・ヴェッテ　　　171
テオドティオン　140, 146
手島佑郎　　　　　90
デリダ　　　　　　137
トイニッセン　23-24, 26, 28, 36, 39-40, 60, 64
トリュープ　　　　26
トレムル　　　　　25
西田幾多郎　　　　32
ニュベルク　　　　120
ネエル　52, 103, 117, 121-124, 254

は行

ハイデッガー　　23-26, 66, 118-119, 327
バウアー　　　　　51
ハコーヘン　51-52, 102, 113, 170, 173
パトナム　　　　　326
バトニツキー　50, 52, 136, 139
波多野精一　　　　33
バール・シェム　37, 90-91
バルト・ロラン　　137
ハーレヴィ・イェフダ 105
ヒエロニムス　122, 146, 161, 199, 205
平石善司　　　30, 34, 95-96
ヒルシュ　　161, 221, 227
ヒルデガルド・フォン・ビンゲン　　　　　　81
ファッケンハイム　52
ファン・デル・レーウ 55
フィッシュベイン　52, 174, 211, 231-232
フィロン　　　　　93
フォックス　52, 102-103, 110, 115, 149-150, 170-171, 175, 189
フリードマン　16-22, 24, 28-31, 34, 44, 87-88, 281
ブルトマン　　　　275
ブルーム　168-169, 174, 192, 243, 247-248
ブルンナー　　22, 26, 52
ブレル　　　19, 52, 325
プロティノス　　　81
ブロート　　　　21-22
ヘーゲル　　　100, 105

ベッケンホフ　23, 25-28, 39-40, 321, 326
ベーメ　　　　　14, 81
ベール　　　　　　238
ヘルダーリン　101, 118
ベルトレート　104, 161
ベルトーン　　51, 127
ベンゲル　　　140-141
ベンヤミン　　113, 211
細見和之　　　　　37
ポーマ　　　51, 136, 138
ホメロス　　　　　135
ボルノー　　　　　26
ホワイトヘッド　　32

ま行・や行

マイネッケ　　　　105
マイヤー　52, 116, 221-222, 227-228
マッハ　　　　30, 50, 52
マルセル　　　　20-21, 26
水垣渉　　32, 132-133, 283
ミュラー　　　　50, 52
ミュレンバーグ　50-51
武藤一雄　　　　　98
メイール　50-51, 119, 121, 191, 325
メンデルスゾーン　52, 193, 195-198, 200, 205, 221, 227,
メンデス＝フロール　18-19, 30-31, 36, 52, 134
モーヴィンケル　　165
ヤーコプ・ヘグナー　45, 105-106, 108, 175

ヤコブ・ベンノ　109, 172-173, 176
ヤスパース　26, 100
ユング　166

ら行・わ行

ライナー　35-37, 47, 51, 60, 62, 64, 69, 77-78, 97
ラビ・ナフマン　14, 37, 158
ランベルト・シュナイダー（社）　16, 35, 45, 104-108, 166, 175, 271
ルター　52, 101, 103-104, 140-141, 146-148, 155, 161, 193, 198-199, 227, 287, 321
レイボヴィッツ　230-231
レヴィナス　20, 22, 26, 40, 64-65, 75, 95, 107, 232-235, 281, 323, 325-326
レヴェンソン　165, 172, 177, 183
レントルフ　30, 51
ロジャーズ　18, 29
ロシュ　52
ローゼンツヴァイク　10, 15, 24-25, 37, 40, 49-50, 51, 53, 55-56, 73, 81, 100-105, 107-113, 115, 117-120, 122, 134-136, 138-139, 141, 143-144, 146, 148, 155, 158-159, 162-163, 170, 172, 175, -176, 180-181, 183, 193, 195, 197-200, 204-205, 207, 215, 216, 220-221, 266, 271, 323
ローゼンハイム　180
ローゼンバーグ　176
ローテンシュトライヒ　21, 30
ワーグナー　114
和辻哲郎　32-33

事　項

あ行

間　24-25, 27, 32, 34, 65, 130, 326
間柄　24, 32, 119, 121
贖い主（ゴーエル）　250, 255-258
『贖いの星』　53
アトム化　75, 82, 176
新たな思考　25, 27
R（R的、R(Rabbenu)的）　57, 124, 177, 179-181, 191, 250, 258, 285-286
憐れみ　257
イェシヴァー　165, 225
慈しみ　246, 255, 257, 276
イディッシュ　47, 52, 107, 159, 165
今ここ　49, 88-89, 93, 208
意訳　100, 113
入り口　152-153, 258
ウィーン　14-15, 47
ウルガータ　150, 155, 161, 246
永遠　18, 89, 91, 96, 166-167, 169, 197-198, 205, 208, 223, 234, 274,
　　―なる者　89, 91, 195-198, 205
　　―の汝 18, 89, 91, 223, 274
栄光　90, 92, 190, 241, 252-254, 258-260, 287

エクリチュール　129, 137
エッダ　144
エートス　91
エロヒスト（E）　194-195, 206, 239, 244
押韻　144
おそれとおののき　84, 135
オリジナル　17, 101, 109, 112-114, 140-142, 271, 273, 283

か行

顔　67, 83, 116, 145, 206, 210-211, 218-219, 221-224, 226-228, 230, 233-235, 259, 281
書かれたもの　32, 134, 137, 180, 187-188, 271
隠れ（神の）　38, 74, 76-78, 245
カタコンベ　76
語られるもの　39, 49, 119, 122, 127, 129, 131-134, 138, 150, 278
割礼　239, 243
カバラー　74, 113
『神の王権』　15, 109, 120, 126, 166, 169, 180, 183, 186, 194, 249, 285
神の蝕　18, 60, 68-70, 73-80, 84, 327
仮宿　74, 92, 206

関係　10, 24-26, 32, 39, 41-42, 48, 51, 53-54, 57-58, 61-68, 70-77, 83-84, 89, 91-94, 97-98, 112, 119-120, 125, 131, 138, 145, 150, 155, 159-160, 162, 178, 190, 202, 208, 211, 214, 216, 223-224, 234, 241, 246-247, 251, 255, 258, 273-277, 279, 283, 285-287, 326
　　―内存在　25, 61, 63-64
　　―の非対称　64
観念論　25, 27-28, 33, 105
キアスムス　211, 231
記憶　54, 126-127, 131, 143, 182, 187
記述　16, 22, 127, 137-138, 149, 279, 281
基礎的存在論 58, 60-62, 64, 81, 97
教育 17-19, 22, 26, 34-35, 46, 48, 105, 164, 323, 325
共時　40, 57, 123, 174, 185, 189-191, 283, 285
教示　88, 153-155, 163, 214, 272, 280-281
ギリシア 26, 33, 81, 87, 134, 140, 147, 273, 327
キリスト教　10, 18, 21-22, 34, 40, 42, 46, 52, 81, 93, 95-96, 98, 100, 109, 111-

索引　　307

112, 135, 172, 203, 274,
321, 324
寄留者　　　　　153-155
KJV　　52, 100-101, 227
近世　　　　27, 64, 134
近代 26-27, 42-48, 75, 81-82,
84, 87, 141, 164-165, 170,
172, 180, 192, 238
具体的普遍　92, 95-96, 98
グリム辞書　　　50, 158
ケア論　　　　　　18, 48
傾向史　　　　57, 124,
168, 178-179, 183, 185-
187, 249, 258, 285-286
傾向性　　　　　　48,
50, 173, 178-179, 182-186,
189, 191, 209
契約　　　16, 66, 74, 132,
161, 175, 204, 214, 231-
232, 239, 241, 243, 281
見者 156, 237, 243, 247-248,
305
原初　　　70-73, 212, 240
現象学　　23-25, 27, 164
原聖書的　　169, 173, 182-
183, 187, 191
現前　67, 198, 204, 208-209,
213, 227
現臨　　　　　　　15,
38, 49, 54, 70, 74, 77, 89,
92-94, 161, 196, 198-199,
204, 208, 322
口頭　　　　　52, 57,
120, 122, 126-127, 130-
134, 137, 163, 279

考古学　41, 164-165, 178,
187, 237-238
個我　　　　　62, 74, 76
語根　108, 115, 118, 122-
123, 139, 143-145, 159-
162, 217-218, 230, 242
古代 26-27, 81, 84, 126, 133,
140, 147, 172, 246, 254
語呂合わせ　139, 141, 144,
223
根元語　　53, 61-62, 64, 70,
72-73, 81, 97, 223
混沌　102, 147-148, 158, 163

さ行

祭司 151, 153, 160-162, 182-
183, 207, 239, 259, 287
　—文書（P）　　207, 239
祭壇　103, 152-153, 161-162,
213, 218, 240, 246
献げもの 151-153, 155, 159-
160, 211, 226-228, 230
三次元　57, 121-123, 143,
164, 190-191, 285
三人称　　　200, 205, 275
シオニズム　　14-16, 21,
35, 44, 46, 48, 55, 90, 154,
322-324
志向性　　　　　　25, 75
始原　70-73, 76-77, 94, 97,
148, 213
　—語 70, 72-73, 76-77, 213
　—性　　67, 70, 73, 97
　—的　　　70-73, 94, 97
使者（天使）202, 216, 219-

220, 222, 224, 226, 242-
243, 247
思想史　23-24, 26-28, 34, 64
実存主義　17, 29, 89, 92-93,
326
実存論的 25, 41-42, 120, 275
シナゴーグ　　　　19, 109
宗教と倫理　84, 86-87, 275
十戒　82-84, 86-88, 199, 281,
327
純粋言語　　　　113-114
証言 19-20, 81, 109, 161, 168
人格的　26-27, 33, 63, 66, 68,
79, 82-84, 153, 167, 202,
208-209, 224-226, 326
シンタックス 114, 139, 144,
146, 163
神秘主義　14, 17-18, 22, 24-
25, 41-42, 46, 48, 55, 81,
91-94, 121, 326
新プラトン主義　　81, 93
神名　　117, 172, 175, 193-
197, 200, 202-204, 206-
209, 225, 240, 242, 245,
250, 253, 255, 286
信頼　67, 213-214, 263-264,
274, 276-277, 279, 283
誠実　　　　　　　90, 274
静寂の声（か細き声）222,
259, 284
聖書は毒　　　　　　134
生得の汝　　　　　73, 77
聖なる者 196, 250, 253-258
責任　　36, 65, 101, 110,
233-235, 254, 256, 263-

索引

264, 273, 277, 279, 283
応答―　65, 110, 277, 279
　無限の―　234-235
セプチュアギンタ（70人訳）　52, 135, 147, 155, 161, 199, 246
その都度　10, 49, 86, 129, 132, 143-144, 178, 206, 270, 278, 280, 282
それ化　38, 40, 81, 179, 192, 199, 208
存在論　22-25, 27, 39-40, 49, 58, 60-62, 64, 73, 81, 89, 97, 203

た行

対格　201, 274
対象化　38, 40, 68, 72, 199
対面　97, 210, 219, 221-224, 233-235, 281, 286, 324-325
『対話』　39, 53, 79, 278
　―的原理　11, 15, 17, 19, 21-25, 28, 44, 46, 48-49, 51, 53-58, 63, 97, 121, 125, 164, 209, 236, 261, 284-286
　―的原理の歴史　24, 63
　―的思考　21, 23-24, 126
　―的生　17, 19, 26, 28-29, 45, 80
　―の哲学17-18, 20, 22-23, 27-28, 34, 53-54, 87
立ち帰り　49, 77-78, 91, 112, 133, 251-252, 255, 263-264, 269, 278, 284
タブー　200, 222
タルムード　147, 196, 225, 229, 235, 243
中世　26-27, 120, 133
直訳　62, 74, 100, 113-114, 139, 146-147, 221
通時　26, 40-41, 57, 184-185, 189-191, 236, 283, 285
出会い　18-19, 23, 26-28, 42, 53, 58, 62, 65, 67, 77-78, 92-93, 98, 112, 127, 138, 152-153, 156, 158, 161-163, 191, 211, 218, 220, 223-224, 232, 260, 271, 274, 279, 281, 286, 321
哲学と宗教　46, 69, 79-80, 86-87
　―的人間学　22-23, 33, 44, 62
手土産と墓石　50, 112
転向　42, 49, 65, 77, 224, 235, 251, 263
伝承史　185, 187
ドア　127
統一性　25, 38, 42, 68, 72, 143, 145, 150, 173, 176-177, 179-185, 190, 203, 228, 250, 285, 326
　―的　124, 140, 150, 162, 171-173, 176-177, 180-184, 187, 192, 209, 239, 248, 250, 258, 286
頭韻　139, 144, 158
遠ざかり（神／汝の）　68, 77-78, 254
トレイフ　165

な行・は行

汝の感覚　77
認識論　18, 22, 24, 27
ハイデルベルク　14, 16, 35, 40, 45, 49, 54, 107, 159, 166, 171, 271, 323
ハシディズム　17-18, 22, 34, 37, 45-46, 48, 55, 74, 87, 89-96, 98, 125, 188-189, 324
ハシディーム　46, 81, 89-90
パラダイム　24, 179, 181
パレスティナ　15, 18, 29, 106, 237, 322, 324
パロール　129, 137
非類型的　47, 164
ブーバー学会　35, 49-50, 107, 325
フライブルク　25, 27, 35, 37
プロテスタンティズム　42, 164-165, 324
プロテスタント　30, 34, 50, 94-95, 161, 166, 172, 177-178
雰囲気（聖書的／精神的）　38, 169, 181-183, 187, 191
文学批評　164, 174, 177, 190-191, 249, 283
文書仮説（資料仮説）　104, 170, 172, 176, 195
分節化　68, 122, 192
ヘッペンハイム　14, 30, 49-

50, 54, 107, 119, 323
ベルリン　14, 29, 35-36, 51, 104-106, 108, 166, 175
変化形成　57, 119, 123, 285
弁証法　18, 26-27, 55
忘我の告白　14, 46, 81
捕囚　89, 250, 252, 254, 267, 269
ポストモダン　51, 117, 135-137, 191

ま行・や行

魔術　161, 199-200, 209
窓口　10, 179, 283, 287
幻　240, 242, 259, 266-268
ミドラシュ　14, 42, 117, 165-166, 170, 172, 179, 196-197, 229-230, 232
メシア、メシアニズム　15, 21, 46, 55, 89, 166, 252
ヤハウィスト（J）168, 174, 194-195, 207
ユダヤ　10, 14-16, 18-19, 21-22, 28-29, 35, 37, 40-42, 44-46, 49, 51-52, 54, 65, 67, 71, 81, 89-90, 93, 95-96, 100, 104-107, 109-112, 117, 119, 122, 125, 132, 141, 154, 159, 164-166, 171-173, 176-178, 194, 196, 198, 212-213, 224-225, 227, 230, 233, 238, 254, 271, 274-275, 325

―教　10, 18, 21-22, 40-42, 46, 65, 67, 89, 93, 95-96, 100, 109, 112, 117, 119, 132, 166, 178, 196, 225, 227, 230, 233, 254, 274, 325
―自由学院　15, 54, 105
―人　15-16, 21, 28-29, 45, 90-91, 96, 111-112, 119, 122, 225, 230, 271, 322
―性　16-17, 35, 45, 154, 213, 324-325
―的　16, 29, 42, 44, 46, 104, 109, 111, 173, 176, 194, 212, 224-225, 274
夢　150-151, 163, 211, 266-268, 270
与格　155, 201, 274-275
預言　57, 92-93, 106, 108, 112, 121, 126-128, 131, 139, 158, 161-162, 166-167, 178, 182-184, 186, 194, 204, 215-216, 220, 231, 237, 239-240, 242-244, 247-252, 255, 257-258, 260-275, 277, 279-287
偽りの―　57, 127, 265-270, 274, 279, 282-283, 285, 287
―者的宗教　41-43, 92
―者の誤解 127, 271, 277, 284

―者の信仰　21, 33, 55, 166-167, 183, 194, 244, 249, 285, 327
―者の挫折 262, 264, 277
万人―者　57, 250, 258, 277, 282, 285, 287
ヨム・キプール　218, 227

ら行

ラビ　14, 37, 41-42, 91, 117, 158, 172, 180, 225, 229
―・ユダヤ教　41-42
流暢　118, 136, 138-140, 156, 162, 177
倫理学　22, 32, 34-35, 48, 86-87
ルター訳　52, 103-104, 140-141, 146-148, 155, 193, 198-199, 227
霊 25, 79, 130, 162, 183, 220, 261
歴史批評　30, 121, 165-166, 169, 173, 187-189, 191, 238, 283
レトリック　155, 174, 176-177, 245
朗誦 120, 122-123, 133, 150, 156-157, 163, 283
ローゲン版　108, 148
ロマン主義　40, 141, 171, 186, 326

聖書関連語

あ行

アケダー（イサク縛り） 52, 84, 175, 245-246, 248, 275, 286

アガク 135, 271, 273, 275, 280-282

アッシリア 263, 267-268

アハズ王 252, 262-263

アビメレク 239, 244

アブラハム（アブラム） 146, 237, 239, 240-242, 244-249, 275, 280, 285-286, 324

アモス 239, 240, 255, 276

イサク 84-85, 145, 206-207, 215, 217-218, 229, 245-246, 248, 280

イザヤ 52, 106, 118, 216, 250-265, 267-268, 270, 284-287

イシュマエル 145

エゼキエル 106, 268

エレミヤ 106, 215-217, 251, 254, 262, 264, 266-270, 284

エヒイェ（神名） 175, 193, 196-197, 199-200, 202-205, 208-209, 213, 224,

エムナー（信仰） 213, 273, 279

エリヤ 85, 222, 259, 284

エル・シャダイ 207

エロヒーム（神） 171-172, 245

か行

雅歌 52, 196

カナン 207, 213, 218, 229, 241

ギデオン 185, 203, 222

さ行

サウル 156-158, 163, 248, 271-272, 280-282, 284

サムエル 52, 135, 156-158, 163, 248, 271-273, 275, 280-282, 284

サムエル記 52, 85, 105, 156, 249, 271, 280

サラ（サライ） 146

シケム 215, 231, 241

出エジプト記 52, 105-106, 109, 117, 132, 152, 163, 175, 193-194, 196-198, 202, 204, 207, , 259, 278,

士師記 105, 185, 203, 249,

詩篇 23, 52, 106, 111, 132, 144, 196, 214-215

箴言 106, 132, 202

申命記 105, 181, 183, 203

ゼデキア王 269-270

セラフィム 252, 254, 258-259

ソドム 145, 243, 245, 247-248

ソロモン 183, 259

た行・な行

第2イザヤ 118, 178, 250-258, 260-262, 265, 287

ダビデ 85

ダニエル 25, 268

トーフー・ヴァー・ボーフー（混沌と混乱） 102, 147, 158

トーラー（律法） 214, 280-281

ネブカドネツァル 269-270

は行

パウロ 321

ハガル 145-146, 162, 240, 242, 246

ハ・シェム（神名）199, 242

ハナニヤ 268-270

バビロニア　123, 250, 257, 262, 268-270
バベル　113, 148-149, 163
ハラン　211, 218, 229
ヒゼキア王　262, 269
ベエル＝シェバ　215, 218, 243
ベコラー（長子権）216-218
ヘセド（慈しみ）　257, 275
ベテル　211, 214-215, 218
ペニエル　116, 211, 215, 218-219, 221, 223-224, 226-227, 233-235
ホセア　120, 175, 203-204, 215-216, 219-220, 224, 233, 254-255, 257, 276

ま行

マノア　222
マラキ　287

ミカ　275-276
ミクラー（聖書）　120, 133
ミシュパート（公正な裁き）　244, 275
民数記　103, 105, 153, 155, 163, 000
メルキツェデク　242
モーセ　10, 21, 102, 105-106, 108, 132, 166, 171-173, 176, 178, 181, 186, 194-197, 201-205, 206, 208, 210-213, 220-222, 224-225, 241, 246, 248, 260, 268, 281, 285, 287
モレク　85, 245, 276,

や行

ヤコブ　52, 109, 116-117, 202, 205-207, 210-235, 256-259, 285-286, 325
ヤハウェの僕　178, 253

ユダ国　250, 263, 268-269, 284
ヨシュア　105, 132-133, 203, 241, 261
ヨセフ　150-151, 163, 215, 231
ヨナ　263
ヨブ　52, 106-107, 243, 252,

ら行

ラーアー（見る）　242, 266
ラバン　213, 216, 218-219, 225, 227
リベカ　211, 229
ルーアッハとダーバール（霊と言葉）　161
レア　211, 216-217
列王記　103, 106, 259
ロト　145, 241, 244

索　引

聖書個所

創世記		17 章	175, 239, 242	27:19	217
1:1-5		17:1	240, 242, 245	27:23	217
1:2	102-103, 147, 158	17:4	243	27:25	217
1:3	131, 282	17:6	243	27:27	217
4:12	102	18 章	243-245, 247	27:29	217
11:1-9	148	18:1	240, 243, 245	27:30	217
11:28	242	18:17-19	243	27:31	217
12 章	175	18:20-32	243	27:33	217
12:1	240	18:25	244	27:34	217
12:1-3	241	20:7	240, 244, 247	27:35	217
12:4	246	20:13	239	27:36	216-218, 225
12:6	241	21:31	215	27:37	217
12:7	240-241	22 章	175, 240, 243, 245-248, 280	27:38	217
13:14-17	241			27:41	217
13:15	240-242	22:1-19	245	28 章	211
13:16	241	22:1	246	28:13	207
13:17	241	22:2	245	28:15	214
14:19-20	242	22:3	245-246	28:20	213
14 章 20 節	241	22:4	240, 246	29 章	211
14:22	242	22:8	240, 246	29:1-30	211
15 章	175, 239, 241	22:9	246	29:25	216
15:1	240	22:11 以降	245	29:26	217
15:4	242	22:13	240, 246	29:31-30:24	231
15:5	239, 242	22:14	240, 246	30 章	211, 219
15:13-16	239	25 章	210	30:25-43	211, 231
15:17	239, 242	25:19-26	211	31:3	205, 212
16:5	146	26:33	215	31:1-55	211
16:6	145-146	27 章	219, 228-229	32 章	210-211, 218-219, 223-224, 227, 230
16:9	145-146	27:4	217		
16:11	145-146	27:7	217	32:4-22	219
16:13	240, 242, 246	27:10	217	32:8	223
16:13-14	242	27:12	217	32:9	219

313

32:14	227	3:9-14	194	民数記		
32:21	227	3:10	195	11:4	103	
32:22	227	3:12	203, 209	11:29	261	
32:21-22	218	3:13	201-202, 224	12:6	266	
32:23	219	3:14	196, 198, , 203, 209	12:8	268	
32:25	219	3:15	194	15:14-16	151	
32:25-26	223	3:16-18	194	23:9	255	
32:28	202	4:12	203	申命記		
32:29	220, 223, 231	4:15	203	7:6	254	
32:31	221-222, 224	4:24-26	220	14:2	254	
33 章	210-211, 223-224, 226-228	6 章	207	14:21	254	
		6:3	207	18:18	248	
33:9	232	17:14	132	21:17	214	
33:10	226-227, 230	19:6	254	26:19	254	
33:11	226, 229-230	19:18	239	28:9	254	
33:12b	233	20:13	281	31:17	74	
33:14a	233	21:24	281	31:23	203	
33:17	233	22:30	86	32:39	196	
35 章	211	24:7	132, 278	34:10	248	
35:3	213	28:13-28	151	ヨシュア記		
35:7	218	29:38-46	152	1:5	203	
35:10	231	31:13	255	1:8	133	
35:16-18	211	31:18	83	3:7	203	
40:13	151	33:11	222	24:3	241	
40:19	151	33:14	206	士師記		
46:4	206	33:18	241	6:16	203	
出エジプト記		33:19	241, 246	6:22	222	
3 章	194	33:20	222, 259	8:23	185	
3:1-4	194	34:30	222	13:17	201	
3:4	194	40:35	259	13:22	222	
3:5-6	194	レビ記		サムエル記上		
3:6	194	11:44	254	9:9	248	
3:7	195	19:2	254	9:13	156	
3:7-8	194	20:7	254	9:14	157	
3:8	206	20:26	254	10:10	261	

索　引　　　　　　　　　　　　　　　　　　　　　　　　　　　315

15 章	271, 280	20:2-3	267	23:27	270
15:3	282	28:5	262	23:26	270
15:33	281	29:17-23	257	24:8	262
サムエル記下		29:23	257	25:12	269
18-19 章	52	30:15	263	27:1-15	267
24:1	85	35:8	258	28:10-11	269
列王記上		35:9	258	28:12-16	269
8:10-11	259	35:10	258	38:6	264
19:11-13	222, 259	37:23	254	**エゼキエル書**	
19:12	284	39 章	263	36:36	282
列王記下		40:5	260	**ホセア書**	
2-4 章	244	41:14	255-257	1 章	204
19:22	254	43:14	255, 257	1:4-6	204
20 章	263	44:3	261	1 ; 9	203-204, 209
歴代誌上		48:10	256	2:21	257
21:1	85	48:17	255	11 ; 9	254
歴代誌下		49:3	253	12:3-5	215
36:23	324	49:6	250, 253	12:4	219, 225
イザヤ書		49:7	255	12:5	219-220
1:4	256	50:1	256	**ヨエル書**	
4:3	255, 262	50:4	252	3:1 ／ 2:28	267
5:24	256	54:4	257	**アモス書**	
6 章	252, 258	54:5	255, 257	7:15	239
6:1	258	54:6	257	**ヨナ書**	
6:3	90, 259, 287	54:8	257	3:4-5	263
6:5	259	54:10	257	**ミカ書**	
6:10	262	54:13	253	6:6-7	275
7 章	263	**エレミヤ書**		**詩篇**	
7:4	263	2:24	251	23 編	52
7:8-9	263	9:3	215	24:4	199
7:9	264	9:8	215	33:9	282
8:16	251-252	13:23	251	73:23-24	23
10:21	255, 262	13:25	269	135:4	214
11:11	262	14:14	267	**箴言**	
11:16	262	23:25	270	16:14	218

30:4	202	ヘブライの信徒への手紙		3:14	196
ヨブ記		11:6	213	タルムード	
14:17	252	ミドラシュ・出エジプト記ラッバー		ベラホット 9B	196
コリントの信徒への手紙					
12章	321	3:6	196		

初出一覧

第1編

第1章第2節「M・ブーバーの『我‐汝』関係に神は必要であるか」日本宗教学会第64回学術大会、関西大学、2005年9月。第1節「レヴィナスとブーバーに見られるユダヤ思想」〔一部分〕『日本の神学』46、教文館、2007年9月、55‐100。査読者：日本基督教学会編集委員会。

第2・4章「マルティン・ブーバーの宗教論」2002年京都大学大学院文学研究科修士課程入試用論文（主査：片柳榮一）。

第3章「ブーバー研究の方法論──宗教/哲学と宗教倫理学」日本宗教学会第75回学術大会、早稲田大学、2016年9月10日。

第2編

第2章「ブーバーにおける汝としての聖書言語（二）──聖書翻訳と万人預言者論」『哲学研究』595、創文社、51‐67、2013年4月10日。

第3章「ブーバー/ローゼンツヴァイク訳ヘブライ語聖書の諸特徴」『宗教研究』381、第88巻、第2輯、207-232、2014年12月30日。査読者：2名。

第4章第1・2節「アブラハムの使命」〔一部分〕『京都ユダヤ思想』7/2、ブーバー特集号、京都ユダヤ思想学会、2018年刊行予定。査読者：北博、小野文生。

第5章「出エジプト記の神名に関する一考察──ブーバー・ローゼンツヴァイクの聖書翻訳における訳語の選定より」『日本の神学』52、教文館、25‐45、2013年9月10日。査読者：日本基督教学会編集委員会。

第6章「ヘブライ語聖書における対面の意義──ヤコブ物語における［長子権、顔、祝福］の使用法より」『京都ユダヤ思想』4/2、特集号

「レヴィナス哲学とユダヤ思想」レヴィナス『全体性と無限』刊行50周年記念号、京都ユダヤ思想学会、2015年。査読者：市川裕、小野文生。

第7章「先見者アブラハムと預言者アブラハム——アブラハム物語における主導語［見る］を手掛かりに」日本基督教学会第62回学術大会研究発表、関西学院大学、2014年9月9日。

第8章「イザヤと第2イザヤをつなぐ概念とその贖罪思想——ブーバーによる第2イザヤ分析を通して」〔一部分〕『基督教学研究』33、43-61、2013年12月30日。

第9章・結論「ブーバーにおける汝としての聖書言語（一）―偽りの預言と預言者の誤解」『哲学研究』594、創文社、24-44、2012年10月10日。査読者：芦名定道。

上記の論文で使われていたヘブライ文字は、本書ではラテンアルファベットで表記されている。

あとがき

　本書は、著者が 2008 年に京都大学大学院文学研究科思想文化学専攻博士後期課程を指導認定退学した後、主に 2012 年から 2017 年にかけて取り組んでいた成果をまとめたものである。これは京都哲學會誌『哲學研究』に投稿した「汝としての聖書言語 1・2」（2012-2013）を中心に全体を構成したものであり、日本学術振興会特別研究員 PD（2012-2015）としての研究成果がその大部を占めている。先ずは、初出一覧で挙げた各学会誌への投稿論文を読み、そこで書き直しのコメントを下さった査読者の方々に、この場を借りてお礼を申し上げたい。

　筆者は、関西学院大学総合政策学部在学中に、キリスト教系国際 NPO の Habitat for Humanity に所属し、今泉信宏宗教主事と共に、フィリピンでのボランティア活動に従事していた。これは都市部に集中しているスラム街問題を解決するため、無住居者を対象に郊外の空き地にコミュニティーと家を作る活動である。筆者は学部時代から約 10 年程この活動を続けていたが、それが宗教と社会の問題や聖書に対して関心を持つきっかけとなった。学部の集大成として、筆者はルターとカントの自由論を卒業論文として書いたが、当時の学問的関心の中心は比較宗教と共同体論だった。特にパウロがコリント人への第一の手紙 12 章で言及したキリストの体としての教会論に感銘を受け、それとカントによる倫理的な目的の王国との関連に興味を持っていた。

　その後、2 年に及ぶ大学院浪人中、テーマをブーバー研究に絞り、主著『我と汝』の共同体論に取り組み、岡山大学稲村秀一教授によるベッケンホフの『出会いの哲学』演習に出席することもあった。『我と汝』は、要約的に説明することはできても、精読をとおして細部を解明することは、ほぼ不可能なほど骨が折れる著書であった。しかし同時に、本書は筆者を

魅了し続け、一生涯の研究として接していきたいと思わせる何かがあった。筆者は、本書に目をとおした時、ここで使われている主要観念が「現実」と「現臨」であり、我と汝の間における関係の充実が、これらをとおして説明されることを、何とかブーバー思想の特徴として表現したいと願っていた。

　京都大学大学院文学研究科修士課程では、大分早い時期に芦名定道教授から聖書の知識なくしてブーバーは理解できないというアドバイスをもらい、ブーバー思想におけるヘブライズムの影響史をテーマにした。2003年に受講した勝村弘也教授のヘブライ語授業は、現在は教授の自宅に場所を変え、旧約聖書原典講読会として継続している。修士論文では、ブーバーが唱えた「ヘブライ的人文主義」と我－汝論との関連性を主題として扱った。これはかつて西洋芸術がギリシア文化に遡及したように、人間性復興というルネッサンス的目標が、ヘブライ語聖書へと遡及するなかで発見できるというテーゼを論証する試みだった。

　博士後期課程では、当初からの関心であった共同体論を、ブーバーの我－汝思想と、彼の宗教社会主義思想を土台とした精神的シオニズムから論じていた。指導教授の片柳榮一教授は、非現実的であるという理由でその後の世代にはねつけられたユートピア的社会主義者の思想をブーバーが引き継いでいる点に、関心を持たれ、拙論の完成を信じてくれていた。ところがブーバー思想における寛容性と公共性に関する議論はある程度まとまったものの、ブーバー独自のシオニズムを扱うにあたって、筆者の研究は行き詰まってしまった。複数の派閥に分かれ、異なる目標をぶつけ合ったシオニスト会議の全体像を把握するのは骨が折れ、そのなかでブーバーの立場をマッピングすることは筆者の力量を超えていた。辛うじてアハド・ハアムの文化シオニズムとA・D・ゴードンの労働シオニズムからの影響が強いことは、理解できた。両者ともブーバーの師であり、前者は政治的な国家ではないものをパレスティナに求め、後者はこの地に農業労働を基軸としたキブツ共同体の形成を求めていた。ブーバーは彼らの影響下にありながら、離散したユダヤ人をまとめるものを民族国家ではなく、精神的中

あとがき　　321

心に求めていた。したがってブーバーが精神的シオニストと名づけられるゆえんは、彼のシオニズムの焦点が、翻訳された聖書を読み、そこで理想とされる人間形成を目指す教育的目標だったためである。本書で取りあげた聖書翻訳とは、そのような目標の一つでもあったのである。このような経緯のなか、筆者はバル＝イラン大学の国際学会で2009年に研究発表を行い、2010年に客員研究員として論文執筆に専念していたが、最終的に提出予定であった課程博士論文を提出することは叶わなかった。

　その間、京都大学と同志社大学の大学院生有志を中心に、ヘシェル『人間を探し求める神』読書会、ブーバー『神の王権』読書会などが開かれ、その出席メンバーを中心に京都ユダヤ思想学会が設立された。このメンバーにはブーバー研究を専門とする若手研究者が数名おり、学会運営委員会として活動している。また昨今では、レヴィナスとローゼンツヴァイクを専門とする東京で学んだ若手研究者が当学会に多く所属するようになってきた。当学会で教育思想の分野からブーバーを研究していた小野文生氏（現同志社大学准教授）と出会い、専門を同じくする彼から、ドイツのブーバー学会に誘われたこと、学会誌の査読者として拙論を批評して頂いたこと、そして何より同じテクストに対する異なる視点からの解釈を知れたことは、感謝の言葉もないほどである。また旧約聖書とヘブライ語に情熱を注ぎ込んでいる勝村教授とこの時期に深く関われたことは、筆者の研究テーマが聖書解釈／聖書翻訳へと大きくシフトした直接的原因だったろう。研究の方向性を見失っていた時、ヘブライ語聖書がこれ程奥深いものであると教えてくれた教授に感謝申し上げたい。

　2012年より、筆者は「ブーバーにおけるヘブライ語聖書に根差した精神的シオニズム」という研究テーマで日本学術振興会特別研究員の資格を与えられ、この主題に対して聖書解釈の視座から集約的に取り組むことができた。筆者が初めてドイツを訪問したのは、まさに2012年にヘッペンハイムのブーバーハウスとハイデルベルク大学ユダヤ学研究所で開催されたブーバー訳聖書刊行50周年記念シンポジウム時であり、そこで初めてドイツのブーバー研究者の発表を聞き、現地の研究状況を知ることができ

た。ドイツにおけるブーバー研究は、当人がエルサレムへ移住する1938年までのブーバー像、特に対話的原理が中心的主題であり、当時感じたその傾向は現在も継続しているように思える。筆者は、このシンポジウムを主催したハイデルベルク大学のダニエル・クロッホマルニック教授から、現在に至るまで客員研究員として受け入れてもらうことができた。教授の授業は、教室の椅子が足りなくなるほど盛況で、主に哲学科の学生が多く出席していた。教授から頂いた研究アドバイスのなかで最も印象的だったものは、ヘブライ語聖書を出してきて、「シオンへ帰還するというアイデアは、シオニズムから来たのではない。それが聖書なのだ」と言われたことだろう。彼は、聖書の最後のページの最後の節（歴代誌下36章23節）の最後の単語「上がって行け」を指さし、アリヤー（シオンへ上ること）という言葉をもって本書が締めくくられている点を教えて下さった。

2015年はブーバーにとって没後50周年という記念の年であり、世界の各地でシンポジウムが開催された。その内で、筆者は5月にエルサレム、10月にシカゴ、11月にドイツのヘッペンハイムで開かれた学術大会に参加した。エルサレムでは、ヘブライ大学のシンポジウムとは別に、レオ・ベック研究所で若手研究者と教授がセッションを組み、ブーバーのテクストを読解するワークショップが行われた。筆者は、ブーバーのアブラハム解釈に関するテクストを選んだのだが、そこで焦点となった主題はブーバーの聖書解釈方法論であり、アブラハムの議論に移る余地はなかった。

シカゴ大学では、ブーバーと聖書解釈学セッションの議長を務め、スティーブン・ケプネスとClaire E. Sufrinの研究発表をコーディネートした。その後「ブーバー思想に見られるハシディズムと道教・禅仏教との接点」に関して講演し、そこでブーバー思想と東洋の宗教性との親近性を論じ、同時に日本におけるブーバー受容史を紹介した。そこでイスラエルの留学生Yiftach Ofenが、次のように発言したことは印象的であった。「ブーバー思想が、キリスト教や西洋哲学の文脈のなかで、日本で受容されたことには説得力がある。自分は、ブーバーの聖書解釈には親近性があるが、正直『我と汝』は理解しがたい。後者からはユダヤ性というより、プロテ

あとがき

スタンティズムが感じられる」。これは、ブーバーの思想がユダヤ哲学であると限定する危険性を適切に表現している。確かに彼は、20世紀のユダヤ哲学者とラベリングされることが多い。しかしブーバーの立ち位置は、常にドイツとエルサレムの間、西洋思想とユダヤ教との間にあり、両輪の間に立つ意味で曖昧かつ類型化しがたいものである。

　ヘッペンハイムではMartin Buber-Gesellschaft主催による没後50周年記念学会が、4日にわたって開催された。ブーバー学会は、これまで3つのセクション（哲学／教育学／精神療法学）に分かれ、年に3回開催され、主に市井の職業を持つ者や退職者を中心に運営されていた。それと比較すると、この記念学会では、大学関係者による専門的なブーバー研究が発表された。筆者はそこで、レヴィナスとブーバーの思想的類似性と差異性が、聖書のヤコブ解釈をとおして明瞭になる点を発表した。質疑では、特にパリ大学ドミニク・ブレルとバル・イラン大学のエフライム・メイールから指摘を受けた。メイール教授は質問の冒頭で「自分はレヴィナスを読んでいると苦しくなるので、そのような時はブーバーに帰るようにしている。ところがブーバーを読むと、また苦しくなるのでレヴィナスに立ち帰る。このプロセスを常に繰り返しながら、行き詰まるような研究を続けている」という興味深いコメントを発せられた。ブレル教授は、フランス語引用の冗談を述べ、発表で語られたフランス思想とユダヤ性との接点に関心を持たれていた。最終的に両者から、仏教や道教をベースとした東洋思想に見られる対話的原理をブーバーとの比較をとおして説明するよう要求されたため、お辞儀文化にみられる自我を滅して他と関わる上田閑照の対話的原理を紹介した。海外で研究を発表する時にしばし感じることは、研究対象の正確で緻密な分析よりも、発表者自身の考えや実存的背景との接点や、新たな視点からテクストを読解するようなスタイルが好まれることである。トリーア大学Schüßler教授からは、ブーバー思想をまとめる作業は卒業し、今後はよりクリティカルにブーバーを扱い、筆者自身の主張を展開するようにと求められた。

　この年、現代フランス・ユダヤ思想を専門とされる明治大学合田正人教

授から、次のような指摘を頂いた。「果たしてブーバーを研究することに意義があるのか。彼が主張していることは『自己と他者』であり、そのようなことはレヴィナスでも言っているわけで、彼の思想に独自性があるとはとうてい感じられない」。これは、現代の宗教哲学研究者にとって、説得力のある指摘かもしれない。これと似たような主張は、パトナムも受けていたようである。「私がマルティン・ブーバーの思想を評価していると言うと、驚かれることが多々ある。そこには、ブーバーはレヴィナスあるいはローゼンツヴァイクのように深みもなくオリジナルでもない『軽量級』の者だという考えがある」（Putnam, 58；パトナム、96）。思想研究者がこのような印象を抱く理由は、ブーバーの我‐汝には、ある種の直感的平易さがあるからだろう。しかしそれを学術論文としてロジカルに完成するには困難さを覚える。その事態をパトナムは次のように表現している。「彼の思想は一目で分かるほど単純明快ではないことを、多くの読者が見ようとしないことが問題である。実際、ブーバーはレヴィナスのような仕方で膨大な哲学文献を引用することはないが、彼の思想は実に複雑である」（Putnam, 60）。思想史研究としてベッケンホッフのようにブーバーを外側から類型化するのであれば、ブーバーは人格的実存主義者と単純化できよう。ところがブーバー自身の思考の内側に入り、それを追体験するかたちでそこに踏み込むと、その混沌とした思想の複雑さに遭遇する。そこは無秩序状態であり、それを外的な物差しで整理し、体系的に論じることは不可能である。ただしそこで彼の思考の根幹となる主題や、彼の思想形成にあたって切り離せないものの影響が随時に見られる。前者は生きた関係性、統一性など脱二元論的な「間」、後者はロマン主義やヘブライズムである。つまり神秘主義的残余が、ブーバーの思想研究史を通して随時垣間見られる。

　本書の刊行にあたっては、二人の学友に原稿を見て頂き、コメントを頂いた。一人は、還暦を過ぎてからヘブライ語を学ばれ、共に勝村教授とエレミヤ書を講読している厚井直美同志社大学英文学士、もう一人は、現代プロテスタント神学で同志社大学神学博士号を取得し、マルティン・ハイ

あとがき

デッガーをも専門にしている上原潔博士である。彼からは、ブーバーと同時代の哲学者ハイデッガーが、非常に類似した問題関心を抱いていた点を教えてもらった。特にハイデッガーが、語源学に関心を持ち語根の意味を追求した点、ギリシア哲学に遡及するなかで、現代思想の鍵となるものを見つけ出した点は、ヘレニズムとヘブライズムの差異はあれど、ブーバーと共通する。お二人にはこの場で感謝を申し上げたい。また新教出版社社長の小林望さんに大変お世話になった。最初、当社に話を持ちかけた時、「たいへん興味深いご研究だと思います。小社がお役に立てるならとても嬉しく思います」と即座に引き受け、出版助成金を得るための書類を作成して頂いたことは、筆者に勇気と希望を与えてくれた。

　なお、本あとがき執筆中に、新版ブーバー著作集 MBW の第 12 巻「哲学・宗教論文集」が刊行されている。ここには「神の蝕」と「十戒論」が収録されているのだが、本書執筆のために参照することができなかったことを遺憾におもう。また第 13 巻「聖書論文集」は刊行が遅れており、本書を構成する主要文献「預言者の信仰」を、編者であるフランクフルト・ゲーテ大学のヴィーゼ教授がどう編集しているのか、気がかりである。

　最後に、今後マルティン・ブーバー思想にふれる後輩たちに、一言伝えたいことがある。ブーバー自身は、自らの考えを研究者によって体系立てて整理されることを望んでいなかった。ブーバーをアカデミックに研究することは、そこからして容易ではないのだ。むしろ彼は、おのれの生涯を通して示したかったリアリティを感じて欲しかったに違いない。それこそ「汝の現臨」である。

　本研究は、2017-2020 年度科学研究費補助金若手研究 B（代表：堀川敏寛）「ブーバーにおけるシオニズムの思想的全体像・その聖書典拠・目指される社会形態の解明」（90748427）の助成を受けた研究成果であり、ここに謝意を表する。また本書は、2017 年度科学研究費補助金「研究成果公開促進費」（学術図書）の支援を受けて、出版されたものである。

2017 年 11 月　ハイデルベルク大学図書館にて　著　者

著者 堀川敏寛（ほりかわ・としひろ）

1979 年：京都生まれ
2001 年：関西学院大学総合政策学部卒業（鎌田康男教授）
2005 年：京都大学大学院文学研究科思想文化学専攻キリスト教学専修修士課程修了（片柳榮一教授）
2008 年：同博士後期課程指導認定退学（芦名定道教授）
2009-2014 年：京都大学文学研究科非常勤講師（基礎ゼミナール、ドイツ語購読）
2010 年：イスラエル バル・イラン大学留学（受入：Danielle Gurevitch 教授）
2012-2015 年：日本学術振興会特別研究員 PD（受入：京都大学氣多雅子教授）
2013―現在：ハイデルベルク大学客員研究員（受入：Daniel Krochmalnik 教授）
現在：四天王寺大学／京都外国語大学／関西学院大学神学部非常勤講師（英語圏文化概説／英国伝承史／キリスト教世界の思想と社会／英語購読／ドイツ語専門書購読／応用倫理とキリスト教／キリスト教と自然観）

業績：

共著『多元的世界における寛容と公共性』「マルティン・ブーバーにおける寛容と公共性―ユダヤ・アラブ問題への取り組みを通して」担当（晃洋書房、2007 年）

共著 "Biblical Language as Thou," *50 Jahre Martin Buber Bibel* (LIT Verlag, 2014).

共　著 "Die Jakobsgeschichte in Genesis 32 und 33," *Martin Buber-Studien*, Bd.2 (Verlag Edi-tion AV, 2016).

共訳『いかにして神について語ることができるのか』、「オットー」「ブーバー」「ブルトマン」の章を担当（日本キリスト教団出版局、2018 年刊行予定）

共著『ドイツ哲学入門』、「ブーバー」の項目を担当（ミネルヴァ書房、2018 年刊行予定）

共著 "Ethics and Judaism: Dialogue and Conflict among Buber and Lévinas," *Martin Buber-Studien*, Bd.3 (Verlag Edition AV, 近日刊行予定).

聖書翻訳者ブーバー

2018 年 2 月 28 日　第 1 版第 1 刷発行

著　者……堀川敏寛

発行者……小林　望
発行所……株式会社新教出版社
〒 162-0814 東京都新宿区新小川町 9-1
電話（代表）03 (3260) 6148
振替 00180-1-9991
印刷・製本……河北印刷株式会社

ISBN 978-4-400-11069-9　C1016
2018 © Toshihiro Horikawa